情報
セキュリティ
ライブラリ
Information
Security
Library

情報セキュリティ監査制度の解説と実務対応

ITガバナンスの構築に役立つ監査制度の要点

島田裕次
本田　実
五井　孝

日科技連

まえがき

　電子政府・電子自治体の時代を迎えて，ネットワーク社会はますます拡大しつつある．従来は民間部門を中心にネットワーク化や電子化が進んできたが，住民基本台帳ネットワークの本格的な稼動開始にともなって，官民を含めて情報セキュリティを確保することの重要性がよりいっそう高まっている．情報セキュリティ監査制度は，こうした環境変化に対応していくために生まれたものといえよう．
　しかし，情報セキュリティに対する認識は，人それぞれ異なっており，情報セキュリティの確保状況について，点検・評価する考え方や手法，基準についても，必ずしも整備されていなかった．今般創設された情報セキュリティ監査制度は，情報セキュリティの点検・評価，つまり情報セキュリティ監査はどのように実施すべきか，その考え方や方法などを明確にしたものである．
　情報セキュリティ監査を導入する場合には，当該組織体において，情報セキュリティマネジメント体制や監査体制の整備などに加えて，外部監査で行う場合と内部監査で行う場合の情報セキュリティ監査のあり方，情報システム監査やISMS適合性評価制度との関係などを明らかにする必要がある．
　本書は，情報セキュリティ監査基準および情報セキュリティ管理基準の内容をわかりやすく解説することを目的として執筆したものである．また，情報システム監査やISMS適合性評価制度との関係を明らかにしながら，組織体では情報セキュリティ監査をどのように導入すればよいかについても検討して，実務に役立つようにしている．
　第1章では，情報セキュリティ監査制度が創設された背景を含めて，制度の概要を説明している．第2章では，情報セキュリティ監査制度と

まえがき

システム監査制度の違いなどを検討し，両者の関係を明らかにしようとしている．

第3章は，情報セキュリティ監査を進めていくうえで，監査人の行動基準となる「情報セキュリティ監査基準」の内容を解説している．第4章は，情報セキュリティ監査を実施する際に，具体的にどのような情報セキュリティマネジメントが行われなければならないのかを示した「情報セキュリティ管理基準」のポイントを解説している．また，情報セキュリティ監査を受ける側の留意点についても言及しているので，情報セキュリティ監査を円滑に進めるうえで実務上役立つと思う．

第5章は，情報セキュリティ監査を導入する場合に，企業や政府・自治体ではどのような実務対応が必要になるのかを実務家の視点から説明している．外部監査として情報セキュリティ監査を委託する側の注意点についても述べているので，実務担当者にとって参考になると思う．

本書は，経済産業省情報セキュリティ監査研究会の委員を務めた三井情報開発㈱の本田実氏，ならびにISMS主任審査員で情報システム監査の実務に詳しい㈱大和総研の五井孝氏にも執筆に協力していただいている．

執筆に際しては，筆者らの勤務先のご支援をいただいており，この場を借りて感謝を申し上げたい．日科技連出版社の鈴木兄宏，渋谷英子の両氏には編集に際して貴重なご意見をいただいており，御礼を申し上げる．

本書が情報セキュリティ監査を普及し，企業や政府・自治体の情報セキュリティ確保のレベルを高め，健全なネットワーク社会の構築に役立てば幸いである．

2003年10月

著者を代表して　島田裕次

目次

はじめに　iii

第1章　情報セキュリティ監査制度の背景と仕組み

1.1　情報セキュリティの定義―――――――――――― 2
　　（1）　機密性（confidentiality）　3
　　（2）　完全性（integrity）　3
　　（3）　可用性（availability）　3

1.2　情報セキュリティ事件・事故の増大と対応状況――― 4
　　（1）　情報セキュリティ事件・事故の増大　4
　　（2）　情報セキュリティ確保のための取組みの現状　5

1.3　情報セキュリティ監査制度の背景と目的―――――― 9
　　（1）　情報セキュリティ監査の重要性　9
　　（2）　情報セキュリティ監査制度の背景　10
　　（3）　情報セキュリティ監査制度のねらい　12

1.4　情報セキュリティ監査制度の概要――――――――― 14
　　（1）　情報セキュリティ監査の標準的な基準の策定　14
　　（2）　情報セキュリティ監査を行う主体のあり方の提示　15

1.5　情報セキュリティ監査にかかわる基準の概要――― 17
　　（1）　情報セキュリティ管理基準　17
　　（2）　個別管理基準（監査項目）策定ガイドライン　19
　　（3）　電子政府情報セキュリティ管理基準モデル　19
　　（4）　情報セキュリティ監査基準　22
　　（5）　情報セキュリティ監査基準実施基準ガイドライン　23
　　（6）　情報セキュリティ監査基準報告基準ガイドライン　24
　　（7）　電子政府情報セキュリティ監査基準モデル　26

1.6　ISMS適合性評価制度との関係――――――――― 27
　　（1）　ISMS適合性評価制度との違い　27
　　（2）　ISMS適合性評価制度の位置づけ　28

第2章 情報セキュリティ監査とシステム監査

2.1 システム監査とは ―――― 32
　　　　（1）システム監査の目的と定義　32
　　　　（2）IT ガバナンスから見たシステム監査　33
　　　　（3）IT ガバナンスと情報セキュリティ　35

2.2 情報セキュリティ監査とシステム監査の関係 ―――― 35
　　　　（1）監査目的　37
　　　　（2）監査対象　37
　　　　（3）監査の視点　38
　　　　（4）監査範囲　38
　　　　（5）監査主体　39
　　　　（6）監査人　39
　　　　（7）監査手順　40
　　　　（8）監査結果の報告先　40

第3章 情報セキュリティ監査基準の読み方

3.1 一般基準 ―――― 42
　　　　（1）目的，権限と責任　42
　　　　（2）独立性，客観性と職業倫理　45
　　　　（3）専門能力　47
　　　　（4）業務上の義務　50
　　　　（5）品質管理　52

3.2 実施基準 ―――― 55
　　　　（1）監査計画の立案　55
　　　　（2）監査の実施　58
　　　　（3）監査業務の体制　61
　　　　（4）他の専門職の利用　62

3.3 報告基準 ―――― 65
　　　　（1）監査報告書の提出と開示　65
　　　　（2）監査報告の根拠　67
　　　　（3）監査報告書の記載事項　68

（4）監査報告についての責任　72
（5）監査報告にもとづく改善指導　73

第4章　情報セキュリティ管理基準の読み方

4.1　セキュリティ基本方針 ─────────────── 76
　　　（1）情報セキュリティ基本方針　76
4.2　組織のセキュリティ ─────────────── 80
　　　（1）情報セキュリティ基盤　80
　　　（2）第三者によるアクセスのセキュリティ　85
　　　（3）外部委託　90
4.3　資産の分類および管理 ────────────── 94
　　　（1）資産に対する責任　94
　　　（2）情報の分類　97
4.4　人的セキュリティ ──────────────── 101
　　　（1）職務定義および雇用におけるセキュリティ　101
　　　（2）利用者の訓練　105
　　　（3）セキュリティ事件・事故および誤動作への対処　107
4.5　物理的および環境的セキュリティ ──────── 111
　　　（1）セキュリティが保たれた領域　111
　　　（2）装置のセキュリティ　117
　　　（3）その他の管理策　120
4.6　通信および運用管理 ─────────────── 124
　　　（1）運用手順および責任　124
　　　（2）システムの計画作成および受入れ　131
　　　（3）悪意のあるソフトウェアからの保護　134
　　　（4）システムの維持管理（Housekeeping）　138
　　　（5）ネットワークの管理　141
　　　（6）媒体の取扱いおよびセキュリティ　143
　　　（7）情報およびソフトウェアの交換　147
4.7　アクセス制御 ────────────────── 154
　　　（1）アクセス制御に関する業務上の要求事項　154
　　　（2）利用者のアクセス管理　157

　　　　　（3）利用者の責任　*161*
　　　　　（4）ネットワークのアクセス制御　*164*
　　　　　（5）オペレーティングシステムのアクセス制御　*167*
　　　　　（6）業務用ソフトウェアのアクセス制御　*172*
　　　　　（7）システムアクセスおよびシステム使用状況の監視　*174*
　　　　　（8）移動型計算処理および遠隔作業　*178*
4.8　システムの開発および保守──────────────182
　　　　　（1）システムのセキュリティ要求事項　*182*
　　　　　（2）業務用システムのセキュリティ　*184*
　　　　　（3）暗号による管理策　*187*
　　　　　（4）システムファイルのセキュリティ　*191*
　　　　　（5）開発および支援過程におけるセキュリティ　*194*
4.9　事業継続管理─────────────────────198
　　　　　（1）事業継続管理の種々の面　*198*
4.10　適合性────────────────────────203
　　　　　（1）法的要求事項への適合　*203*
　　　　　（2）セキュリティ基本方針および技術適合のレビュー　*208*
　　　　　（3）システム監査の考慮事項　*210*

第5章　情報セキュリティ監査の導入と実務対応

5.1　情報セキュリティ監査の導入手順─────────────214
　　　　　（1）導入目的の明確化　*214*
　　　　　（2）外部監査か内部監査かの検討　*217*
　　　　　（3）組織内の共通認識の醸成　*218*
　　　　　（4）監査主体の態勢づくり　*218*
　　　　　（5）被監査主体の態勢づくり　*219*
　　　　　（6）情報セキュリティ監査の実施　*221*
　　　　　（7）情報セキュリティ監査による事業活動への貢献／社会的
　　　　　　　責任の遂行　*222*
5.2　情報セキュリティ監査の実務対応─────────────223
　　　　　（1）民間企業における実務対応のポイント　*223*
　　　　　（2）政府・自治体における実務対応のポイント　*226*

5.3 電子政府情報セキュリティ管理基準モデルの
　　 読み方 ———————————————————— 231
　　　　（1） 電子政府情報セキュリティ管理基準モデルの構成　*231*
　　　　（2） 電子政府情報セキュリティ管理基準モデルの読み方　*232*
5.4 外部監査人選定のポイント ————————— 234
　　　　（1） 外部監査人の選定の重要性　*234*
　　　　（2） 多様な外部監査人　*234*
　　　　（3） 外部監査人の選定ポイント　*236*
　　　　（4） 委託事項の明確化　*236*
　　　　（5） 外部監査の委託管理　*238*

参考文献　*241*

索引　*243*

第1章
情報セキュリティ監査制度の背景と仕組み

　情報セキュリティ監査制度は，経済産業省が2003年4月から運用開始した制度である．本章では，情報セキュリティの定義，情報セキュリティ事故・事件の増大と対応状況，情報セキュリティ監査の重要性，情報セキュリティ監査制度の背景と目的についてわかりやすく説明する．次に情報セキュリティ監査制度の概要と本制度を構成する各基準，ガイドライン，基準モデルについて，簡潔に解説する．また，ISMS適合性評価制度との関係についてもポイントを絞って説明する．

1.1 情報セキュリティの定義

情報セキュリティ監査制度を理解するためには，まず最初に情報セキュリティとは何かについて明らかにする必要がある．JIS 規格では，情報セキュリティとは「情報の機密性，完全性及び可用性の維持」(JIS X 5080：2002)と定義している．また，『OECD 情報セキュリティガイドラインに関する委員会勧告』の付属文書『情報システムのセキュリティガイドライン』では，「情報システムの機密性，完全性および可用性を阻害する危害から情報システムを保護すること」を情報セキュリティの目的としている(図表 1.1.1 参照)．

ここでは，機密性，完全性および可用性について，簡単に説明する．

図表 1.1.1 情報セキュリティ3つの要素

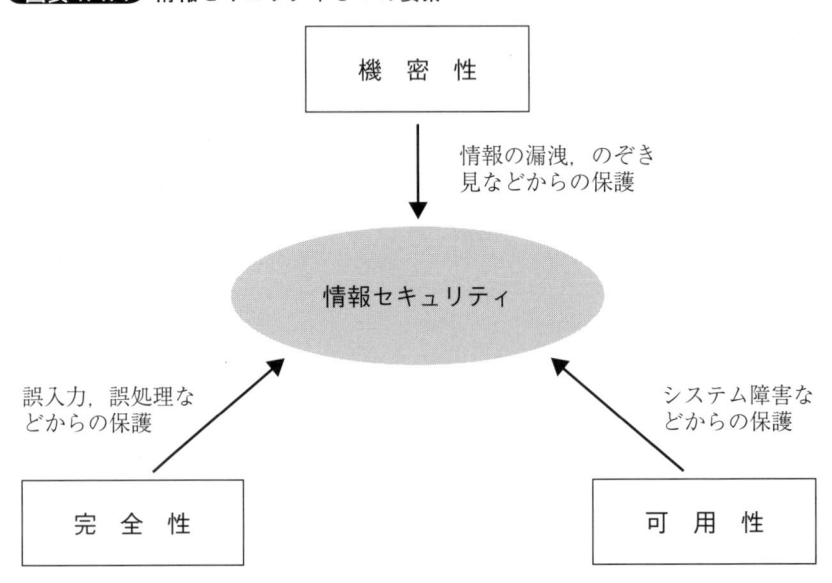

```
                    ┌─────────┐
                    │ 機 密 性 │
                    └────┬────┘
                         │   情報の漏洩，のぞき
                         ↓   見などからの保護
                  ╭──────────────╮
                  │ 情報セキュリティ │
                  ╰──────────────╯
         誤入力，誤処理な  ↑      ↑  システム障害な
         どからの保護            どからの保護
       ┌─────────┐              ┌─────────┐
       │ 完 全 性 │              │ 可 用 性 │
       └─────────┘              └─────────┘
```

出典） 島田裕次，榎木千昭，山本直樹，五井孝，内山公雄：『ISMS 認証基準と適合性評価の解説』，日科技連出版社，2002年，p.2に一部加筆．

1.1 情報セキュリティの定義

（1） 機密性（confidentiality）

機密性とは，「アクセスを認可された（authorized）者だけが情報にアクセスできることを確実にすること」（JIS X 5080：2002）と定義されている．機密性を確保するということは，認可された者だけが，認可された時に，認可された場所から情報にアクセスできる状態のことである．機密性の確保によって，盗聴，侵入，なりすまし，過失などによる情報の漏洩や流出から保護されることになる．

（2） 完全性（integrity）

完全性とは，「情報及び処理方法が，正確であること及び完全であることを保護すること」（JIS X 5080：2002）と定義されている．完全性を確保するということは，情報が正確・完全な状態，または情報が正確・完全に情報システムで処理される状態のことである．完全性の確保によって，なりすまし，コンピュータウイルス，過失，自然災害などによる改ざんや破壊から保護されることになる．

（3） 可用性（availability）

可用性とは，「認可された利用者が，必要なときに，情報及び関連する資産にアクセスできることを確実にすること」（JIS X 5080：2002）と定義されている．可用性を確保するということは，情報や情報システムを利用したい時，または情報を利用する必要がある時に，情報や情報システムを利用できる状態のことである．可用性の確保によって，故意または過失，システム上の事故，自然災害などによるシステム障害から保護されることになる．

1.2 情報セキュリティ事件・事故の増大と対応状況

（1）情報セキュリティ事件・事故の増大

インターネットの高速化・接続費用の低価格化，パソコンの高性能化・低価格化などにより，産業の情報化はますます進展を続けている．各企業は，情報技術を駆使して経営戦略の実現，経営効率の向上，利便性の向上などのメリットを享受してきている．

一方，情報システムは多くのリスクに取り巻かれており，リスクへの対策の不備によって大きな損害を被るようになってきている．

例えば，日本の中央官庁へのハッカーの侵入，各省庁ホームページの改ざん，金融機関の情報システムの度重なるトラブル，新型のコンピュータウイルスによる被害など，各組織体の情報セキュリティ事件・事故への取組みの遅れが浮き彫りになってきた．

このような状況下で，情報セキュリティの重要性が改めて認識される結果となり，政府および民間企業において情報セキュリティに対する取組みが本格化してきたといえる．

情報セキュリティ事件・事故は，次の4つに整理できる．

① 故　障

故障の例としては，コンピュータやネットワーク機器，端末などの故障，ベンダー提供のOS（オペレーティング・システム），DBMS（データベース・マネジメント・システム），パッケージソフトウェアの不具合などがあげられる．故障は，顕在化しているリスクといえる．

② 過　失

過失の例としては，アプリケーションシステム（以下，アプリケーションという）の不具合やインストールおよび変更時の設定ミス，システ

ム運用時の操作ミスなどがあげられる．過失は，顕在化しているリスクといえる．

③ 災　害

災害の例としては，システム稼働に著しく影響する地震，水害，火災などがあげられる．災害は，故障や過失とは異なり，潜在化しているリスクといえる．

④ 不　正

不正の例としては，盗聴，侵入，なりすまし，改ざん，破壊，コンピュータウイルスなどによる不正アクセスなどがあげられる．不正は，潜在化しているリスクといえる．

（2）　情報セキュリティ確保のための取組みの現状

情報処理振興事業協会が2003年3月に5,000社を対象に実施した調査（回収率20.1％）によると，情報セキュリティ確保のための各社の取組状況は次のとおりであった．

①　情報セキュリティに関する規定の作成状況

情報セキュリティに関する規定の有無については，図表1.2.1に示すように「規定はない」が69.9％と最も多い．「就業規則の一部に情報セキュリティ関連の規定がある」，「情報セキュリティポリシーとして規定している」，「その他規定の一部として情報セキュリティを規定している」など何らかの形で規定している企業は36.3％となっている．

情報セキュリティに関する規定を制定していない理由は，「社内にリソースが不足している」が22.2％と最も多く，次いで「業界・業種的に必要性が乏しい」，「経営者が必要性を認識していない」，「現場が必要性を認識していない」の順となっている．

それに対して，情報セキュリティに関する規定を制定した理由は，「業界の流れ・自発的に」といった内部的要因が44.9％で，「親会社・

図表1.2.1 情報セキュリティに関する規定の有無

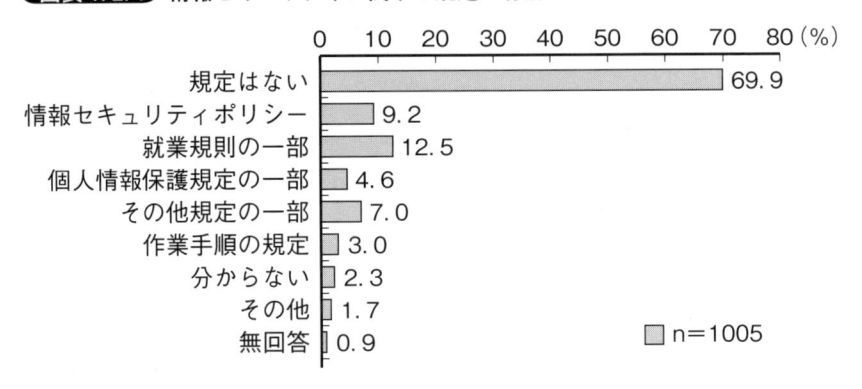

項目	割合(%)
規定はない	69.9
情報セキュリティポリシー	9.2
就業規則の一部	12.5
個人情報保護規定の一部	4.6
その他規定の一部	7.0
作業手順の規定	3.0
分からない	2.3
その他	1.7
無回答	0.9

n=1005

出典）情報処理振興事業協会セキュリティセンター(IPA/ISEC):『『情報セキュリティマネジメントの実態調査』報告書』,2003年3月,p.16.

グループ会社からの要請」,「取引先からの要請」といった外部的要因が19.4%となっている.規定の内容については,「コンピュータウイルス対策」が,46.9%と半数近くになっている.次いで「守秘義務」(44.6%),「個人情報保護」(33.7%),「電子メール管理」(33.0%)と続く.

② 情報セキュリティ管理部門の設置状況

情報セキュリティの管理部門については,図表1.2.2に示すように「管理部門はない」が77.3%と多い.一方,あると回答した企業では,「情報セキュリティ業務の兼任部門がある」が全体の10.3%で,「情報セキュリティ管理の専門部門がある」(2.9%),「情報セキュリティ業務を担当する委員会がある」(2.9%),「事業部や部単位で独自に取組みをしている」(1.1%)と続く.

③ 情報セキュリティ管理者の配置状況

情報セキュリティ管理者の設置状況については,図表1.2.3に示すように「責任者は決まっていない」が49.0%と半数近くを占めている.一方,「責任者が任命されていないが担当者はいる」(29.2%)と「責任者が任命されている」(12.1%)を合わせると,責任者または担当者がいる

1.2 情報セキュリティ事件・事故の増大と対応状況

図表1.2.2 情報セキュリティ管理部門の有無

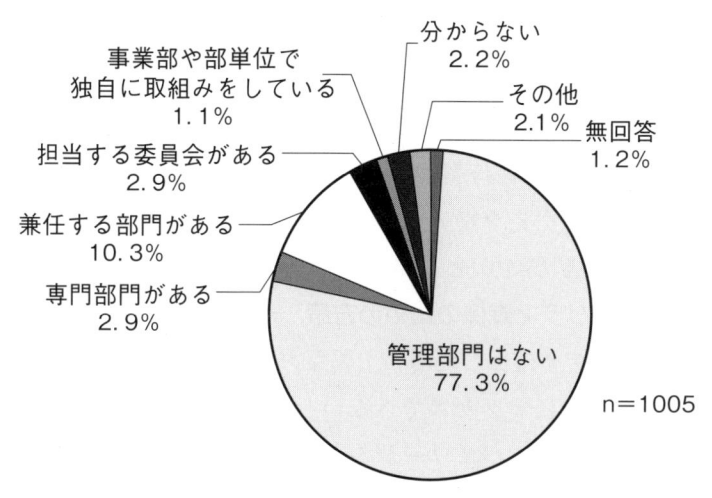

- 事業部や部単位で独自に取組みをしている 1.1%
- 分からない 2.2%
- その他 2.1%
- 無回答 1.2%
- 担当する委員会がある 2.9%
- 兼任する部門がある 10.3%
- 専門部門がある 2.9%
- 管理部門はない 77.3%

n=1005

出典) 情報処理振興事業協会セキュリティセンター(IPA/ISEC):『「情報セキュリティマネジメントの実態調査」報告書』, 2003年3月, p.24.

図表1.2.3 情報セキュリティ管理者の設置状況

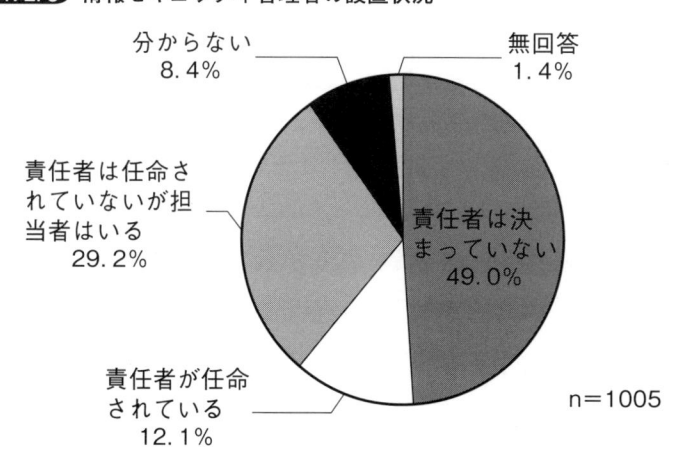

- 分からない 8.4%
- 無回答 1.4%
- 責任者は任命されていないが担当者はいる 29.2%
- 責任者は決まっていない 49.0%
- 責任者が任命されている 12.1%

n=1005

出典) 情報処理振興事業協会セキュリティセンター(IPA/ISEC):『「情報セキュリティマネジメントの実態調査」報告書』, 2003年3月, p.30.

企業は 41.3% となっている.

④ **情報セキュリティへの配慮状況**

取引先の選定や契約時において情報セキュリティの観点から配慮することについては,「特に意識していない」が 59.1% と半数以上を占めている. 次いで,「機密保持契約を締結」(13.6%),「経営状況やサービスレベルの分かる取引先を優先」(9.8%),「サービスレベルを規定した契約書や覚書を締結」(5.7%)と続く.

⑤ **情報セキュリティ確保のための方策**

情報セキュリティ確保のための主要な方策は,図表 1.2.4 に示すように「社外から社内にアクセスできない」が 52.1% と半数を超えている. 次いで,「ユーザID, パスワードの管理及び利用方法(の規程など)」,「ソフトウェアのライセンスに関し,何らかの管理をしている」,「サーバにパッチを適用している」の順となっている.

図表 1.2.4 情報セキュリティ確保のための方策

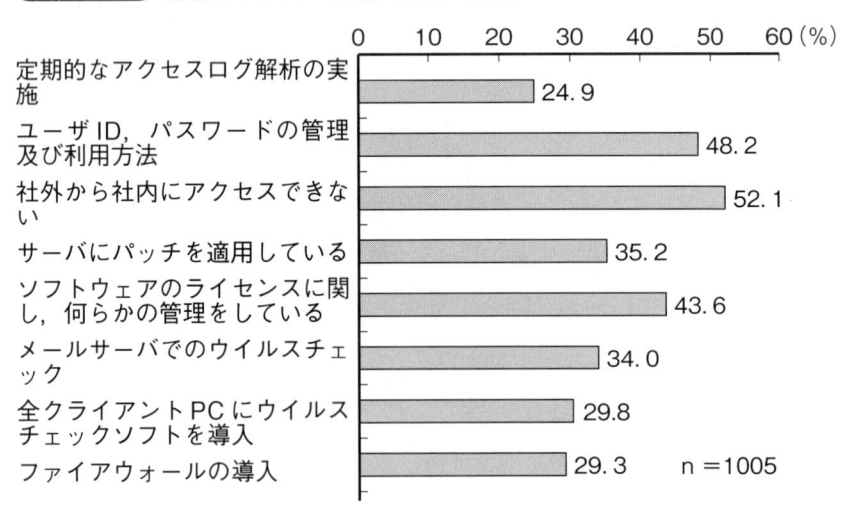

項目	%
定期的なアクセスログ解析の実施	24.9
ユーザID, パスワードの管理及び利用方法	48.2
社外から社内にアクセスできない	52.1
サーバにパッチを適用している	35.2
ソフトウェアのライセンスに関し, 何らかの管理をしている	43.6
メールサーバでのウイルスチェック	34.0
全クライアントPCにウイルスチェックソフトを導入	29.8
ファイアウォールの導入	29.3

n = 1005

出典) 情報処理振興事業協会セキュリティセンター(IPA/ISEC):『「情報セキュリティマネジメントの実態調査」報告書』, 2003年3月, pp.53-64 をもとに作成.

図表 1.2.5 企業が今後実施していきたいセキュリティ対策

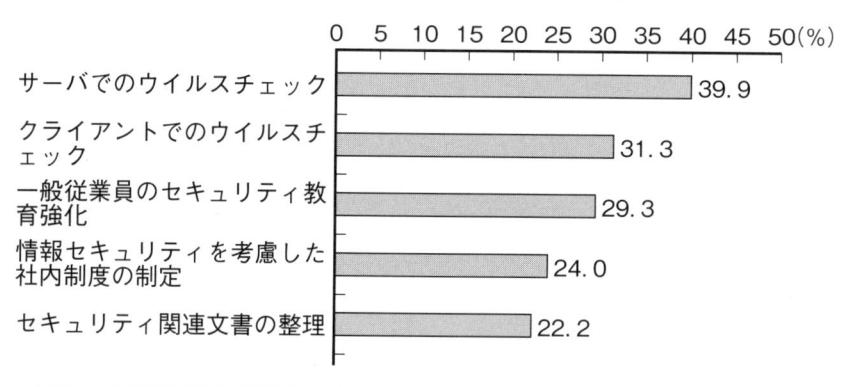

対策	%
サーバでのウイルスチェック	39.9
クライアントでのウイルスチェック	31.3
一般従業員のセキュリティ教育強化	29.3
情報セキュリティを考慮した社内制度の制定	24.0
セキュリティ関連文書の整理	22.2

出典) 情報処理振興事業協会セキュリティセンター(IPA/ISEC):『「情報セキュリティマネジメントの実態調査」報告書』,2003年3月,p.89をもとに作成.

⑥ 情報セキュリティ管理の今後の取組みと課題

　企業が今後実施していきたいセキュリティ対策は,図表1.2.5に示すように「サーバでのウイルスチェック」が39.9%と多い.次いで,「クライアントでのウイルスチェック」,「一般従業員のセキュリティ教育強化」,「情報セキュリティを考慮した社内制度の制定」の順となっている.

1.3 情報セキュリティ監査制度の背景と目的

(1) 情報セキュリティ監査の重要性

　企業は情報を人,物,金に次ぐ第4の経営資源として,経営戦略を含む企業活動に活用するようになったことから,情報資産の重要性が高まってきた.情報資産である情報および情報システムは,オープン化,ネットワーク化,分散化の潮流に乗って,高度化,大規模化するとともに,脆弱性も増大してきている.つまり,セキュリティ事件・事故が複雑化,広域化している.

第1章 情報セキュリティ監査制度の背景と仕組み

　セキュリティ事件・事故は，企業の存続を脅かすだけでなく，顧客や取引先を巻き込んだ社会的な問題にもなっている．そのため，現在では情報セキュリティに関する責任は，情報システム部門の問題というよりも，経営者レベルの問題になっている．

　例えば，金融機関のシステムトラブルのように，最近のセキュリティ事件・事故は，経営者や企業の責任問題に発展するケースが増大している．経営者は，情報セキュリティの確保に対する責任が強く求められていることを認識すべきである．

　ところで，情報セキュリティの対策は，機密性，完全性，可用性のすべてを確保するために投資額を大きくすればよいというものではなく，また一度対策を講じたから安全ということでもない．情報セキュリティ対策は，費用対効果を考慮してバランスよく，そして全社的なレベルで継続的に展開してはじめて効果を発揮するものである．

　しかし，組織体自らが情報セキュリティ対策を講じてもそれには限界がある．なぜならば，情報を活用することのメリットと情報セキュリティ対策を講じることの間にトレードオフの関係があるからである．つまり，情報セキュリティ対策を徹底すればするほど，情報へのアクセスの手続に人的・機械的な時間がかかり，利便性を損なうことになる．情報の利便性のほうに関心がある組織体では，利便性を向上させるために自らが講じた対策を無視したり軽んじたりすることがある．

　組織体が情報セキュリティ対策を構築し，それを遵守し，維持・改善していくためには，当該組織体とは独立かつ専門的知識を有する者が，当該組織体の情報セキュリティ対策を評価すること，つまり情報セキュリティ監査を実施することが非常に有効になる．

（2）　情報セキュリティ監査制度の背景

　2001年1月22日「高度情報通信ネットワーク社会推進戦略本部」に

1.3 情報セキュリティ監査制度の背景と目的

おいて「e-Japan戦略」が国家戦略として策定されて以来，中央省庁や地方自治体における電子化は，急ピッチで進められている．2002年8月には，住民基本台帳ネットワークが稼働し，2003年度には電子政府および自治体システムの本格的な稼動開始が予定されている．

民間企業においても電子商取引の導入が拡大するとともに，一般家庭でもパソコンの購入や高速インターネット接続の導入が進み，情報技術に依存する比重が高くなってきている．

その一方で，情報および情報システムにかかわる情報セキュリティ事件・事故が増えてきており，国家の重要な機密情報の漏洩，企業の存続に影響するような経済的損害，あるいは個人情報の漏洩による人権の侵害などの社会的な影響は，より深刻なものとなっている．

こうした状況に対して，英国規格 BS 7799-2：1999(Information security management-Part 2：Specification for information security management systems)，国際規格 ISO/IEC 17799：2000(Information technology-Code of practice for information security management)，日本工業規格 JIS X 5080：2002(情報技術—情報セキュリティマネジメントの実践のための規範)，これらの規格を基礎としている日本情報処理開発協会の ISMS 適合性評価制度など，情報セキュリティに関する制度の整備が着実に進んでいる．

経済産業省は，情報セキュリティ評価の制度はできているが，情報セキュリティ監査の分野の制度整備が遅れていることを喫緊の課題と認識してきた．2002年9月に，商務情報政策局長の諮問研究会として「情報セキュリティ監査研究会」を設置し，2003年3月まで情報セキュリティ監査の普及とそのあり方についての検討を行った．

研究会の主な成果は，次のとおりである．

1) 「情報セキュリティ監査」のあり方を提示した．
2) 「情報セキュリティ監査」の標準的な基準と監査を行う主体のあ

り方の具体案を提示した．

3) 電子政府の本格稼働に向け，電子政府に対する「情報セキュリティ監査」のあり方を示した．

なお，経済産業省では，2003年4月から情報セキュリティ監査制度の運用を開始している．

（3） 情報セキュリティ監査制度のねらい

現在のわが国の情報セキュリティ監査の実施状況（図表1.3.1参照）は，システム監査の実施状況（図表1.3.2参照）と比較して少ない．

民間企業では，情報セキュリティ監査を実施していない理由として，「実施する知識・ノウハウがない」(47.1%)が最も多く，「効果がわからないので重要性を感じない」(28.8%)，「手間が取れない」(25.5%)，「手間がかかる」(24.6%)，「トップの理解が得られない」(6.3%)と続いている．

この調査から，監査を受ける主体としては，「監査を受けることによりどのような効果があるのか分からない」，「自分たちでは知識・ノウハウがないが誰に頼めばよいか分からない」といった問題を抱えているといえる．また，監査主体には，「監査の正当性を理解してもらえない」，「情報セキュリティ監査をしているというお墨付きがない」といった問題点が考えられる．

こうした問題点を踏まえて，情報セキュリティ監査制度は，次の点をねらいとして制定された．

1) 情報セキュリティ監査を考えるうえでの基本的な視点を提示すること．

2) 被監査主体にとって利用しやすく，また監査主体にとっても監査を行いやすくなるように，情報セキュリティ監査の標準的で一般的な形態を提示すること．

1.3 情報セキュリティ監査制度の背景と目的

図表1.3.1 情報セキュリティ監査の実施状況

	実施している	実施していない	無 回 答
大企業(N=541)	20.0%	79.7%	0.4%
中小企業(N=951)	7.2%	91.7%	1.2%
地方公共団体(N=172)	4.7%	95.3%	0.0%
病　院(N=109)	4.6%	95.4%	0.0%
大　学(N=175)	9.1%	90.3%	0.6%
その他学術・研究機関(N=70)	11.4%	88.6%	0.0%

出典）総務省：『情報セキュリティ対策の状況調査結果』, 2002年9月より作成.

図表1.3.2 システム監査の実施状況

Q31. 平成13年度にシステム監査を実施しましたか

1	した	138	75.8%
2	しない	43	23.6%
無 回 答		1	0.5%
計		182	100.0%

出典）日本情報処理開発協会：『2003—2004年版システム監査白書資料　システム監査普及状況調査(I) 監査担当部門対象 集計結果』, 2003年3月, p.9.

3) 情報セキュリティ監査を行う主体のあり方を提示すること.
4) 情報セキュリティ監査を受ける主体の増加によって，わが国全体の情報セキュリティのレベルを向上させること.
5) 情報セキュリティ監査の市場が適切に成長していくこと.

第1章　情報セキュリティ監査制度の背景と仕組み

1.4 情報セキュリティ監査制度の概要

　経済産業省では，情報セキュリティ監査のサービスを行っている主体が存在するものの，監査主体は，「監査を行っても正当性を信じてもらえない」，また，監査を利用したいと考えるユーザー側は「どのような効果があるか分からない」，「誰に頼めばよいか分からない」という状況にあると問題認識している．

　そこで，次の2本柱からなる情報セキュリティ監査制度の運用を2003年4月1日より開始した．

(1) 情報セキュリティ監査の標準的な基準の策定

　情報セキュリティ監査制度では，情報セキュリティ監査を実施する際に準拠する基準が策定された．これによって，「どのような情報セキュリティ監査を行えばよいか／受ければよいか」という疑問が払拭される．この基準は，ISO/IEC 17799(国内規格はJIS X 5080)をもとに策定しているので，インターネットが世界的に広く使われるなかで，わが国で受けた情報セキュリティ監査の結果を国際的にも利用できる．

　監査制度の基準は2種類あり，1つは「情報セキュリティ管理基準」

図表1.4.1 情報システム監査制度の構成

	管 理 基 準	監 査 基 準
基　　　　準	情報セキュリティ管理基準	情報セキュリティ監査基準
ガイドライン	個別管理基準(監査項目)策定ガイドライン	情報セキュリティ監査基準実施基準ガイドライン
		情報セキュリティ監査基準報告基準ガイドライン
モ　デ　ル	電子政府情報セキュリティ管理基準モデル	電子政府情報セキュリティ監査基準モデル

である．これは監査主体(監査を行う主体．情報セキュリティ監査人)が，情報セキュリティ監査を行うときの「判断の尺度」となる基準(監査においてどのような点を評価するか)である．もう1つは「情報セキュリティ監査基準」であり，監査主体の行為規範となる基準である．この2つの基準に加えて，関連する5つのガイドラインおよびモデルも同時に整備している(図表1.4.1参照)．

(2) 情報セキュリティ監査を行う主体のあり方の提示

情報セキュリティ監査を行うものを監査主体と呼ぶ．情報セキュリティ監査が健全に普及するためには，監査主体に関する制度が必要になる．情報セキュリティ監査制度では，大きく分けて2つの措置を講じている．1つは，情報セキュリティ監査企業台帳の創設であり，もう1つは情報セキュリティ監査を行う主体の質を確保する制度の整備である．

① 情報セキュリティ監査企業台帳

「どのような者に情報セキュリティ監査を依頼すればよいか分からない」という声に応えるために，経済産業省によって情報セキュリティ監査の実施主体を登録する「情報セキュリティ監査企業台帳」が創設され，2003年6月1日から運用を開始した．情報セキュリティ監査の実施主体は，監査法人，情報セキュリティベンダー，一般のシステム構築を行うシステムベンダー，システムの監視サービスを行う情報セキュリティ専門会社，システム監査企業など，多種多様な主体である．被監査主体(情報セキュリティサービスの利用者側)からみれば，情報セキュリティ監査サービスを提供する主体を把握するうえで有効な制度といえる．

情報セキュリティ監査企業台帳への登録は，次のような一定の要件を満たせば可能であり，任意登録制の形式をとっている．

1) 他人の求めに応じて，情報セキュリティ管理基準および情報セキュリティ監査基準に従って情報セキュリティ監査を実施できる企業

などであること.

2) 独立かつ専門的な立場から情報セキュリティ監査を行う企業などであることを自己宣伝していること.

なお,台帳への登録主体は,基本的には企業であるが,個人として情報セキュリティ監査を業としている者も登録可能である.また,この台帳は,1991年より開始されたシステム監査企業台帳とは,別のものと位置づけられている.

② **情報セキュリティ監査人**

情報セキュリティ監査を行う主体の質を確保する制度としては,資格制度の存立が有効な仕組みの1つとしてあげられている.現在,「情報セキュリティ監査制度」と完全に親和性をもつ資格制度はないが,関連する主要な資格制度としては,次のものがある.

1) システム監査技術者(情報処理技術者試験:国家資格)
2) 情報セキュリティアドミニストレータ(情報処理技術者試験:国家資格)
3) 公認システム監査人(日本システム監査人協会:民間資格)
4) CISA(情報システムコントロール協会:民間資格)
5) ISMS主任審査員(日本情報処理開発協会:国家資格)

新たに「情報セキュリティ監査」の資格制度をつくることが,本制度の普及には有効であると思われるが,現時点では資格の乱立となることを考慮し,上記国家資格については来年度の試験から,「情報セキュリティ監査」に関するスキルを加味する方向で検討を行う動きがある.

また,監査主体となる企業の質の確保も重要である.そのためには,次の機能をもつ機関の設立および運営が有効となり,政府はこのような仕組みの整備の検討を行う方向である.

1) 監査従事者のための継続教育
2) 監査企業のピアレビュー(監査の適切性のレビュー)

3)　監査のノウハウの蓄積
4)　今般策定する基準類の改訂・改善の提案
5)　監査に係る紛争処理

1.5　情報セキュリティ監査にかかわる基準の概要

　情報セキュリティ監査制度を構成する基準，ガイドライン，モデルについて，その概要と構成を説明する．

(1)　情報セキュリティ管理基準

　情報セキュリティ対策は，組織体の自己責任において実施されることが重要である．その際，組織体が拠り所とするものが，情報セキュリティ管理基準になる．この情報セキュリティ管理基準は，情報セキュリティ監査の判断基準としても利用される．

　情報セキュリティ管理基準は，国際的な整合性を図る観点から，JIS X 5080：2002 をもとに策定されている．JIS X 5080：2002 は，ISO/IEC 17799：2000 を国内規格化したものであり，ISO/IEC 17799：2000 が改訂されれば，JIS X 5080：2002 も改訂され，同様に本管理基準も改訂されることになる．

　JIS X 5080：2002 は，10 個のセキュリティ分野，36 個のセキュリティ目的，127 個の管理策，管理策に対応した 127 個のガイダンスからなっている．情報セキュリティ管理基準は，この JIS X 5080：2002 にほぼ対応しているが，管理策に 5 個追加して 132 個のコントロールとし，管理策に対応したガイダンスを 955 個のサブコントロールに分割している（図表 1.5.1 参照）．セキュリティ分野，セキュリティ目的，コントロール，サブコントロールの関係は，図表 1.5.2 に示すとおりである．

　セキュリティ分野は，次のとおりである．

第1章 情報セキュリティ監査制度の背景と仕組み

1) セキュリティ基本方針
2) 組織のセキュリティ
3) 資産の分類及び管理
4) 人的セキュリティ
5) 物理的及び環境的セキュリティ
6) 通信及び運用管理
7) アクセス制御

図表1.5.1 JIS X 5080：2002 と情報セキュリティ管理基準の関係

JIS X 5080：2002		情報セキュリティ管理基準	
セキュリティ分野	10	項目	10
目的	36	目的	36
管理策	127	コントロール	132
管理策のガイドライン	127	サブコントロール	955

注） 表中の数字は項目数.

図表1.5.2 情報セキュリティ管理基準の構成

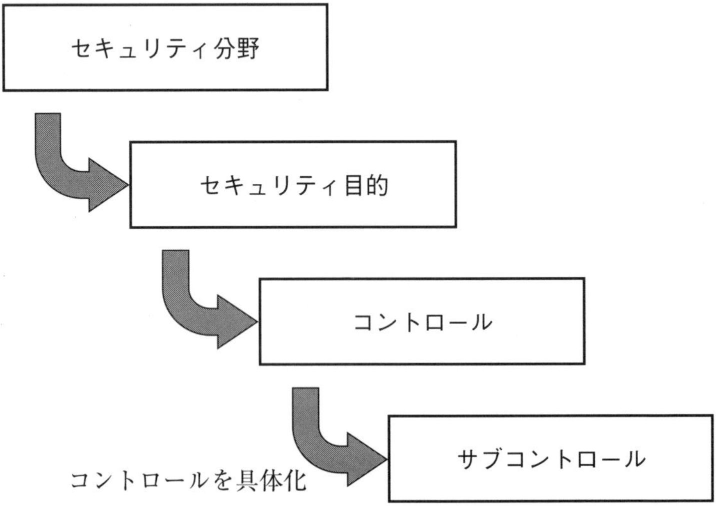

```
   ┌─────────────────┐
   │  セキュリティ分野  │
   └─────────────────┘
            ↓
      ┌─────────────────┐
      │  セキュリティ目的  │
      └─────────────────┘
               ↓
         ┌─────────────┐
         │  コントロール  │
         └─────────────┘
                  ↓
  コントロールを具体化  ┌─────────────┐
                     │ サブコントロール │
                     └─────────────┘
```

8) システムの開発及び保守
9) 事業継続管理
10) 適合性

（２） 個別管理基準（監査項目）策定ガイドライン

　個別管理基準（監査項目）策定ガイドラインは，組織体が情報セキュリティガイドラインに従って，自己の管理基準を策定する際の手順を示したものである．情報セキュリティ管理基準を各組織体の実情にあったものにするためのガイドラインであるので，情報セキュリティ監査において監査人が監査項目を選択する際のガイドラインとしても有用である．
　個別管理基準策定の流れは，図表1.5.3のとおりである．

（３） 電子政府情報セキュリティ管理基準モデル

　電子政府情報セキュリティ管理基準モデルは，情報セキュリティ管理基準の作成手順に従って，電子政府向けに作成されたものである．

① 情報セキュリティ管理基準との主な相違点

1) 一般企業でないため，「経営者」，「経営陣」という用語を「CIO」などに修正している．
2) X省では「情報セキュリティ委員会」は設置されていないが，必要性は否定するものでないので，関連項目を推奨事項「△」としている．
3) 経済性の観点から未整備な項目については，推奨事項「△」としている．
4) 常勤，非常勤の採用については，省内の既存規定に従うものとしている．
5) 電子商取引に関する項目については，対象外としている．
6) 電子認証に関する項目については，一部対象外としている．

図表1.5.3 個別管理基準策定の流れ

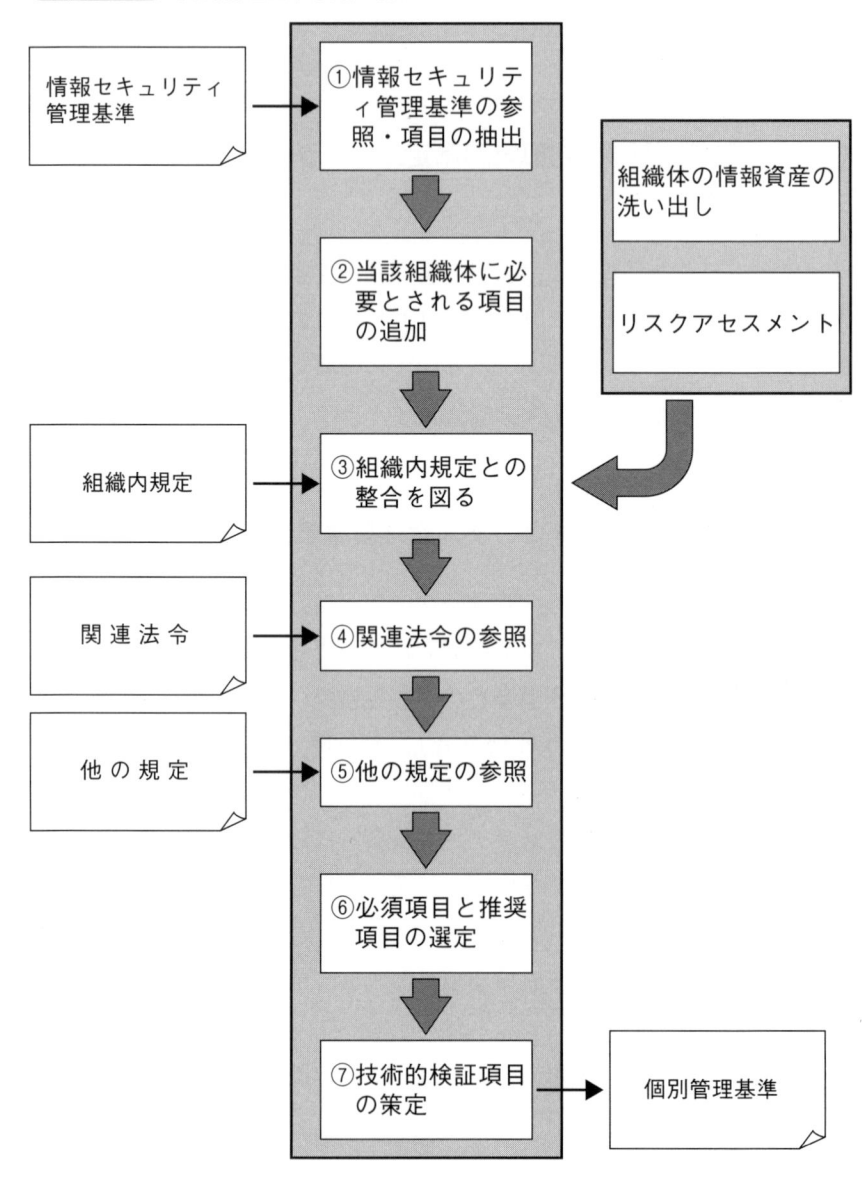

```
情報セキュリティ管理基準 ──→ ①情報セキュリティ管理基準の参照・項目の抽出
                              ↓
                          ②当該組織体に必要とされる項目の追加
                              ↓
組織内規定 ──────────────→ ③組織内規定との整合を図る ←── 組織体の情報資産の洗い出し / リスクアセスメント
                              ↓
関連法令 ──────────────→ ④関連法令の参照
                              ↓
他の規定 ──────────────→ ⑤他の規定の参照
                              ↓
                          ⑥必須項目と推奨項目の選定
                              ↓
                          ⑦技術的検証項目の策定 ──→ 個別管理基準
```

1.5 情報セキュリティ監査にかかわる基準の概要

7) 個人情報保護に関する項目を追加している.
8) 原本性保証に関する項目を追加している.

② モデルの構成

電子政府情報セキュリティ管理基準モデルの構成は,次のとおりである.

a. 項　番

項目ごとの番号.

b. 項　目

情報セキュリティ管理基準の「項目」に該当.

c. 目　的

情報セキュリティ管理基準の「目的」に該当.

d. コントロール

情報セキュリティ管理基準の「コントロール」に該当.

e. サブコントロール(修正前)

情報セキュリティ管理基準の「サブコントロール」に該当.

f. サブコントロール(修正後)

サブコントロール(修正前)を庁内ネットワークシステムに適用するにあたり,追加・変更・削除を加えたものである.内容が記載されている項目は,庁内ネットワークシステムに合うように修正したもの,もしくは「情報セキュリティ管理基準」にない項目を表す.「←」はサブコントロール(修正前)と同じであることを表す.「N/A」は,庁内ネットワークシステムでは,該当なしを表す.

g. 管理基準

「情報セキュリティ管理基準」の参照項番.

h. チェック欄

「○」は,庁内ネットワークシステムにおいて必須項目.
「△」は,庁内ネットワークシステムにおいて推奨項目.

「×」は，庁内ネットワークシステムにおいて不要項目．
i．技　術
「○」は，技術的検証項目の追加が必要なもの．
「×」は，技術的検証項目の追加が必要ないもの．

（4）　情報セキュリティ監査基準

情報セキュリティ監査基準は，情報セキュリティ監査業務の品質を確保し，有効かつ効率的に監査を実施することを目的とした監査人の行為規範である．組織体の内部監査部門が実施する情報セキュリティ監査だけでなく，組織体の外部者に監査を依頼する情報セキュリティ監査においても利用できる．

また，情報セキュリティ監査基準は情報セキュリティに保証を付与することを目的とした保証型監査でも，情報セキュリティの結果に対して助言することを目的とした助言型監査でも利用できる．保証型監査と助言型監査については，次の項で説明する．

情報セキュリティ管理基準は，情報セキュリティ監査を実施するにあたっての監査上の判断尺度として用いる．

情報セキュリティ監査基準は，次の3つの基準で構成されている．

① 　一　般　基　準

「目的，権限と責任」，「独立性，客観性と職業倫理」，「専門能力」，「業務上の義務」，「品質管理」といった監査主体としての適格性および監査業務上の遵守事項を定めている．

② 　実　施　基　準

「監査計画の立案」，「監査の実施」，「監査業務の体制」，「他の専門職の利用」といった監査実施上の枠組みを定めている．

③ 　報　告　基　準

「監査報告書の提出と開示」，「監査報告の根拠」，「監査報告書の記載

1.5 情報セキュリティ監査にかかわる基準の概要

事項」,「監査報告についての責任」,「監査報告に基づく改善指導」といった監査報告に係る留意事項と監査報告書の記載方式を定めている.

(5) 情報セキュリティ監査基準実施基準ガイドライン

情報セキュリティ監査基準実施基準ガイドラインは,情報セキュリティ監査基準にもとづいて監査を実施する際の留意事項や実施上の手順について,ガイドラインとして別途作成されたものである.

実施基準ガイドラインの構成は,以下のとおりである.

① 情報セキュリティ監査実施上の前提事項

情報セキュリティ監査の実施にあたっての前提条件として,次の事項をあげている.

a. 情報セキュリティ管理基準の明確化

情報セキュリティ監査の実施にあたっては,監査対象が情報セキュリティ対策に係る一定の条件を満たしているか否かなどについて,検証,評価するための判断尺度が必要であり,その基準を明確にする必要がある.例えば,経済産業省『情報セキュリティ管理基準』,『システム監査基準』,『情報システム安全対策基準』,総務省『情報通信ネットワーク安全・信頼性基準』などがあげられる.

b. 情報セキュリティ監査の目的の設定

保証型もしくは助言型といった情報セキュリティ監査の目的をあらかじめ設定しておかなければならない.ここで,保証型監査および助言型監査とは,次のとおりである.

a) 保証型監査

監査対象の情報セキュリティのマネジメントまたはコントロールが,監査手続を実施した結果,適切であること,または不適切であることを監査意見として表明する監査のことである.

b) 助言型監査

監査対象における情報セキュリティのマネジメントまたはコントロールの改善を目的として，検出事項および必要に応じてその改善提言を監査意見として表明する監査のことである．

c．情報セキュリティ監査において利用する成熟度モデルの明確化

情報セキュリティ対策の成熟度モデルは，組織体における情報セキュリティ対策を段階的に向上させることを目的として，組織体が設定または運用する情報セキュリティ対策の実施水準を区別する考え方といえる．情報セキュリティ監査の実施に先立って，どのような成熟度モデルを利用するのか，成熟度のレベル分けの判断基準はどのようなものであるかなどについて明確にする必要がある．

② **情報セキュリティ監査の実施手順**

情報セキュリティ監査のフレームワークは，図表1.5.4のとおりである．

（6）　情報セキュリティ監査基準報告基準ガイドライン

情報セキュリティ監査基準報告基準ガイドラインは，情報セキュリティ監査基準を補完するものとして作成された．情報セキュリティ監査基準にもとづいて実施された監査を報告する際に，報告基準に係る基本的な考え方を踏まえて，特に留意すべき事項および情報セキュリティ監査報告書の雛型について示したものである．

報告基準ガイドラインの構成は，次のとおりである．

① **監査報告書の意味と記載事項**

監査報告書の定義，監査報告書の記載事項，監査意見の種別について説明している．

② **助言報告書作成上の留意事項**

助言意見の表明方法，助言意見記載上の留意事項について説明している．

1.5 情報セキュリティ監査にかかわる基準の概要

図表1.5.4 情報セキュリティ監査のフレームワーク

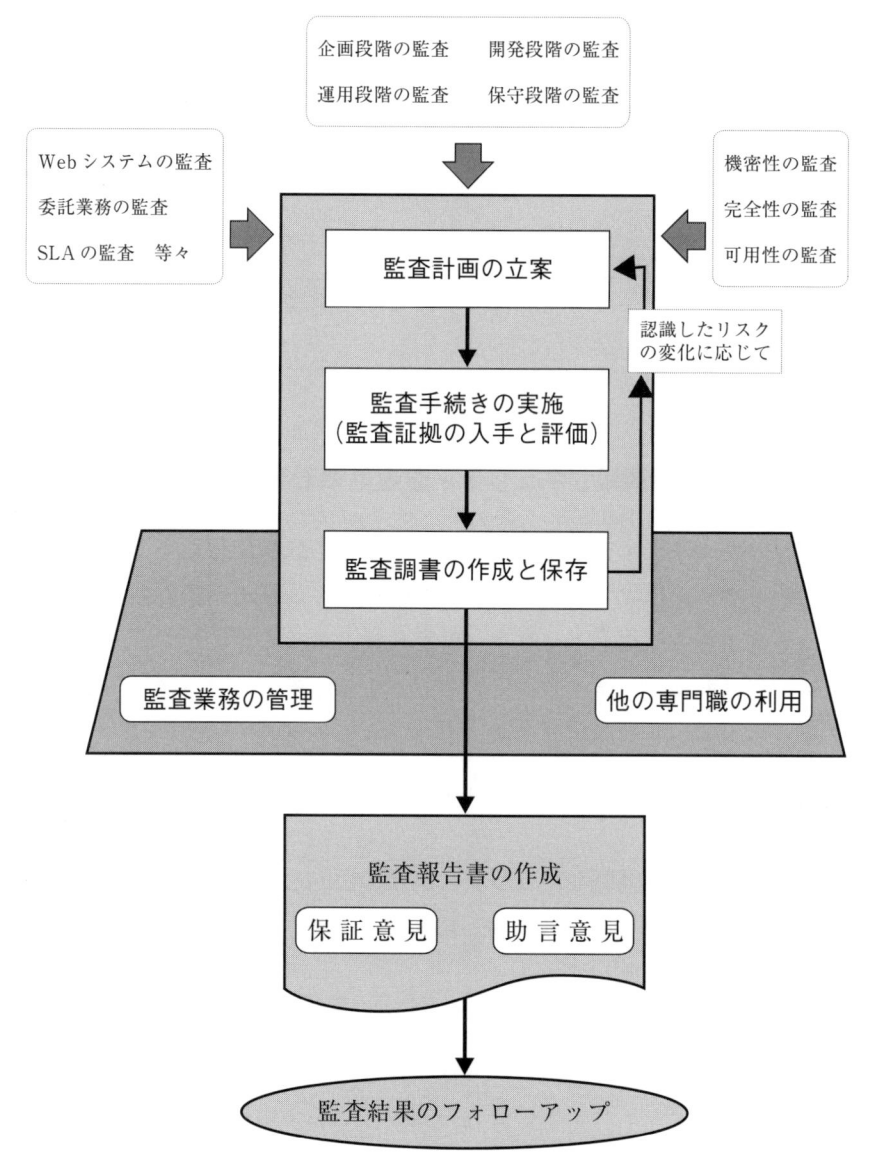

```
                    ┌─────────────────────┐
                    │ 企画段階の監査  開発段階の監査 │
                    │ 運用段階の監査  保守段階の監査 │
                    └──────────┬──────────┘
                               ▼
┌──────────────┐      ┌─────────────────┐      ┌──────────────┐
│ Webシステムの監査 │      │                 │      │ 機密性の監査  │
│ 委託業務の監査  │ ───▶ │  監査計画の立案   │ ◀─── │ 完全性の監査  │
│ SLAの監査 等々  │      │                 │      │ 可用性の監査  │
└──────────────┘      └────────┬────────┘      └──────────────┘
                               │         ┌────────────┐
                               ▼         │認識したリスク│
                      ┌─────────────────┐│の変化に応じて│
                      │  監査手続きの実施  │└────────────┘
                      │（監査証拠の入手と評価）│
                      └────────┬────────┘
                               ▼
                      ┌─────────────────┐
                      │ 監査調書の作成と保存 │
                      └─────────────────┘

      ┌ 監査業務の管理 ┐              ┌ 他の専門職の利用 ┐

                      ┌─────────────────┐
                      │   監査報告書の作成  │
                      │ 保証意見　助言意見 │
                      └────────┬────────┘
                               ▼
                      ( 監査結果のフォローアップ )
```

出典）経済産業省：『情報セキュリティ監査基準実施基準ガイドライン』，2003年3月，p.6を一部修整．

③ 助言報告書の雛型

助言型監査を実施した際の助言報告書として，助言意見のみを記載する場合の雛型について説明している．

④ 保証報告書作成上の留意事項

保証型監査を実施した際の保証意見の表明方法，保証意見の種別，保証意見記載上の留意事項について説明している．

⑤ 保証報告書の雛型

保証報告書として，肯定意見の雛型と限定付意見などの雛型，合意にもとづく監査手続と監査の結果のみを報告する方式よる場合の雛型について説明している．

（7） 電子政府情報セキュリティ監査基準モデル

情報セキュリティ管理基準にもとづいて電子政府情報セキュリティ管理基準モデルを作成したのと同様に，情報セキュリティ監査基準にもとづいて電子政府情報セキュリティ監査基準モデルを作成している．このモデルには，情報セキュリティ監査基準実施基準ガイドライン，情報セキュリティ監査基準報告基準ガイドラインも含まれている．

電子政府情報セキュリティ監査基準モデルの構成は，次のとおりである．

① X省における情報セキュリティ監査の目的と要請

情報セキュリティ監査の目的，監査人の責務，情報セキュリティ監査の要請について説明している．

② 情報セキュリティ監査受嘱上の留意事項

情報セキュリティ監査人の独立性要件，情報セキュリティ監査人の能力要件，情報セキュリティ監査人の誠実性と職業倫理，情報セキュリティ監査に係る入札および契約の締結にあたっての留意事項について説明している．

③ **情報セキュリティ監査実施上の前提事項**

情報セキュリティ監査における準拠規範，情報セキュリティ監査の目的について説明している．

④ **情報セキュリティ監査の実施手順**

監査実施の基本的枠組み，監査計画の立案，監査対象とする範囲(システム)に係る監査上の主要着眼点，監査手続の実施(監査証拠の入手と評価)，監査調書の作成と保存，適切な監査業務の体制整備について説明している．

⑤ **監査報告書の意味と記載事項**

監査報告書の定義，監査意見の表明方法，監査意見記載上の留意事項について説明している．

⑥ **監査報告書の雛型**

電子政府情報セキュリティ管理基準に照らして，検出事項を記載し，必要に応じて当該検出事項に対する改善提言を記載する報告書について説明している．

1.6 ISMS適合性評価制度との関係

(1) ISMS適合性評価制度との違い

情報セキュリティに関する制度には，情報セキュリティ監査制度のほかにISMS適合性評価制度がある．情報セキュリティ管理基準は，前述のようにJIS X 5080：2002をもとに策定されているが，ISMS適合性評価制度の認証基準もJIS X 5080：2002を参照して策定されているので，情報セキュリティ監査の判断尺度としては整合性が図られていることになる．

ISMS適合性評価制度と情報セキュリティ監査制度は，似たような

制度であるが，経済産業省はこの両者は明確に違いがあるとしている．「ISMS適合性評価制度」は，情報セキュリティ対策が一定の基準以上に達していることに対して「お墨付き」を与えるものであるのに対して，「情報セキュリティ監査制度」は「助言」や「保証」を利用しながら，段階的にセキュリティレベルを向上させていこうとするものである．これらは両方とも情報セキュリティの観点からは重要なものであり，経済産業省では両方ともに推進していくとしている．

ISMS適合性評価制度と情報セキュリティ監査制度の違いは，次のように整理できる．

1) 情報セキュリティ監査制度は，「全体」に対する保証・助言だけでなく「一部」という概念を組み入れている．
2) 情報セキュリティ監査制度では，必要に応じて『コンピュータウイルス対策基準』など他の基準を追加し，情報セキュリティ管理基準のカスタマイズが図れる．
3) 情報セキュリティ監査は，現状と目標とすべき基準とのギャップを指摘することでそれを是正し，段階的なレベル向上を図ることができる．
4) ISMS適合評価制度が主に「保証」を念頭に置いたものであるのに対し，情報セキュリティ監査制度は「助言」重視している．

（２） ISMS適合性評価制度の位置づけ

情報セキュリティ監査制度とISMS適合評価制度との関係をみると，次の2点があげられる（図表1.6.1参照）．

① ISMS認証取得の裾野の拡大

情報セキュリティ監査制度は，被監査主体の選択の自由度が高く，一部のみの監査も可能である．助言型監査を実施して，徐々にISMS認証取得レベルまで情報セキュリティを向上させていくことが期待できる．

1.6 ISMS適合性評価制度との関係

図表1.6.1 情報セキュリティ監査制度とISMS適合性評価制度との関係のイメージ図

(図：ピラミッド図。左側に「保証型監査」「助言型監査」の矢印、右側に「情報セキュリティ監査普及による情報セキュリティマネジメントの向上」「ISMS認証取得レベル」の矢印。ピラミッド内は下から上へ：)

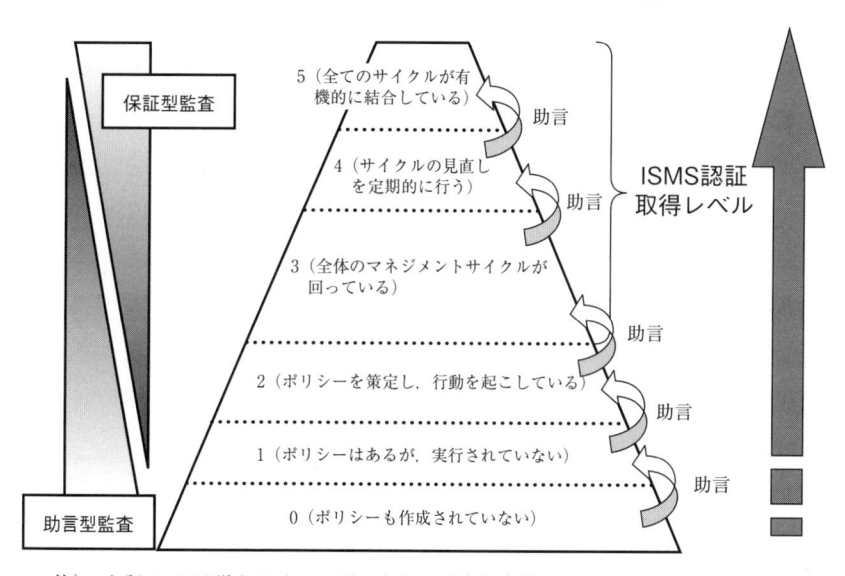

- 0（ポリシーも作成されていない）
- 1（ポリシーはあるが，実行されていない）
- 2（ポリシーを策定し，行動を起こしている）
- 3（全体のマネジメントサイクルが回っている）
- 4（サイクルの見直しを定期的に行う）
- 5（全てのサイクルが有機的に結合している）

各段階に「助言」が付されている。

注）　上記0〜5は単なるイメージであり，正式な定義ではない．
出典）　経済産業省：『情報セキュリティ監査研究会報告書』，2003年3月26日，p.11.

　情報セキュリティ監査が普及すれば，ISMS認証取得組織体の裾野を広げ，結果としてISMS認証取得組織体も増加していく相乗効果を生むことになる．

② ISMS認証取得後の保証型監査の必要性

　ISMS認証取得後も，アクセス制御などの技術的なコントロールについての監査結果を求められることがあるので，保証型監査の必要性が高まっていくことになる．

第2章

情報セキュリティ監査とシステム監査

　情報セキュリティ監査は，従来から実施されてきたシステム監査と類似している部分がある．本章は，システム監査と情報セキュリティ監査の違いを把握することによって，情報セキュリティ監査に対する理解を深めることをねらいとしている．具体的には，情報セキュリティ監査と情報システム監査について，監査目的，監査対象，監査の視点，監査主体などの切り口から比較・検討して，相違点を明らかにしていく．また，システム監査の概要と動向について，ITガバナンスにも言及しながら説明する．

2.1 システム監査とは

　情報セキュリティ監査についての理解を深めるためには，従来から実施されているシステム監査との関係を明確にする必要がある．経済産業省『情報セキュリティ監査研究会報告書』(2003 年 3 月 26 日)でもシステム監査との関係について言及されている．本章では，システム監査との関係について述べていく．

（1） システム監査の目的と定義

　システム監査は，経済産業省『システム監査基準』(1996 年改訂)によると，情報システムの信頼性，安全性および効率性の向上を図ることを目的としている．また，システム監査を「監査対象から独立かつ客観的な立場のシステム監査人が情報システムを総合的に点検及び評価し，組織体の長に助言及び勧告するとともにフォローアップする一連の活動」と定義している．この定義での注意すべき点は，情報システムが対象であることと，信頼性・安全性・効率性が監査の視点であることの 2 点である．

　信頼性，安全性，効率性については，次のように定義している．
① 信頼性：「情報システムの品質並びに障害の発生，影響範囲及び回復の度合」
② 安全性：「情報システムの自然災害，不正アクセス及び破壊行為からの保護の度合」
③ 効率性：「情報システムの資源の活用及び費用対効果の度合」

　信頼性や安全性は，情報セキュリティと関係する項目である．第 1 章でも述べたとおり，情報セキュリティは，機密性，完全性，可用性の 3 つの要素で構成される．『システム監査基準』でいう安全性とは，機密性や可用性に関係する．信頼性は，システム処理の信頼性という意味で

あり，情報セキュリティの3要素のうち完全性に関係する．また，効率性には有効性や有用性が含まれると説明されている．

なお，経済産業省では，情報セキュリティ監査基準との関係を踏まえて，システム監査基準の見直しを行っているところである．

(2) IT ガバナンスから見たシステム監査

① IT ガバナンスの必要性の高まり

システム監査の国際動向を見ると，最近ではIT ガバナンスが注目を浴びている．今までのシステム監査は，情報システムのリスクを分析・評価し，リスクを低減するためのコントロール（内部統制）の有効性を確かめることを役割としていたが，IT ガバナンスの概念と結びつけて IT ガバナンスが確立されているかどうかを確かめる役割へと変化しつつある．

それでは，IT ガバナンスとは，どのような概念なのだろうか．企業などでは，IT（情報技術）の役割が非常に大きくなっていることと相俟って，IT を適切にガバナンス（統治）する必要性が高まってきている．こうした状況を背景として，コーポレートガバナンスの重要性の高まりを考慮しつつ，ISACA（情報システムコントロール協会）および IT ガバナンス協会を中心にして IT ガバナンスの概念が生まれた．

IT ガバナンスは，「IT 及び IT プロセスにおけるリスクとリターンをバランスさせながら価値を付加し企業の目標を達成するために，企業を指揮（direct）しコントロールする関係とプロセスにかかわる構造（structure）」と定義されている*．

IT ガバナンスは，従来のコントロールの概念を発展させ，コーポレ

---

* ISACF（Information Systems Audit and Control Foundation）・IT Governance Institute：*COBIT*（*Control Objectives for Information and related Technology*）*3rd Edition, Framework*, p. 5.

ートガバナンスと結びつけることによって，確立された概念といえる．このような概念が生まれた理由には，経営戦略とIT戦略がより緊密な関係になっていることが考えられる．例えば，インターネットの普及にともなって，B to BやB to CのようなEコマース(電子商取引)が拡大し，SCM(Supply Chain Management)，CRM(Customer Relationship Management)などを用いたIT戦略が，企業経営にとってなくてはならないもの，場合によっては経営戦略そのものといってもよいほど密接な関係になっているからである．

② ITガバナンスにおけるシステム監査

ITガバナンスを前提としたシステム監査では，IT資源をベースとして，ビジネス目標を達成するためのIT活動(計画・組織，取得・導入，デリバリ・支援，モニタリング)について，リスクを管理し，利益を獲得するために必要なコントロールが機能していることを点検・評価する．つまり，ITを適切にコントロールし，ビジネス目標の達成に貢献するために，企業としての体制・仕組みがあるか，それが有効かつ効率的に機能しているかどうかをシステム監査によって確かめるのである．ITガバナンスの確立は，経営者にとっても，コーポレートガバナンスを確立するために不可欠なものである．

ITガバナンスの確立は，市場において競争優位を獲得するために重要な役割を果たすことになる．ITの導入や運用に関して，他社がSCMを導入したから自社も導入しなければならないとか，新しい機器やソフトウェアがリリースされたから自社も導入するというように考えて，自社の経営戦略やIT戦略を十分に検討せずにIT投資を行うような「ガバナンス(統治)」のない状況を招かないようにしなければならない．また，ITには金がかかるが本当に効果があるのかどうかわからない，といった状況に経営者が陥らないようにするために，ITガバナンスの確立と，それを実現するためのシステム監査が必要になる．システム監査

には，単にシステムの信頼性，安全性，効率性を維持・向上させるための役割だけではなく，もっと高次元の役割が求められているのである．

（3） ITガバナンスと情報セキュリティ

ITガバナンスは，経営目標を達成できるようにITをコントロールし，あるべき方向に導き，最終的には企業価値の増大につなげることを目的としている．ITを企業の目標達成に活かすためには，ITを安心して利用できる状態にしておかなければならない．つまり，情報セキュリティを確保することは，ITガバナンスの必須要件になっている．ITは経営戦略や企業活動の基盤となっているので，情報セキュリティの確保は，最終的には企業価値の向上やコンプライアンスの確保を目的とするコーポレートガバナンスの確立につながる．

ところで，ITガバナンスにおける情報セキュリティをITガバナンス構築のためのツールであるCOBITの視点からとらえると，情報セキュリティとは，COBITの情報規準(information criteria)のうちセキュリティ要件(機密性(confidentiality)，完全性(integrity)，可用性(availability))を満たすことである．しかし，情報セキュリティを確保すれば，ITガバナンスを確立できるわけではない．情報セキュリティは，ITガバナンスを構成する重要な要素の1つとしてとらえる必要がある．

2.2　情報セキュリティ監査とシステム監査の関係

システム監査と情報セキュリティ監査について，比較・整理すると図表2.2.1のようになる．この表では，システム監査についてはシステム監査基準とCOBITを，情報セキュリティ監査については情報セキュリティ監査基準をそれぞれ参照して比較している．

第2章 情報セキュリティ監査とシステム監査

図表2.2.1 システム監査と情報セキュリティ監査の比較

項目	システム監査	情報セキュリティ監査
（1）監査目的	情報システムを総合的に点検，評価し，組織体の長に助言および勧告し，フォローアップすること ITガバナンスの確立・維持状況の点検・評価	情報セキュリティにかかわるリスクのマネジメントが効果的に実施されるように，リスクアセスメントにもとづく適切なコントロールの整備，運用状況を，情報セキュリティ監査人が独立かつ専門的な立場から検証または評価して，もって保証を与えあるいは助言を行うこと
（2）監査対象	情報システム 情報資源（要員，アプリケーションシステム，技術，ファシリティ，データ）	情報資産
（3）監査の視点	信頼性，安全性，効率性 情報の規準(Information Criteria；有効性，効率性，機密性，完全性，可用性，コンプライアンス，情報の信頼性)	機密性，完全性，可用性
（4）監査範囲	システム開発ライフサイクル(企画，開発，運用，保守)と災害対策 4つのドメイン(計画・組織，取得・導入，デリバリ・支援，モニタリング)	情報セキュリティにかかわるリスクマネジメントまたはコントロール(セキュリティ基本方針，組織のセキュリティ，資産の分類及び管理，人的セキュリティ，物理的及び環境的セキュリティ，通信及び運用管理，アクセス制御，システムの開発及び保守，事業継続管理，適合性)
（5）監査主体	内部監査部門が中心 内部監査および外部監査	外部監査企業が中心
（6）監査人	システム監査技術者 公認情報システム監査人(CISA)	システム監査技術者 情報セキュリティアドミニストレータ ISMS主任審査員／審査員 公認システム監査人 公認情報システム監査人(CISA)など
（7）監査手順	システム監査基本計画・個別計画→予備調査→本調査→評価・結論→フォローアップ 計画→コントロールの理解→コントロールの評価→準拠性の評価→リストの実証→報告	監査計画→監査手続の実施→監査調書→監査報告書→フォローアップ
（8）監査結果の報告先	組織体の長 取締役会，経営陣	監査の依頼者

注1）「システム監査」欄の上段はシステム監査基準，下段はCOBIT．
注2）「情報セキュリティ監査」欄は，情報セキュリティ監査基準．

2.2　情報セキュリティ監査とシステム監査の関係

（1）　監査目的

　システム監査基準では，情報システムを総合的に点検・評価することをシステム監査の目的としている．しかし，最近では，ITガバナンスの確立・維持状況を点検・評価することがシステム監査の目的となっており，経営と情報システムの関係を重視している．一方，情報セキュリティ監査では，情報セキュリティにかかわるリスクマネジメントの確立・維持を点検・評価することを目的としている．

（2）　監査対象

　システム監査は情報システムを監査対象としているが，情報セキュリティ監査は情報資産を監査対象としている．情報資産は，情報および情報処理設備などであり，具体的には，データベース，アプリケーション，ハードウェア，ネットワークなどの情報システムにかかわるものと，手書の文書，記憶など情報システムにかかわらないものがある．システム監査と情報セキュリティ監査の違いは，情報システムにかかわらないものが対象となっているかどうかという点だといえる（図表2.2.2参照）．

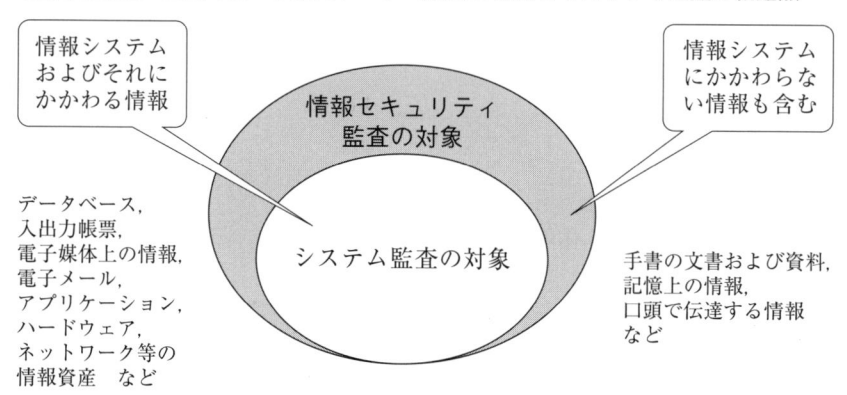

図表2.2.2　監査対象から見たシステム監査と情報セキュリティ監査の相違点

情報システムおよびそれにかかわる情報 → 情報セキュリティ監査の対象

情報システムにかかわらない情報も含む

システム監査の対象

データベース，
入出力帳票，
電子媒体上の情報，
電子メール，
アプリケーション，
ハードウェア，
ネットワーク等の
情報資産　など

手書の文書および資料，
記憶上の情報，
口頭で伝達する情報
など

図表 2.2.3 監査視点から見たシステム監査と情報セキュリティ監査の相違点

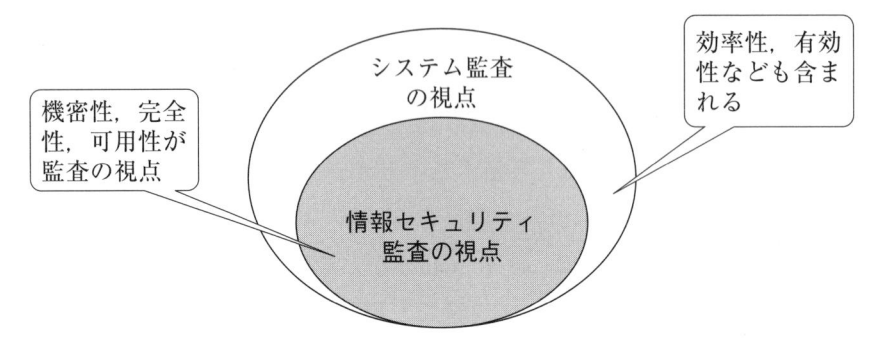

- システム監査の視点
- 情報セキュリティ監査の視点
- 機密性,完全性,可用性が監査の視点
- 効率性,有効性なども含まれる

（3） 監査の視点

システム監査と情報セキュリティ監査の相違点を明らかにするためには，監査の視点からも比較してみるよい．システム監査では，有効性，効率性が監査の視点に含まれるが，情報セキュリティ監査では，監査の視点に含まれないことが大きな特徴である（図表2.2.3参照）．つまり，情報セキュリティ監査では，情報システムが経営に役立っているか，費用対効果がどうかといった視点は重要ではないが，システム監査では，情報セキュリティマネジメントの効率性や経営への貢献状況，管理策の効率性なども重要な関心事となっている．

（4） 監査範囲

システム監査は，主として情報システムのライフサイクルが監査範囲であるが，情報セキュリティ監査では，情報セキュリティマネジメントが監査範囲になる．具体的には，情報セキュリティ管理基準で定められた管理項目（セキュリティ基本方針，組織のセキュリティ，資産の分類及び管理，人的セキュリティ，物理的及び環境的セキュリティ，通信及び運用管理，アクセス制御，システムの開発及び保守，事業継続管理，

2.2 情報セキュリティ監査とシステム監査の関係

適合性)が監査範囲になる．

(5) 監査主体

　監査主体から見ると，システム監査は内部監査部門(内部監査人)が監査主体になる場合が多いが，情報セキュリティ監査では，監査法人，情報セキュリティベンダー，情報セキュリティ専門企業，システム監査企業などの外部監査人を中心に考えている．

(6) 監査人

　システム監査では，システム監査技術者，公認システム監査人および公認情報システム監査人(CISA)などが監査人になるが，情報セキュリティ監査では，これらの資格者に加えて，情報セキュリティアドミニストレータ，ISMSの審査員などが監査人になることを想定している．

　システム監査人と情報セキュリティ監査人では，求められる能力・スキルに違いがある．システム監査人は，情報システムを中心とした監査を実施できる能力・スキルが必要である．例えば，情報システムのライフサイクルやアプリケーションに関する知識能力をもつとともに，業務プロセスを点検・評価する能力も必要である．また，知的所有権や個人情報保護などの幅広い知識も必要になる．

　一方，情報セキュリティ監査人は，主として情報セキュリティマネジメントや情報セキュリティに関する能力・スキルが必要である．情報セキュリティについては，場合によってはシステム監査人よりも高度な知識が求められる．例えば，不正アクセスやコンピュータウイルスなどの知識は，システム監査人よりも高度な知識や能力をもつことが要請される場合がある．

（7） 監査手順

　監査の実施については，システム監査と情報セキュリティ監査に実質的な違いはない．しかし，経済産業省『システム監査基準』，『情報セキュリティ監査基準』および『情報セキュリティ管理基準』では，監査（または管理）すべき事項が提示されているが，COBIT では，準拠性テスト(規程やマニュアルなどの手続に従ってコントロールが実施されているかどうか評価すること)と実証性テスト(コントロールの実効性や有効性を評価すること)に区分して示されている．

（8） 監査結果の報告先

　システム監査は，情報システムの健全性を点検・評価して経営者に報告し，情報システムの改善に資することを目的としている．つまり，組織体の内部に監査結果を報告することが多い．一方，情報セキュリティ監査は，監査依頼者に監査結果を報告するものの，主として第三者に対して情報セキュリティの適切性を公表すること(情報セキュリティ監査を実施し，その結果が適切であること)を目的としているといえよう．

第3章

情報セキュリティ監査基準の読み方

　本章では，経済産業省『情報セキュリティ監査基準』の一般基準，実施基準，および報告基準について，図表や具体例を示し，簡潔かつ具体的に解説している．各基準の解説は，読み方，および適用する場合の留意点を中心にまとめている．これにより，「情報セキュリティ監査基準をどのように読むのか」といった観点から理解を深め，情報セキュリティ監査人の行動基準として十分に活用できるようになることをねらいとしている．また，情報セキュリティ監査人を目指す人に対して，必要な心構えを認識させることをねらいとしている．

第3章　情報セキュリティ監査基準の読み方

3.1 一般基準

（1）　目的，権限と責任

```
┌─ 情報セキュリティ監査基準　一般基準 ─┐

1．目的，権限と責任
　　情報セキュリティ監査を実施する目的及び対象範囲，並びに情報セキュリティ監査人の権限と責任は，文書化された規程又は契約書等により明確に定められていなければならない．
```

一般基準の読み方

①　情報セキュリティ監査を実施する目的

　情報セキュリティ監査を実施する目的は，当該組織体が現時点において適切な情報セキュリティ対策を講じているかを評価すること，および環境変化に応じた対策が可能となっているかを評価することである．情報セキュリティ監査の目的や対象範囲が明確になることによって，情報

図表3.1.1　監査目的と監査人の権限・責任

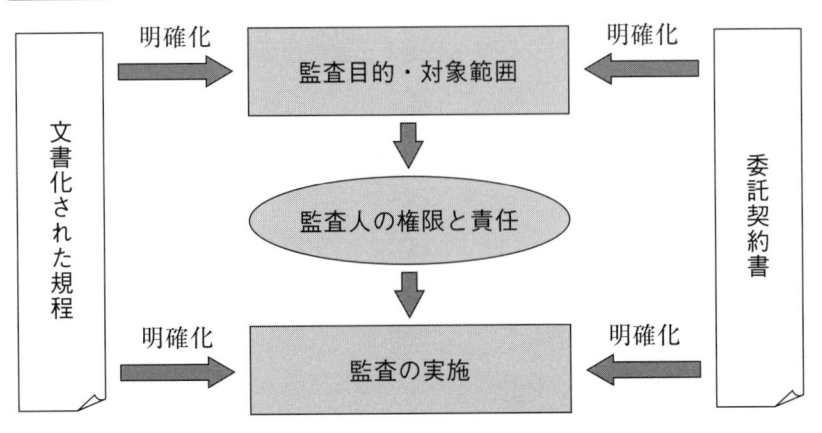

```
                   明確化                          明確化
  ┌─────┐  ──→  ┌──────────────┐  ←──  ┌─────┐
  │文       │         │ 監査目的・対象範囲 │        │委       │
  │書       │         └──────────────┘        │託       │
  │化       │                 │                      │契       │
  │さ       │                 ↓                      │約       │
  │れ       │         ╭──────────────╮        │書       │
  │た       │         │ 監査人の権限と責任 │        │         │
  │規       │         ╰──────────────╯        │         │
  │程       │                 │                      │         │
  │         │  明確化         ↓           明確化     │         │
  │         │  ──→  ┌──────────────┐  ←──  │         │
  │         │         │    監査の実施      │        │         │
  └─────┘         └──────────────┘        └─────┘
```

3.1 一般基準

図表3.1.2 情報セキュリティ監査人の権限と責任

対象監査段階	権　限	責　任
監査全般	●監査の計画立案，および実施に必要な情報(機密情報を含む)の入手の権限 ●監査人としての独立性，中立性を保持する権限	●監査契約履行または職務規程遂行に関する責任 ●法令など遵守に関する責任 ●業務上知り得た機密事項に関する守秘義務についての責任 ●監査人としての独立性，中立性を遵守する責任 ●専門家としての注意義務についての責任
監査計画段階	●監査計画を立案するために必要な文書類，資料類，データ類を収集・閲覧する権限 ●監査計画を立案するために経営者，部門責任者にインタビューなどを行う権限	●監査目的を有効かつ効率的に達成するための適切な監査計画の立案責任
監査実施段階	●情報セキュリティに関連する文書類，資料類，データ類を収集・閲覧する権限 ●情報セキュリティに関連して各業務担当者にインタビューなどを行う権限 ●情報セキュリティに関連する関係会社，下請業者を監査する権限* ●情報セキュリティに関連する施設を現地調査する権限 ●情報セキュリティ監査技法を適用するために情報処理機器を利用する権限 ●監査報告書を完成させる前に，被監査部門などと意見交換する権限	●監査計画にもとづいて，監査証拠を入手・評価し，監査調書を作成する責任 ●監査報告書を作成する責任 ●表明した監査意見に対する責任
フォローアップ段階	●改善作業の実施状況について報告を要求する権限 ●改善作業の進捗状況を確認するために改善対象部門などへ往査する権限 ●改善作業の促進を指導する権限	●改善の実施状況のフォローアップする責任

＊当該企業との契約など情報セキュリティ監査に関する事項を定めておく必要がある．

セキュリティ監査人の責任および権限が決まることになる(図表3.1.1参照).

情報セキュリティ監査を実施することで,組織体は情報資産の機密性,完全性,可用性がバランスよく確保されていること,または確保するために必要な行動が明確になる.

② 情報セキュリティ監査人の権限と責任

一般に権限と責任は表裏一体の関係にある.責任をともなわない権限の行使は無責任であり,権限をともなわない責任の遂行は不可能である.

情報セキュリティ監査人の権限と責任は,監査全般に関する権限,監査計画段階での権限,監査実施段階での権限およびフォローアップ段階での権限に整理できる.具体的な内容は図表3.1.2に示す.

適用する場合の留意点

① 情報セキュリティ監査を実施する目的および対象範囲の明確化

情報セキュリティ監査を実施する場合には,その目的および対象範囲について,被監査主体を含む関係者全員が理解することが大切である.そのために,内部監査の場合には,情報セキュリティ管理規程や情報セキュリティ監査規程において監査の目的や対象範囲などを明確にする.外部監査の場合には,情報セキュリティ監査委託契約などにおいて目的や対象範囲などを明確に定める必要がある.情報セキュリティ監査制度では,外部監査を中心に考えているので,委託契約での明確化が中心になるが,社内規程に外部監査人への協力義務を盛り込むことも考えられる.

特に被監査主体においては,情報セキュリティ監査の目的と対象範囲について周知徹底することが大事である.なぜならば,被監査主体が監査目的や対象範囲を十分理解することで,監査人の監査作業への積極的な協力や指摘事項に対しての適切な対応が可能となるからである.

② 情報セキュリティ監査人の権限と責任の明確化

情報セキュリティ監査を適切で効率的に遂行するにあたって，監査人自身が権限と責任を十分に理解するとともに，被監査主体も監査人の権限と責任を認識しておくべきである．そのためには，監査人の権限や責任を情報セキュリティ管理規程，情報セキュリティ監査規程または情報セキュリティ監査委託契約などに明確に定める必要がある．

（2） 独立性，客観性と職業倫理

情報セキュリティ監査基準　一般基準

2．独立性，客観性と職業倫理
2.1　外観上の独立性
　情報セキュリティ監査人は，情報セキュリティ監査を客観的に実施するために，監査対象から独立していなければならない．監査の目的によっては，被監査主体と身分上，密接な利害関係を有することがあってはならない．
2.2　精神上の独立性
　情報セキュリティ監査人は，情報セキュリティ監査の実施に当たり，偏向を排し，常に公正かつ客観的に監査判断を行わなければならない．
2.3　職業倫理と誠実性
　情報セキュリティ監査人は，職業倫理に従い，誠実に業務を実施しなければならない．

一般基準の読み方

① 外観上の独立性

情報セキュリティ監査人が適正な監査を実施するためには，情報セキ

図表3.1.3 監査人の独立性

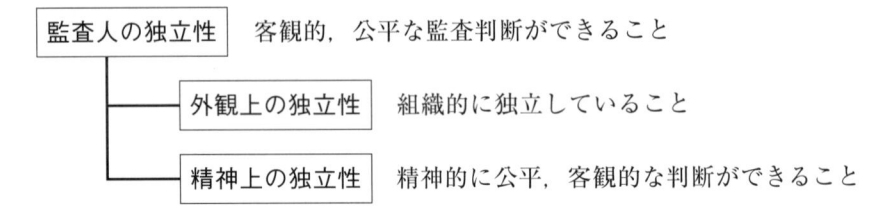

- 監査人の独立性　客観的，公平な監査判断ができること
  - 外観上の独立性　組織的に独立していること
  - 精神上の独立性　精神的に公平，客観的な判断ができること

ュリティ監査人の独立性の確保が不可欠である(図表3.1.3参照).

情報セキュリティのマネジメントは，本来，組織体の責任において行われるべきものである．情報セキュリティ監査の結果は，監査依頼者を含め監査対象者に業務面，組織面，経費面など種々の影響を与えるため，情報セキュリティ監査を客観的に実施するにあたっては，監査対象と外観上独立していなければならない．

例えば，SEC(米国証券取引委員会)では，以下の状況にあるときは，監査人の外観上の独立性が保持されていないとしている(2003年1月22日，http://www.sec.gov/news/press/2003-9.htm).

1) 監査人がその監査依頼者と相互利害関係を有している場合
2) 監査人が自らの作業を監査している場合
3) 監査人が監査依頼者の経営者もしくは従業員として機能している場合
4) 監査人が監査依頼者を擁護する立場で活動している場合

② **精神上の独立性**

一般に監査を行う場合，外観上の独立性だけでなく，精神上の独立性も要求される．外観上の独立性とは，形式的独立性もしくは経済的独立性とも呼ばれ，①項で説明したとおり，監査人が被監査主体との間で特別な利害関係を有していないことである．それに対して，精神上の独立性とは実質的な独立性とも呼ばれ，公正不偏な態度をもって，客観的な監査判断ができることである．

③ 職業倫理と誠実性

　情報セキュリティ監査人の職業倫理とは，客観的な評価，秘密の保持，独立の立場の堅持，公正不偏な態度，継続的な自己研鑽などがあげられる．これらの職業倫理に従い，誠実性をもって監査業務を遂行しなければならない．

[適用する場合の留意点]

① 外観上の独立性を保持するうえでの注意事項

　監査主体が，外観上の独立性を保持していることを担保する方法の1つとして，組織体の外部に監査を依頼することが考えられる．

　情報セキュリティ監査を行う企業は，監査ビジネスだけでなく，情報セキュリティ関連商品を販売していることがある．一方，監査依頼者としては，あまり重要なこととは考えず，情報セキュリティ関連商品の購入元に情報セキュリティ監査を依頼することがある．このような場合，外観上の独立性を保持しているとは言い難い．こうした場合には，監査人の独立性の視点から当該組織体の監査を行わないという判断も必要になる．なお，官公庁の情報セキュリティ監査を行う監査主体に係る要件はかなり厳格に定められているが，民間の場合は監査主体の職業倫理に委ねられているケースが多い．

（3） 専門能力

情報セキュリティ監査基準　一般基準

3. 専門能力
　情報セキュリティ監査人は，適切な教育と実務経験を通じて，専門職としての知識及び技能を保持しなければならない．

第3章 情報セキュリティ監査基準の読み方

一般基準の読み方

① 情報セキュリティ監査人の専門知識および技能

情報セキュリティ監査人には，図表3.1.4に示すような専門知識および技能が必要になる．

図表3.1.4 情報セキュリティ監査人の専門知識および技能

分　類	専門知識および技能
情報システムの基本的知識	● 経営一般 ● IT動向 ● 情報システム ● 情報システムの企画・開発・運用・保守業務 ● 情報セキュリティ管理業務 ● 情報システムの評価 ● 情報セキュリティ関連技術 ● リスク分析と情報セキュリティ
情報セキュリティ監査の知識	● 情報セキュリティ監査制度 ● 情報セキュリティ監査基準 ● 情報セキュリティ管理基準
情報セキュリティ監査の実施能力	● 情報セキュリティ監査の計画立案能力 ● 情報セキュリティ監査の実施能力 ● 情報セキュリティ監査の報告能力 ● 情報セキュリティ監査のフォローアップ能力 ● 情報収集・情報分析能力 ● 文書化能力 ● 評価能力 ● コミュニケーション能力 ● プレゼンテーション能力
情報セキュリティ監査の実施にあたっての関連知識	● 情報セキュリティ関連の標準化の動向 ● 情報セキュリティ関連の法制度 ● 個人情報保護関連の法制度 ● 知的所有権関連の法制度 ● システム監査関連の法制度 ● コンピュータ犯罪関連の法制度

3.1 一般基準

図表3.1.5 情報セキュリティ監査人の育成イメージ

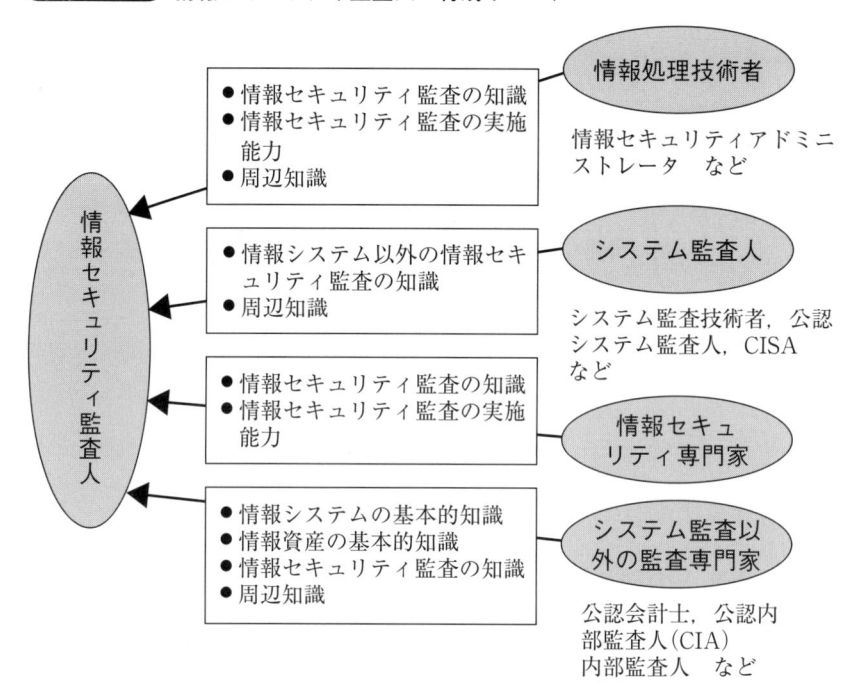

情報セキュリティ監査人 ←
- 情報セキュリティ監査の知識
- 情報セキュリティ監査の実施能力
- 周辺知識

→ 情報処理技術者

情報セキュリティアドミニストレータ　など

- 情報システム以外の情報セキュリティ監査の知識
- 周辺知識

→ システム監査人

システム監査技術者，公認システム監査人，CISAなど

- 情報セキュリティ監査の知識
- 情報セキュリティ監査の実施能力

→ 情報セキュリティ専門家

- 情報システムの基本的知識
- 情報資産の基本的知識
- 情報セキュリティ監査の知識
- 周辺知識

→ システム監査以外の監査専門家

公認会計士，公認内部監査人(CIA)
内部監査人　など

② 情報セキュリティ監査人の育成

前述のような知識および技能を有する情報セキュリティ監査人の育成は，図表3.1.5に示すようなイメージで行うとよい．

適用する場合の留意点

① 情報セキュリティ監査人の適切な実務経験

前述のような専門知識や技能の教育を受けただけでは，情報セキュリティ監査人とはいえない．能力のある情報セキュリティ監査人を養成していくためには，教育だけでなく計画的な実務経験のキャリアパスが必要である．

情報セキュリティ監査人として必要な実務経験を積むためには，図表

第3章 情報セキュリティ監査基準の読み方

図表3.1.6 情報セキュリティ監査人のキャリアパス(例)

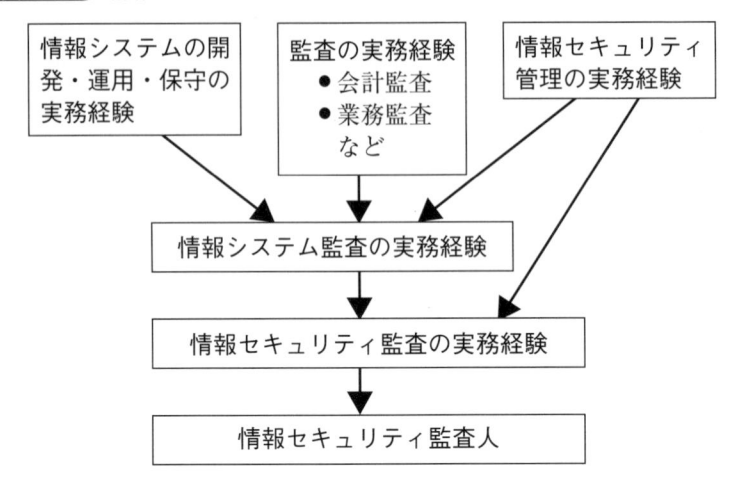

```
┌─────────────┐  ┌─────────────┐  ┌─────────────┐
│情報システムの開│  │監査の実務経験│  │情報セキュリティ│
│発・運用・保守の│  │●会計監査   │  │管理の実務経験 │
│実務経験     │  │●業務監査   │  │             │
│             │  │など         │  │             │
└──────┬──────┘  └──────┬──────┘  └──────┬──────┘
       │                │                │
       ↓                ↓                │
      ┌─────────────────────────┐        │
      │情報システム監査の実務経験│←───────┘
      └────────────┬────────────┘
                   ↓
      ┌─────────────────────────┐
      │情報セキュリティ監査の実務経験│
      └────────────┬────────────┘
                   ↓
         ┌──────────────────┐
         │情報セキュリティ監査人│
         └──────────────────┘
```

3.1.6に示すようなキャリアパスを考えるとよい.

(4) 業務上の義務

情報セキュリティ監査基準　一般基準

4. 業務上の義務
4.1　注意義務
　情報セキュリティ監査人は，専門職としての相当な注意をもって業務を実施しなければならない．
4.2　守秘義務
　情報セキュリティ監査人は，監査の業務上知り得た秘密を正当な理由なく他に開示し，自らの利益のために利用してはならない．

一般基準の読み方

① **情報セキュリティ監査人の注意事項**
　情報セキュリティ監査人は専門職としての相当の注意をもって業務を

3.1 一般基準

実施しなければならない．これを情報セキュリティ監査人の「注意義務」という．例えば，情報セキュリティ監査人として収集した監査証拠の管理が不適切なために，被監査主体のネットワーク構成図などの監査証拠が外部に流出してしまったという場合，「注意義務」を怠ったということになる．また，ファイアウォールの適切性などについて本来監査すべき項目を実施しなかったために，不正アクセスが発生した場合も「注意義務」を怠ったとみなされるおそれがある．

監査における「注意義務」とは，専門家としての「正当な注意」について，専門家としての懐疑心をもって監査に臨むことである．

② **情報セキュリティ監査人の守秘義務**

情報セキュリティ監査人は，情報セキュリティ監査業務(計画・実施・報告・フォローアップ)を通じて知り得た，情報資産の管理状況，情報セキュリティ対策の実施状況，およびその他組織の機密情報を含む重要な情報について，正当な理由なくして他に開示してはならない．また，自らの利益のため，または不当な目的に利用してはならない．

適用する場合の留意点

① **機密情報の開示の正当な理由**

情報セキュリティ監査人が，業務上知り得た機密情報を他に開示してよい正当な理由とは，次のような場合である．

例えば，企業の場合には，被監査部門の情報セキュリティ対策の状況を他部門へ説明することが，組織全体の観点から効率的に整合性のとれた情報セキュリティ対策を講じるうえで必要であると判断した時に，経営者の承認や被監査部門の了解を得たうえで，開示することが考えられる．

こうした正当な理由がなければ，同じ組織といえども機密情報を開示してはならない．

なお，情報セキュリティ監査人は，監査業務を担当している期間，および監査業務から離れた場合でも開示は認められない．また，不注意による第三者への機密情報の開示については，注意義務を徹底することによって防ぐことになる．

② **不当な利用の禁止**

監査で知り得た情報は，自らの利益のために利用してはならないが，たとえ自らの利益にならなくても監査目的以外に利用することも認められない．例えば，監査業務上，関係のない者に監査で知り得た機密情報を話したり，入手した文書やデータなどを渡すことは，有償・無償を問わず行ってはならない．

(5) 品質管理

> 情報セキュリティ監査基準　一般基準
>
> 5. 品質管理
>   情報セキュリティ監査人は，監査結果の適正性を確保するために，適当な品質管理を行わなければならない．

一般基準の読み方

① **品質管理の重要性**

品質管理とは，「買い手の要求に合った品質の品物またはサービスを経済的につくり出すための手段の体系」(JIS Z 8101 品質管理用語)と定義している．情報セキュリティ監査についても，監査依頼者に対して監査というサービスを提供するものであると考えられる．したがって，情報セキュリティ監査が，情報セキュリティ監査基準に従って実施され，情報セキュリティ管理基準を参照して監査判断が行われるように，監査の品質を確保するための取組みが重要になる．監査の品質管理を適切に

3.1 一般基準

行うことによって，情報セキュリティ監査に対する社会的な信頼が高まるとともに，組織体の情報セキュリティ水準の向上につながることになる．

適用する場合の留意点

① PDCA による監査の品質管理

　監査も一般の製品・サービスの品質管理と同様に考えることができる．通常，PLAN（監査計画）－DO（監査実施）－CHECK（監査結果レビュー）－ACT（是正措置）というサイクルになる（図表3.1.7参照）．

　監査業務に置き換えてみると，PLAN では，監査依頼者の要求品質を把握することになる．監査依頼者の要求品質としては，監査範囲，監査期間などのほかに，正確性，信頼性，効率性，機密性，客観性，明瞭性，簡潔性，適時性などが考えられる．これらに適合した監査を効率的に実

図表3.1.7 監査業務の PDCA

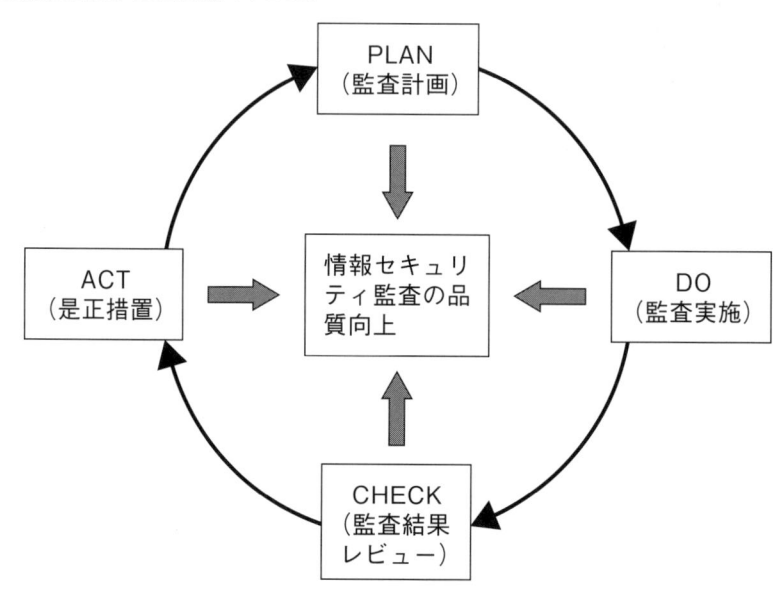

施し報告するための監査計画を立案する．次に，DOでは，チェックリストの作成や入手すべき監査証拠の検討，効率化を図るための監査ツールの採用，監査証拠の収集と監査調書の作成などがある．CHECKでは，監査の実施内容の適切性を確保するための監査調書のレビュー，収集した監査証拠や監査意見の妥当性の評価などがある．ACTでは，監査の品質を向上させるためのチェックリストの改善，監査人のスキル向上のための教育などがある．

3.2 実施基準

(1) 監査計画の立案

> **情報セキュリティ監査基準　実施基準**
>
> 1. 監査計画の立案
>   情報セキュリティ監査は，実施する情報セキュリティ監査の目的を有効かつ効率的に達成するために，監査手続の内容，時期及び範囲等について適切な監査計画を立案しなければならない．監査計画は，事情に応じて適時に修正できるように弾力的に運用しなければならない．

実施基準の読み方

① 情報セキュリティ監査の目的

　情報セキュリティ監査の目的は，情報セキュリティ監査人が自ら設定するのでなく，監査依頼者の要求事項にもとづいて設定する．

　経済産業省『情報セキュリティ監査基準実施基準ガイドライン』では，情報セキュリティ監査の実施にあたって，監査目的があらかじめ設定されていなければならないとしている．監査の目的には保証と助言がある．この2つの目的は排他的ではないので，保証と助言の2つを監査目的とすることもできる．

　保証型監査とは，組織が採用している情報セキュリティ対策の適切性に対して一定の保証を付与することを目的とする監査のことである．助言型監査とは，情報セキュリティ対策の改善に役立つ助言を行うことを目的とする監査のことである．

図表3.2.1 監査計画書の記載内容（例）

項　　目	内　　　　容
監 査 目 的	監査依頼者が設定する要求にもとづいた監査の目的
監 査 範 囲	監査の対象範囲．例えば，対象情報資産，対象業務，対象地区など
被監査部門	監査対象部門
監査担当者	監査主体
監 査 期 間	監査の計画から報告までの期間
監査報告時期	監査報告の時期
監 査 費 用	当該監査にかかる費用
監 査 項 目	選択された監査対象となる項目
監 査 手 続	監査項目ごとの監査手続
実 施 時 期	監査手続ごとの実施時期

② **監査計画書の内容**

監査計画書に記述すべき内容は，図表3.2.1を参照されたい．

③ **監 査 手 続**

監査手続とは，監査意見を立証するために必要な監査証拠を入手する過程のことであり，監査対象に組み込まれている管理策の妥当性について，監査技術を駆使して点検・評価することである．

監査手続は，その目的から，「準拠性テスト（compliance test）」と「実証性テスト（substantive test）」の2つに大別できる．準拠性テストとは，情報セキュリティ基本方針書や規程・マニュアルなどに従って，管理策などが講じられているかどうかを点検・評価するものである．実証性テストとは，管理策自体の有効性を点検・評価するものである．

3.2 実施基準

適用する場合の留意点

① **監査目的の設定時の留意事項**

監査目的は，次の事項を勘案したうえで設定する必要がある．
1) 経営目標，経営課題
2) 情報セキュリティ基本方針
3) 過去の情報セキュリティ監査やシステム監査での指摘事項
4) 情報資産の新たな脅威の可能性
5) 情報システム部門，情報セキュリティ管理者の要望
6) 重要な基幹システムの再構築
7) 監査リソース(期間，要員，予算など)

② **監査手続の計画時の留意事項**

監査手続は，監査目的を効果的かつ効率的に達成するために，次の3つを勘案して決定するとよい．

 a．合目的性

監査手続は，監査目標を達成するのに最も適した内容にする必要がある．つまり，必要な監査証拠を効率的に入手できる手続にすることが大切である．

 b．実現可能性

計画した監査手続は，期間，費用，要員，技術などの観点から，実施できるものでなければならない．

 c．経済性

監査手続は，監査対象に単に監査技術を適用するだけでなく，効率面，費用面，技術面でより効果的でなければならない．

（2） 監査の実施

> **情報セキュリティ監査基準　実施基準**
>
> 2. 監査の実施
> 2.1 監査証拠の入手と評価
> 　情報セキュリティ監査人は，監査計画に基づいて，適切かつ慎重に監査手続を実施し，保証又は助言についての監査結果を裏付けるのに十分かつ適切な監査証拠を入手し，評価しなければならない．
> 2.2 監査調書の作成と保存
> 　情報セキュリティ監査人は，実施した監査手続の結果とその関連資料を，監査調書として作成しなければならない．監査調書は，監査結果の裏付けとなるため，監査の結論に至った過程がわかるように秩序整然と記録し，適切な方法によって保存しなければならない．

実施基準の読み方

① 保証と助言の違い

　保証とは，情報セキュリティ監査を実施した範囲において，監査対象である情報セキュリティのマネジメントやコントロールが適切である旨（または不適切である旨）を監査意見として表明することである．

　助言とは，情報セキュリティのマネジメントやコントロールの改善を目的として，監査対象の情報セキュリティ対策上の欠陥および懸念事項などの問題点を検出し，必要に応じて当該検出事項に対応した改善提言を監査意見として表明することである．助言は，情報セキュリティ対策に対して一定の保証を付与するものではない．

② 監査証拠の役割

　監査証拠とは，監査意見を立証するために必要な事実を示す根拠であ

る．監査証拠は，その性質により次の4つに分類できる．

　a．物理的証拠

　監査人自らが検証した現物．例えば，セキュリティ区画が設置されていないという事実を目視によって確認する場合がこれに該当する．なお，発見した事実を裏づけるために写真やビデオで撮影しておくとよい．

　b．口頭的証拠

　監査人の質問などに対する書面または口頭での回答．例えば，関係者に対するインタビューの結果がこれに該当する．インタビュー結果を記録として残しておくことが大切である．また，相手の署名などをもらう場合もある．

　c．文書証拠

　監査人自らがその内容を検証した文書的，または電磁的記録物．例えば，規程やマニュアル類，組織図などがこれに該当する．文書証拠については，当該文書のコピーを入手しておくとよい．

　d．分析的証拠

　収集データを分析して得た結果．例えば，アクセスログを分析し，不正アクセスを発見する場合がこれに該当する．収集したデータの入手方法や分析方法の記録を残しておくとよい．

③　**監査調書の作成と保存**

　監査調書とは，情報セキュリティ監査の監査計画，監査実施，監査報告，フォローアップまでのプロセスをとおして，監査人が実施した監査手続の実施記録および監査人が収集した資料の総称である．監査調書は，監査意見を裏づける監査証拠となり，監査報告書を作成する際の記述内容の根拠としての役割をもつ．また，次回以降の情報セキュリティ監査を合理的に実施するための資料としての役割をもち，品質管理としての役割ももつ．

　監査調書の作成は，監査の結論にいたった経過がわかるようにしてお

くとともに，監査調書が外部に漏れたり，紛失したりしないように，適切に保管しなければならない．

適用する場合の留意点

① 監査証拠の入手にあたっての留意事項

監査では，監査過程で調べた文書やデータをすべて入手するわけではない．監査証拠として利用できないこともあるし，監査意見を表明する際に使用しない場合もある．そこで，監査証拠の入手に際しては，次の3つに留意する必要がある．

　a．必要不可欠性

監査証拠は，監査の意見を立証するために必要不可欠なものでなければならない．

　b．十 分 性

監査証拠は，監査意見に関連して適切で説得力のある十分な証拠でなければならない．

　c．経 済 性

監査証拠は，監査の意見を立証するために必要なものに限定し，無駄なことはしないように，費用対効果を考慮しなければならない．

② 監査調書作成上の留意事項

監査調書を作成する際には，次の3つに留意する必要がある．

　a．真 実 性

監査調書は，情報セキュリティ監査人自らが確認した事実にもとづいていなければならない．

　b．立 証 性

監査調書は，監査の意見を立証するものでなければならない．

　c．完 全 性

監査調書は，監査の実施プロセスを完全に文書化したものでなければ

ならない.

③ 監査調書保存上の留意事項

『情報セキュリティ監査基準実施基準ガイドライン』では,監査調書について情報セキュリティ監査終了後も相当の期間,整理保存しておくように定められている.監査調書には被監査主体側の機密事項が含まれていることから,保管場所や保管責任者の特定など,監査調書の保管には慎重な注意が求められる.

（3） 監査業務の体制

> 情報セキュリティ監査基準　実施基準
>
> 3. 監査業務の体制
>
> 　情報セキュリティ監査人は,情報セキュリティ監査の目的が有効かつ効率的に達成されるように,適切な監査体制を整え,監査計画の立案から監査報告書の提出及び改善指導までの監査業務の全体を管理しなければならない.

実施基準の読み方

① 適切な監査体制の整備

　情報セキュリティ監査人は,監査計画の立案,監査手続の実施,監査調書の作成と保存,監査報告,フォローアップの一連の監査業務を遂行する.

　監査業務は,監査の目的,対象,規模などによって,複数の監査人で分担して,品質管理,コスト管理,納期管理,工程管理などを行う必要がある.そのためには,監査チームの編成に際して,適切に職務を分担し,監査担当者間における相互チェックが機能するような体制を整備する必要がある.

第3章 情報セキュリティ監査基準の読み方

適用する場合の留意点

① 監査チームとして考慮すべき事項

監査チームを編成して実施するような規模の監査業務は，期間内に制約された資源を利用して成果物を作成していくプロジェクトと似ている．つまり，監査チームで行う情報セキュリティ監査では，プロジェクトマネジメントの観点での対応が必要になる．監査業務の実行中に，被監査主体の経営方針の変更，それにともなう監査目的の変更，作業の遅れによる作業分担調整，予算オーバーの可能性への対応といった，監査計画の立案段階において想定しなかった状況の変化に対し，臨機応変に必要な措置を講じなければならないことがある．

監査チームのリーダーは，プロジェクトマネージャとしての資質が要求される．メンバーである監査人もプロジェクトの一員としての認識が必要となる．

(4) 他の専門職の利用

> **情報セキュリティ監査基準　実施基準**
>
> 4. 他の専門職の利用
>
> 　情報セキュリティ監査人は，情報セキュリティ監査の目的達成上，必要かつ適切と判断される場合には，他の専門職による支援を考慮しなければならない．他の専門職による支援を仰ぐ場合であっても，利用の範囲，方法，及び結果の判断等は，情報セキュリティ監査人の責任において行われなければならない．

3.2 実施基準

実施基準の読み方

① 他の専門職の支援

　情報セキュリティ監査の目的を達成するために，ネットワークスペシャリスト，システムアナリスト，ビジネスコンサルタント，技術士，弁護士，公認会計士などの専門職の支援を仰ぐ場合がある．例えば，ファイアウォールの有効性を評価する際に，ネットワークスペシャリストの協力を得たり，外部委託契約の適切性をチェックする際に弁護士の協力を得ることがある．

　ただし，他の専門職からのアドバイスや監査手続の補助や代行があっても，監査の結果についての責任は，情報セキュリティ監査人にあることを忘れてはならない．

適用する場合の留意点

① 他の専門家の支援を受ける際の留意点

　監査対象となる業務や情報システムは，ネットワーク技術やセキュリティ技術，ビジネスモデル，法令・ガイドライン，知的所有権などさまざまな観点から監査しなければならない．また，専門家からのアドバイスは，専門的な指摘や意見が多くなる．

　情報セキュリティ監査人は，監査の実施や監査報告など監査業務全体に対する責任をもっている．したがって，専門家から受けたアドバイスであっても，監査人として十分に咀嚼・理解し，監査の目的達成の観点から，監査人自らの監査意見としていく必要がある(図表3.2.2参照)．

第3章 情報セキュリティ監査基準の読み方

図表3.2.2 監査チームの編成

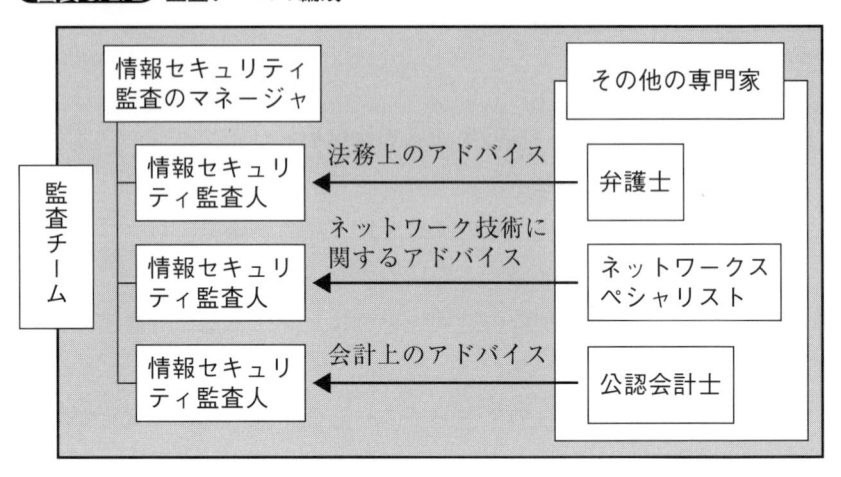

```
┌─────────────────────────────────────────────────────┐
│  情報セキュリティ              その他の専門家        │
│  監査のマネージャ                                    │
│                                                      │
│    情報セキュリ    法務上のアドバイス    弁護士      │
│    ティ監査人    ←─────────────────                  │
│                                                      │
│    情報セキュリ    ネットワーク技術に   ネットワークス│
│    ティ監査人     関するアドバイス      ペシャリスト │
│                  ←─────────────────                  │
│                                                      │
│    情報セキュリ    会計上のアドバイス   公認会計士   │
│    ティ監査人    ←─────────────────                  │
└─────────────────────────────────────────────────────┘
  監査チーム
```

注) 一般に，監査チームの一員として専門家を従事させることがある．ここではそのケースを例示した．

3.3 報告基準

(1) 監査報告書の提出と開示

情報セキュリティ監査基準　報告基準

1. 監査報告書の提出と開示
　情報セキュリティ監査人は，実施した監査目的に応じた適切な形式の監査報告書を作成し，遅滞なく監査の依頼者に提出しなければならない．監査報告書の外部への開示が必要とされる場合には，情報セキュリティ監査人は，監査の依頼者と慎重に協議の上で開示方法等を考慮しなければならない．

報告基準の読み方

① 適切な形式の監査報告書
　『情報セキュリティ監査基準報告基準ガイドライン』では，情報セキュリティ監査報告書は，監査の結果を監査の依頼者および関係者に伝達する手段であると同時に，情報セキュリティ監査人が自らの役割と責任を明確にする手段であるとしている．そのため，監査人は，情報セキュリティ監査の目的に応じて自らが必要と認めた事項を明瞭に記載しなければならない．

② 監査報告書の開示
　外部利害関係者からの開示請求または監査報告書受領者の判断により，情報セキュリティ監査報告書が外部に公表されることもある．その際は，監査の依頼者と開示することによるメリット・デメリット，リスクなどについて慎重に協議する必要がある．

第3章 情報セキュリティ監査基準の読み方

適用する場合の留意点

① **明瞭な記載の方法**

『情報セキュリティ監査基準報告基準ガイドライン』では，監査報告

図表3.3.1 監査報告書の形式

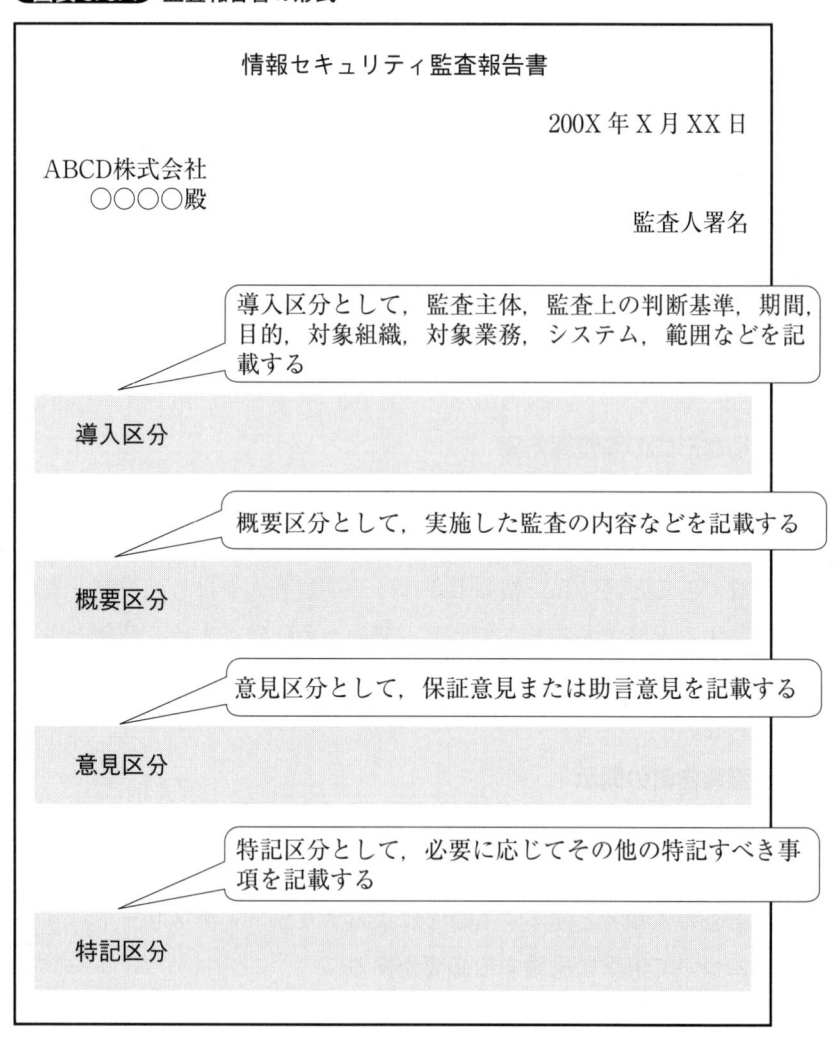

```
                    情報セキュリティ監査報告書
                                        200X年X月XX日
    ABCD株式会社
        ○○○○殿
                                            監査人署名
```

導入区分として，監査主体，監査上の判断基準，期間，目的，対象組織，対象業務，システム，範囲などを記載する

導入区分

概要区分として，実施した監査の内容などを記載する

概要区分

意見区分として，保証意見または助言意見を記載する

意見区分

特記区分として，必要に応じてその他の特記すべき事項を記載する

特記区分

の明瞭性の観点から，図表3.3.1のような記載区分に従って監査報告書を記述するものとしている．

② 保証意見記載上の留意事項

『情報セキュリティ監査基準報告基準ガイドライン』では，保証意見は情報セキュリティ対策に対して一定の保証を付与するものなので，曖昧な表現を避け，助言意見と混同されないようにしなければならないとしている．

（2） 監査報告の根拠

> **情報セキュリティ監査基準　報告基準**
>
> **2．監査報告の根拠**
> 　情報セキュリティ監査人が作成した監査報告書は，監査証拠に裏付けられた合理的な根拠に基づくものでなければならない．

報告基準の読み方

① 監査報告書の根拠

情報セキュリティ監査人が作成した監査報告書は，次の4つの要件を満たす必要がある．

　a．客　観　性

監査報告書は，事実にもとづいて記述されていること．また，事実は，客観的な視点から記述され，偏った記述でないこと．

　b．明　瞭　性

監査報告書は，明瞭で，論理的に記述されていること．発見された事実や問題点が明瞭に記述され，監査意見もわかりやすく記述されていること．

c．簡　潔　性

監査報告書は，簡潔な表現で記述されていること．また，必要に応じて組織体の長のために要約説明をつけるとよい．

d．適　時　性

監査報告書は，監査目的を達成するために十分にタイムリーに作成されていること．例えば，監査が終了してから数カ月後に報告するのでは，監査時点と状況が大きく異なるおそれがあるからである．

以上の要件を満たすベースとして，監査報告書は監査証拠に裏づけられた合理的な根拠が必要となる．

適用する場合の留意点

① 合理的な根拠

監査報告書は，監査証拠に裏づけられた合理的な根拠にもとづかなければならない．そのためには，監査計画の立案，監査手続の作成，監査手続の実施（監査証拠の入手と評価），監査調書の作成，監査報告書の作成といった一連の流れが，監査目的の達成に対して十分に有効で，かつ正当でなければならない．

（3） 監査報告書の記載事項

> **情報セキュリティ監査基準　報告基準**
>
> 3．監査報告書の記載事項
>
> 　監査報告書には，実施した監査の対象，実施した監査の概要，保証意見又は助言意見，制約又は除外事項，その他特記すべき事項について，情報セキュリティ監査人が監査の目的に応じて必要と判断した事項を明瞭に記載しなければならない．

3.3 報告基準

報告基準の読み方

① 実施した監査の対象（導入区分）

実施した監査の対象については，監査主体，監査上の判断基準，監査期間，監査目的，監査対象となった組織・業務・情報システムなどを記

図表3.3.2 情報セキュリティ監査報告書の例

情報セキュリティ監査報告書

200x 年 x 月 xx 日

ABCD 株式会社
　　〇〇〇〇殿

監査人署名

（導入区分）

われわれは，「情報セキュリティ監査基準」に照らして，200y 年 y 月 y 日から 200z 年 z 月 z 日までの期間に係る xxx を対象として情報セキュリティの状況について監査を実施した．われわれの責任は，監査手続を実施した結果に基づいて意見を表明することにある．

（概要区分）

われわれの監査は，「情報セキュリティ監査基準」に準拠して行われた．監査は，情報セキュリティに関わるリスクのマネジメントが効果的に実施されるよう，リスクアセスメントに基づいて適切なコントロールが採用されているか否かについて検討し評価している．採用した監査手続は，われわれが必要と認めたものを適用しており，監査の結果として意見表明のための合理的な根拠を得たと確信している．

（意見区分）

われわれの意見によれば，200y 年 y 月 y 日から 200z 年 z 月 z 日までの期間に係る xxx を対象とした情報セキュリティ対策の実施状況は，「情報セキュリティ管理基準」に照らして適切であると認める．

出典）　経済産業省：『情報セキュリティ監査基準報告基準ガイドライン』，2003 年 3 月，p.8 をもとに作成．

述する．監査報告書における記述の場所は，本文の最初の部分にするとよい（図表3.3.2参照）．

② 実施した監査の概要（概要区分）

実施した監査の概要については，適切なリスクアセスメントが行われていることの記述，そのうえでの妥当な監査手続の適用，監査結果として意見表明のための合理的な根拠を得たことなどを記述する．リスクアセスメントが行われていない場合や不適切な場合には，監査意見として検出事項にその旨を記述する．

③ 保証意見または助言意見（意見区分）

a．保証意見

保証意見は肯定意見，限定付肯定意見，否定意見の3つに分類される（図表3.3.3参照）．

図表3.3.3　保証意見の区分

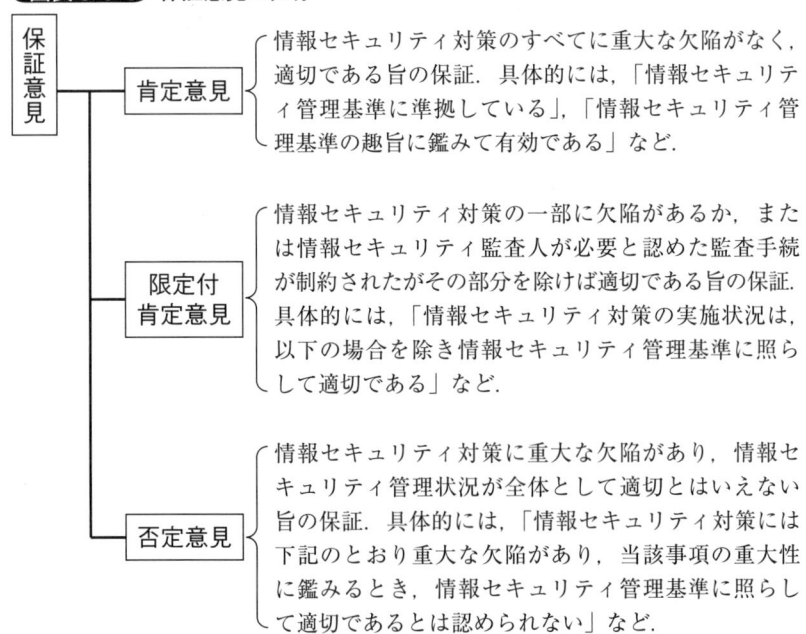

保証意見		
	肯定意見	情報セキュリティ対策のすべてに重大な欠陥がなく，適切である旨の保証．具体的には，「情報セキュリティ管理基準に準拠している」，「情報セキュリティ管理基準の趣旨に鑑みて有効である」など．
	限定付肯定意見	情報セキュリティ対策の一部に欠陥があるか，または情報セキュリティ監査人が必要と認めた監査手続が制約されたがその部分を除けば適切である旨の保証．具体的には，「情報セキュリティ対策の実施状況は，以下の場合を除き情報セキュリティ管理基準に照らして適切である」など．
	否定意見	情報セキュリティ対策に重大な欠陥があり，情報セキュリティ管理状況が全体として適切とはいえない旨の保証．具体的には，「情報セキュリティ対策には下記のとおり重大な欠陥があり，当該事項の重大性に鑑みるとき，情報セキュリティ管理基準に照らして適切であるとは認められない」など．

3.3 報告基準

図表3.3.4 助言意見の構成

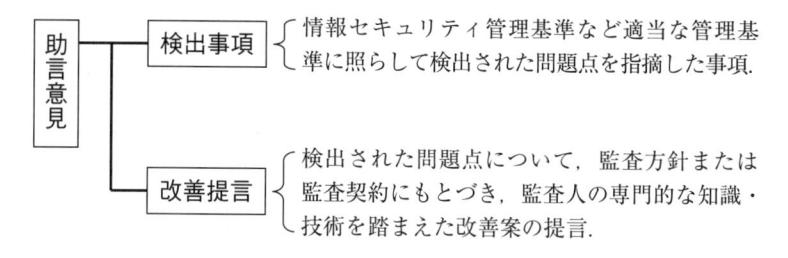

助言意見
├ 検出事項 ─ { 情報セキュリティ管理基準など適当な管理基準に照らして検出された問題点を指摘した事項.
└ 改善提言 ─ { 検出された問題点について，監査方針または監査契約にもとづき，監査人の専門的な知識・技術を踏まえた改善案の提言.

図表3.3.5 検出事項と改善提言の記載例

1. 検出事項

No.	検 出 事 項	重要性
1	パスワードを紙にメモしてパソコンに貼りつける利用者がいた.	一　般
2	ウイルス検知ソフトの定義ファイルを定期的に更新していない部署があった.	最重要
3	重要な情報を格納しているパソコンをリースバックの際に，適切な消去処理をしないで返却している.	重　要
：		

2. 改善提言

No.	改 善 事 項	緊急性	対応検出事項 No.
1	定義ファイルを自動的に更新するように設定する.	緊　急	2
2	重要な情報を格納しているパソコンをリースバックする際には，完全に消磁してから返却することを義務づけ，その実施状況を管理者が承認することを徹底する.	緊　急	3
：			

71

b．助言意見

　助言意見は，検出事項および改善提言として記述する（図表3.3.4参照）．検出事項や改善提言が長文になる場合は，監査報告書別紙として取りまとめる．

　検出事項や改善提言は，それぞれ重要性の高いものから記載し，検出事項と改善提言を対応づけて記述する．また，緊急性のある改善提言と通常の改善提言を区分して記載すると，何から先に改善しなければならないかが明確になる．

適用する場合の留意点

① 検出事項と改善提言の記載方法

　検出事項と改善提言は，図表3.3.5のように記載するとよい．記載に際しては，重要性や緊急性がわかるようにするとともに，検出事項と改善提言の関係がわかるようにする必要がある．

（4） 監査報告についての責任

> 情報セキュリティ監査基準　報告基準
>
> 4．監査報告についての責任
> 　監査報告書の記載事項については，情報セキュリティ監査人がその責任を負わなければならない．

報告基準の読み方

① 情報セキュリティ監査人の責任

　監査報告書の記載事項については，当然のことながら自らの監査意見を表明した情報セキュリティ監査人が全責任を負うことになる．

　保証型監査の場合には，情報セキュリティ管理基準に従って監査手続

を行った範囲内で，かつ当該監査手続が慎重な注意のもとで実施されたことを前提として，情報セキュリティ監査人が付与した保証についての責任になる．

助言型監査の場合は，情報セキュリティ対策についての問題点の検出事項およびその改善提言に対しての責任になる．

適用する場合の留意点

① **助言型監査の監査報告書に関しての責任の範囲**

助言型監査では，情報セキュリティ対策について問題点の検出事項およびその改善提言についての責任である．したがって，監査報告書のなかで一定の保証を付与する記述があったとしても，当該部分に関する責任はない．

（5） 監査報告にもとづく改善指導

> 情報セキュリティ監査基準　報告基準
>
> 5. 監査報告に基づく改善指導
> 　情報セキュリティ監査人は，監査の結果に基づいて所要の措置が講じられるよう，適切な指導性を発揮しなければならない．

報告基準の読み方

① **情報セキュリティ監査人の適切な指導**

情報セキュリティ監査人は，監査報告書に記載した改善提言を，当該被監査部門が必要な措置を講じられるように，被監査部門の情報セキュリティマネジメントの成熟度に応じてわかりやすく助言する．また，必要に応じて改善の実施状況を把握し，改善の促進に努める．例えば，情報セキュリティ意識が低い組織に対しては，情報セキュリティ意識を高

めるための教育・周知方法について，具体例を示しながら助言することが考えられる．

適用する場合の留意点

① 検出事項および改善提言の説明

情報セキュリティ監査報告書を提出後，報告会などを通じて，監査依頼者，被監査部門およびその他関係者に対して，検出事項や改善提言の内容を具体的に説明するとともに，その重要性や緊急性について，情報セキュリティ事故・事件の例を示しながらわかりやすく説明し，理解を求めることが大切である．

② 適切な指導

改善提言に対する適切な措置が講じられていないと判断した場合，監査人は，改善が実現されるように改善担当部署に働きかけたり，経営者や情報セキュリティの統括部署を通じて間接的に働きかけるとよい．

③ 委託契約での明確化

外部監査の場合は，情報セキュリティ監査の委託期間が終了したあとに改善指導を行うことは，改善指導を行う根拠がなくなってしまうので，外部監査人の立場からは難しい．また，監査を委託した企業や政府自治体などからみても，改善指導を依頼することは委託期間を過ぎているので難しい．そこで，改善指導について，あらかじめ委託契約に盛り込んでおくか，別に委託契約を締結するとよい．

なお，内部監査の場合には，社内規程などでフォローアップを含めた監査権が明確になっているので，それに従って改善指導を行えばよい．

第4章

情報セキュリティ管理基準の読み方

　情報セキュリティ管理基準は，主要な管理項目ごとにその目的が示され，管理目的を達成するために必要とされるコントロール目標と具体的なコントロール手続(サブコントロール)が規定されている．

　本章では，主要な管理項目ごとに，コントロール目標がどのような意味をもつのかを解説する．解説に際しては，情報セキュリティ管理基準の原文(管理目的とコントロール目標)を示してわかりやすくしている．また，実務に適用する場合の留意点についても説明している．なお，紙幅の制約から，主要なポイントに絞って解説している．

4.1 セキュリティ基本方針

(1) 情報セキュリティ基本方針

> 情報セキュリティ管理基準　1　セキュリティ方針
>
> 1　セキュリティ基本方針
> 　1.1　情報セキュリティ基本方針
> 　　目的：情報セキュリティのための経営陣の指針及び支持を規定するため
> 　　　1.1.1　基本方針文書は，経営者によって承認され，適当な手段で，全従業員に公表し，通知すること
> 　　　1.1.2　基本方針には，定められた見直し手続に従って基本方針の維持及び見直しに責任をもつ者が存在すること

情報セキュリティ管理基準の読み方

① 経営陣の承認

　情報セキュリティ基本方針(情報セキュリティポリシー)は，経営陣が承認しなければならない．経営陣の承認がなければ，企業などの組織(本章では，企業，政府，自治体などの組織体と組織体のなかの組織を含めて組織という)が一丸となって情報セキュリティを確保・維持することは難しいからである．情報セキュリティは，経営陣自らが先頭に立って指揮・監督するとともに，経営陣自身が情報セキュリティ確保・維持のための行動をとることが重要である．

　情報セキュリティ監査では，経営陣によって承認されたことを確かめるために，取締役会，経営会議などで承認されたことの証拠となる議事録などをレビューすることになる(図表4.1.1参照)．

4.1 セキュリティ基本方針

図表4.1.1 基本方針の承認と周知

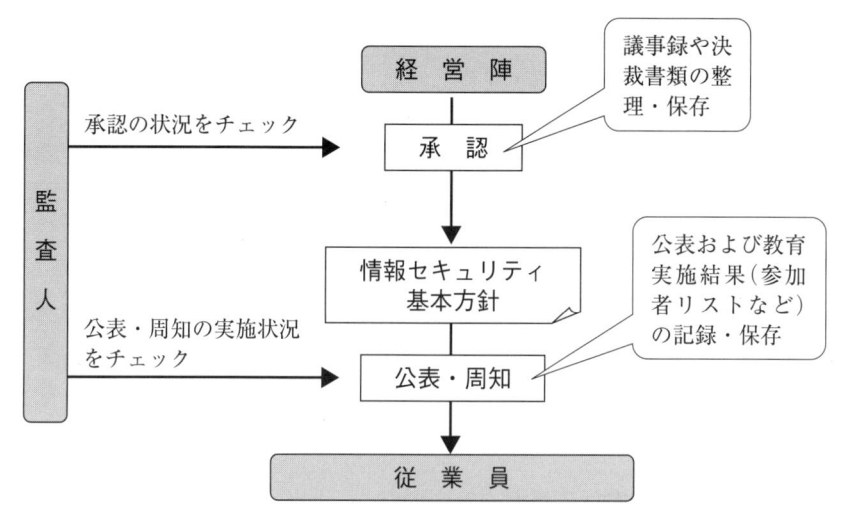

```
                          経 営 陣
                             │          ┌─────────────┐
  監  承認の状況をチェック    ▼          │議事録や決   │
  査 ──────────────────→  承  認 ◄──────│裁書類の整   │
  人                          │          │理・保存     │
     │                       ▼          └─────────────┘
     │                  情報セキュリティ
     │                    基本方針
     │                       │          ┌─────────────┐
     │  公表・周知の実施状況  ▼          │公表および教育│
     │ ──────────────────→ 公表・周知◄──│実施結果(参加 │
     │    をチェック           │          │者リストなど) │
                             ▼          │の記録・保存 │
                          従 業 員       └─────────────┘
```

注) 情報セキュリティ基本方針を改定した場合もこれに準じた取扱いになる.

② 従業員への周知が大切

　策定された基本方針が全従業員に公表され周知されなければ，組織の情報セキュリティは確保できない．情報セキュリティ基本方針が策定されたこと，それを遵守することが組織にとって非常に重要であることについて，従業員が理解していなければ，情報セキュリティを確保するための行動をとれないからである．情報セキュリティ基本方針は，策定することよりも，それを組織全体に周知・徹底することが難しい．

　監査人は，教育の実施計画および実施記録(実施日，参加者，教育内容など)をレビューして全従業員に教育していることを確かめることになる．教育対象者には，パートやアルバイト，派遣社員なども含まれる点に注意しなければならない(図表4.1.1参照).

③ 見直しが不可欠

　情報セキュリティを取り巻く状況，組織の情報技術環境や業務プロセスは，常に変化しているので，情報セキュリティ基本方針が定期的に見

直されなければ，こうした変化に適切に対応できず，情報セキュリティマネジメントが形骸化したものになってしまう．そのためには，情報セキュリティ基本方針の維持・見直しを行う責任者を明確にしておくことが不可欠である．また，情報セキュリティ基本方針を見直す場合についても，経営陣の承認が必要になる点に注意しなければならない．

監査人は，情報セキュリティ基本方針の見直しが適切に行われているかどうかを確かめるために，見直しの記録を調べることになる．したがって，監査を受ける側では，改定日や改定内容などをきちんと記録し保存しておく必要がある．

適用する場合の留意点

① 組織によって異なる基本方針の内容

企業などによって情報システム環境はまちまちである．例えば，ネット通販を実施している企業では，ネット通販における情報セキュリティを確保する項目を多く取り込む必要がある．また，企業などの業態によっても異なる．例えば，B to B（企業間取引）を中心としたビジネスを行っている企業と，B to C（企業対消費者取引）を中心とした企業では，情報セキュリティ基本方針の内容も異なる．さらに，派遣社員，パート，アルバイトを利用している割合によって，基本方針の内容も異なる（図表 4.1.2 参照）．

② 組織をあげた基本方針の策定

情報セキュリティ基本方針は，経営者が承認するものではあるが，その策定は組織全体で行うことが重要である．なぜならば，基本方針の内容は組織全体で議論・検討するので，その策定過程において情報セキュリティに対する従業員の意識が向上するからである．

4.1 セキュリティ基本方針

図表4.1.2 情報セキュリティ基本方針を取り巻く環境

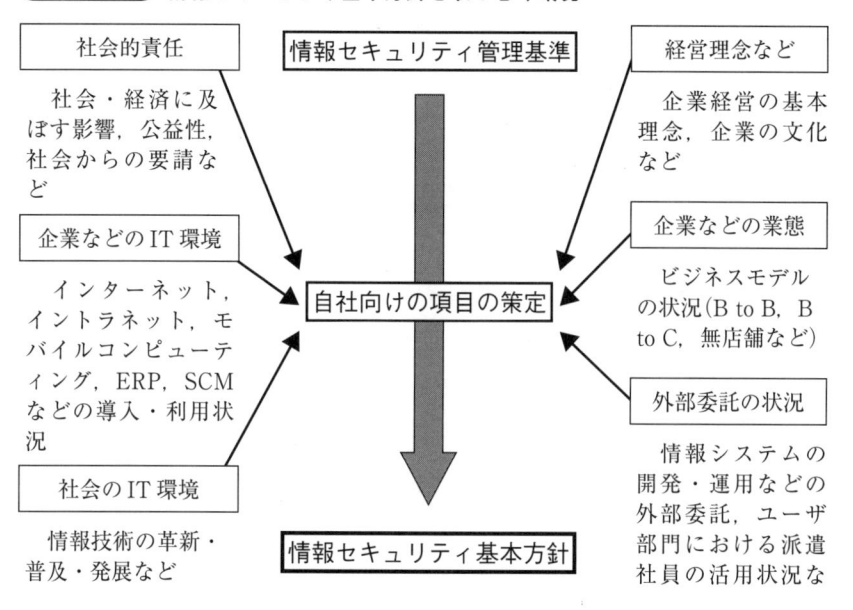

```
        [社会的責任]        情報セキュリティ管理基準         [経営理念など]
   社会・経済に及                   ↓                  企業経営の基本
   ぼす影響，公益性，                                    理念，企業の文化
   社会からの要請な                                      など
   ど

   [企業などのIT環境]                                 [企業などの業態]
   インターネット，                                    ビジネスモデル
   イントラネット，モ    → 自社向けの項目の策定 ←        の状況(B to B，B
   バイルコンピューテ                                    to C，無店舗など)
   ィング，ERP，SCM
   などの導入・利用状                                 [外部委託の状況]
   況
                                 ↓                  情報システムの
   [社会のIT環境]                                     開発・運用などの
                          情報セキュリティ基本方針       外部委託，ユーザ
   情報技術の革新・                                    部門における派遣
   普及・発展など                                      社員の活用状況な
```

79

4.2 組織のセキュリティ

(1) 情報セキュリティ基盤

> 情報セキュリティ管理基準　2　組織のセキュリティ
>
> 2　組織のセキュリティ
> 　2.1　情報セキュリティ基盤
> 　　目的：組織内の情報セキュリティを管理するため
> 　　2.1.1　セキュリティを主導するための明りょうな方向付け及び経営者による目に見える形での支持を確実にするために，運営委員会を設置すること
> 　　2.1.2　運営委員会は，適切な責任分担及び十分な資源配分によって，セキュリティを促進すること
> 　　2.1.3　大きな組織では，情報セキュリティの管理策の実施を調整するために，組織の関連部門からの管理者の代表を集めた委員会を設置すること
> 　　2.1.4　個々の資産の保護に対する責任及び特定のセキュリティ手続の実施に対する責任を，明確に定めること
> 　　2.1.5　新しい情報処理設備に対する経営者による認可手続を確立すること
> 　　2.1.6　専門家による情報セキュリティの助言を内部又は外部の助言者から求め，組織全体を調整すること
> 　　2.1.7　行政機関，規制機関，情報サービス提供者及び通信事業者との適切な関係を維持すること
> 　　2.1.8　情報セキュリティ基本方針の実施を，他者が見直すこと

4.2 組織のセキュリティ

情報セキュリティ管理基準の読み方

① 運営委員会の設置

情報セキュリティ管理を適切に行うためには，組織内の体制整備が不可欠である．監査人は，体制が明確に確立・維持されていることを確かめるために，例えば，組織図や業務分掌，運営委員会規程，委員一覧表，議事録などをレビューして，運営委員会の設置および開催状況を確かめることになる（図表4.2.1参照）．

② 経営者の関与の明確化

情報セキュリティ管理基準では，経営者の承認が明確になっていること，つまり，情報セキュリティについて，経営者が積極的に関与し，取り組んでいることが求められている（図表4.2.2参照）．経営者の関与は，監査のためだけではなく，組織内部から見て，経営者が情報セキュリティの確保について，明確な意思表示をしていることがわかるようにする

図表4.2.1 外観上の体制整備

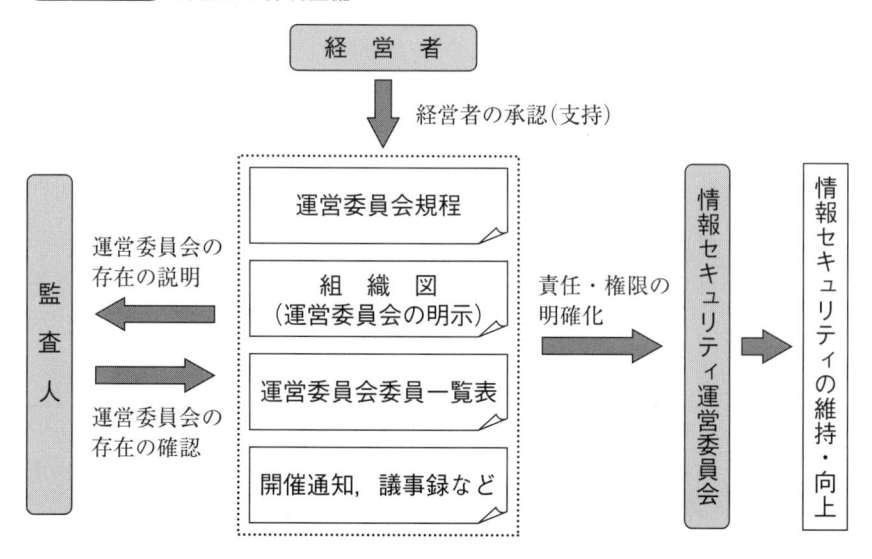

経営者
↓ 経営者の承認（支持）

- 運営委員会規程
- 組織図（運営委員会の明示）
- 運営委員会委員一覧表
- 開催通知，議事録など

監査人 ← 運営委員会の存在の説明
監査人 → 運営委員会の存在の確認

責任・権限の明確化 → 情報セキュリティ運営委員会 → 情報セキュリティの維持・向上

図表4.2.2 経営者の関与

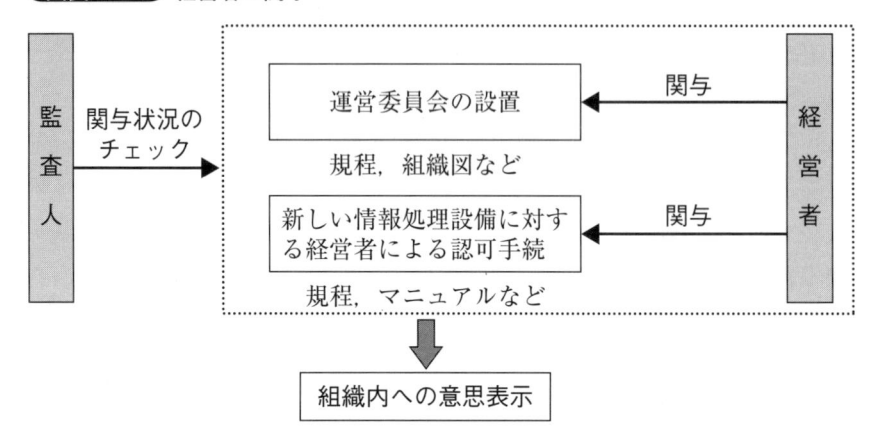

```
監査人 ──関与状況のチェック──▶ ┌─────────────────────────────┐
                                │   運営委員会の設置   ◀── 関与 ── 経営者
                                │   規程，組織図など              │
                                │                                │
                                │   新しい情報処理設備に対す      │
                                │   る経営者による認可手続 ◀── 関与 ──│
                                │   規程，マニュアルなど          │
                                └─────────────────────────────┘
                                            │
                                            ▼
                                    組織内への意思表示
```

ことが重要である．そうすることによって，組織の情報セキュリティの維持・向上に対する意識が高められるからである．

③ 専門家の助言

情報セキュリティは，専門性の高い分野であることから，専門家による助言が重要になる．また，情報セキュリティの専門家であっても各人の専門分野がある．そこで，多岐にわたる分野をカバーするためには自分の専門分野以外の分野について，当該分野の専門家の意見や助言を受けることによって，情報セキュリティの確保に努めなければならない．例えば，情報セキュリティマネジメントの専門家，ネットワークセキュリティの専門家，アプリケーションの専門家，ファシリティ管理の専門家，暗号の専門家，電子認証の専門家など，多種多様である．情報セキュリティの維持・向上を図るためには，こうした専門家を活用することが不可欠である．

なお，情報セキュリティ管理基準においては，行政機関，規制機関，情報サービス提供者，通信業者との関係の維持についても述べられている．これらの機関は，情報セキュリティに関するさまざまな規制や指導などを行っているので，組織が規制や指導の趣旨や内容を詳しく知りた

い場合に重要である．また，情報サービスの提供者や通信事業者は，組織が情報資産にかかわる業務についてさまざまな形でアウトソーシング（システム開発・運用・保守など）したり，外部サービス（ホスティングサービス，ハウジングサービス，ASP（Application Service Provider）など）を活用したりしている状況を考えると，当該事業者との連携は，情報セキュリティを確保するために不可欠である．

適用する場合の留意点

① 組織の名称よりも中身が重要

　情報セキュリティ監査を実施する場合には，情報セキュリティ管理基準で定められている「運営委員会」という名称に必ずしもこだわる必要はない．重要なことは，運営委員会が，基本方針および全社的な責任の見直し・承認の権限を有していること，情報資産に関する重大な変化や情報セキュリティ事件・事故の監視などサブコントロールで定められた権限や機能を有していること，またこれらの権限や機能を発揮しているかどうかということである．監査人は，見直し・承認，監視などの活動が行われていることを示す運営委員会の議事録，見直し内容に関する社内向けの通知，監視していることがわかる報告書や記録などをレビューすることになる．監査を受ける側では，こうした文書の整備・保管が必要になる．

② 専門家の選定におけるポイント

　大企業など社内に必要な情報セキュリティの専門家を有している場合には，社内専門家を活用することができる．しかし，中小規模の企業などでは，必要な専門家を十分確保しているとは限らない．また，地方自治体などでは，民間企業のように専門家を育成していることは少ないので，外部の専門家を活用することになる．情報セキュリティ監査制度では，情報セキュリティ監査企業台帳に登録された企業から選択すること

第4章　情報セキュリティ管理基準の読み方

図表4.2.3 専門家の選定ポイント

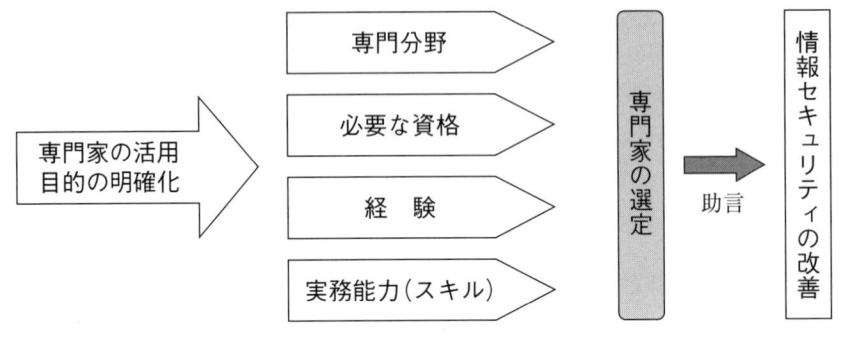

```
専門家の活用    →    専門分野
目的の明確化         必要な資格      →  専門家の選定  →助言→  情報セキュリティの改善
                    経　験
                    実務能力(スキル)
```

が想定されている．

　外部の専門家を選定する場合には，CISA(公認情報システム監査人)，システム監査技術者，情報セキュリティアドミニストレータなどのような資格を有したものが何名いるのか，さらに専門とする情報セキュリティ分野(情報セキュリティマネジメントシステム，ネットワーク，暗号化ツール，コンピュータウイルス，アプリケーションなど)は何かについて，十分検討する必要がある．また，情報セキュリティ監査の監査手順や監査手続(監査項目・監査技法)についての助言を受ける場合には，監査の知識やスキルを有するCISA，システム監査技術者が望ましい．情報セキュリティ技術に関する助言を受ける場合には，情報セキュリティアドミニストレータなどの有資格者のほうが望ましい．さらに，法的な事項についての助言を求める場合には，弁護士などの法曹資格を有する者が望ましい．つまり，助言を受けたい内容を明確にしたうえで，外部の専門家を活用することがポイントである(図表4.2.3参照)．

③　**詳細規程やマニュアルの必要性**

　情報セキュリティ管理基準で定められたセキュリティ手続(情報セキュリティ管理基準2.1.4)や経営者による認可手続(同2.1.5)を実施していくためには，基本方針にもとづいた具体的な規程やマニュアルなどを整備する必要がある．規程やマニュアルは，組織に応じて作成レベルを

4.2 組織のセキュリティ

決めればよい．重要なことは，記載されている項目である．監査のときには，記載されている項目に漏れがないかどうか，情報セキュリティ管理基準と照らし合わせてチェックすることになるので，監査を受ける側は，情報セキュリティ管理基準との相違点について明確に説明できるようにしておくことがポイントである．

（2） 第三者によるアクセスのセキュリティ

情報セキュリティ管理基準　2　組織のセキュリティ

（「2　組織のセキュリティ」の続き）
2.2　第三者によるアクセスのセキュリティ
目的：第三者によってアクセスされる組織の情報処理設備及び情報資産のセキュリティを維持するため
- 2.2.1　組織の情報処理施設への第三者のアクセスに関連づけてリスクを評価し，適切な管理策を実施すること
- 2.2.2　組織の情報処理施設への第三者アクセスにかかわる取決めは，正式な契約に基づくこと

情報セキュリティ管理基準の読み方

①　アクセスコントロールの重要性

情報処理施設や情報資産の情報セキュリティを確保するためには，アクセスコントロールを適切に行う必要がある．アクセスコントロールは，情報セキュリティの3要素である機密性，完全性および可用性を確保するうえで重要である．アクセスコントロールが適切に行われなければ，情報が外部に漏洩し機密性を損なうことになる．また，不正なアクセスによって情報資産が破壊・改ざんされ，情報が利用できないためにシステム利用が停止したり，改ざんされた情報のために顧客への請求などの

システム処理が正確に行われなかったりしてしまう．

情報セキュリティ管理基準では，事務所，コンピュータ室，ファイルキャビネットなどへの物理的なアクセス（情報セキュリティ管理基準2.2.1.1），データベースや情報システムへの論理的なアクセス（同2.2.1.12）が考慮事項としてサブコントロールに示されている．

② 「第三者」が情報セキュリティのキーワード

情報セキュリティ管理基準は，第三者との関係を重視している．組織では，情報資産の利用において何らかの形で第三者を活用していることが多い（図表4.2.4参照）．第三者には，情報処理サービスのアウトソース先だけではなく，代理店や取引先などに端末を貸与したり，自己（発注者）の情報資産に対するアクセス（利用）を認めたりしているケースが含まれる．

さらに，組織が事務所などの警備・清掃といった業務を外部に委託している場合には，自社の情報資産に対して何らかの形でアクセスできることになるので，こうした第三者への対応も情報セキュリティの確保にとって重要になる．

図表4.2.4 情報資産の利用と第三者の活用

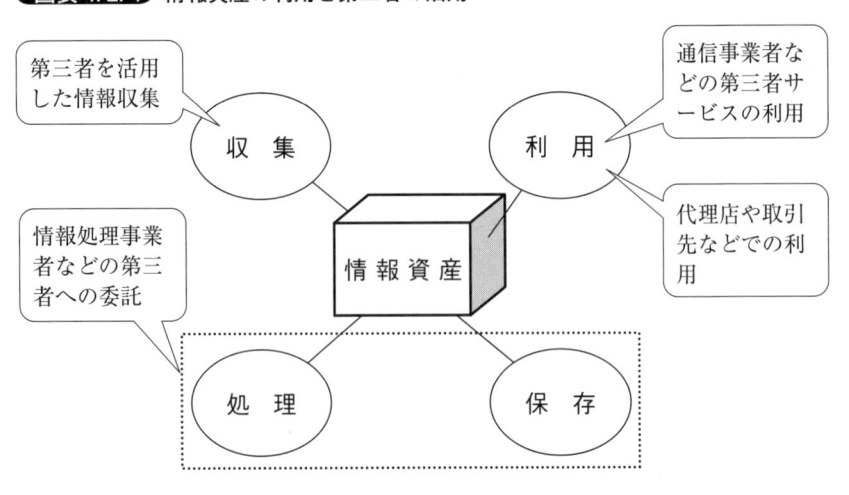

- 第三者を活用した情報収集 — 収集
- 通信事業者などの第三者サービスの利用 — 利用
- 代理店や取引先などでの利用 — 利用
- 情報処理事業者などの第三者への委託
- 情報資産（処理，保存）

86

4.2 組織のセキュリティ

図表4.2.5 契約に盛り込む事項

管 理 策	項 番
セキュリティ要求事項	2.2.2.1
損失補償	2.2.2.3
情報セキュリティの一般方針	2.2.2.4
情報資産の保護手順	2.2.2.5
情報資産の危険に関する判定手順	2.2.2.6
情報資産の返還または破棄	2.2.2.7
完全性および可用性	2.2.2.8
情報の複製および開示制限	2.2.2.9
サービス内容およびサービスレベル	2.2.2.10, 2.2.2.11
要員の異動	2.2.2.12
契約当事者の義務	2.2.2.13
法律関連事項	2.2.2.14
知的所有権および著作権の扱い	2.2.2.15
アクセス制御の合意事項	2.2.2.16, 2.2.2.17, 2.2.2.18
性能基準	2.2.2.19
利用者の活動の監視	2.2.2.20
監査に関する権利	2.2.2.21
問題解決の手順	2.2.2.22
障害対策の取決め	2.2.2.23
導入および保守責任	2.2.2.24
報告の構成および形式	2.2.2.25
変更管理	2.2.2.26
物理的保護の管理策	2.2.2.27
訓練	2.2.2.28
セキュリティ事件・事故・違反の報告・通知・調査	2.2.2.29
第三者と下請業者との関係	2.2.2.30

注) 表の右にある番号は情報セキュリティ管理基準のサブコントロールの項番を表す.

第三者に対するリスク評価を行う際には，情報資産について，どこで，誰が，どのようなタイミング(プロセスのどこで)で利用しているかリスクを洗い出し，リスクの大きさ(損失の大きさと発生確率)を評価する必要がある．

③ 正式な契約が不可欠

第三者に情報資産(情報および情報処理施設)に対するアクセスを認める場合には，事前に契約を締結する必要がある．また，書面による正式な契約を締結しておかなければ，後で訴訟などのトラブルの原因となるおそれがある．

ところで，情報セキュリティ管理基準においては，「正式な契約」という表現を用いている点に注意する必要がある．契約は口頭でも成立するが，ここでは書面による契約を締結するという意味で「正式な契約」という表現を用いていると考えられる．契約では，図表4.2.5に示す事項について明確にするようにサブコントロールで定められている．

監査人は，被監査部門から契約書を入手し，サブコントロールで提示された事項が契約書に盛り込まれているかどうかを確かめることになる．契約書にサブコントロールに示された事項が盛り込まれていない場合には，その理由が妥当かどうかを被監査部門に確かめることになる．契約が文書で締結されていない場合，例えば口頭による契約を行っているときには，そのこと自体が，正式な契約書を締結していないことになり，情報セキュリティ監査での指摘事項になるおそれがある．

適用する場合の留意点

① 契約書の書式の標準化

契約書の内容に漏れや誤りがないようにするためには，あらかじめ契約書の雛形を作成しておくとよい．定例的な第三者アクセスの場合には雛形を利用して契約を締結し，それ以外の場合には，別途契約書(案)を

4.2 組織のセキュリティ

図表4.2.6 契約の締結手順（例）

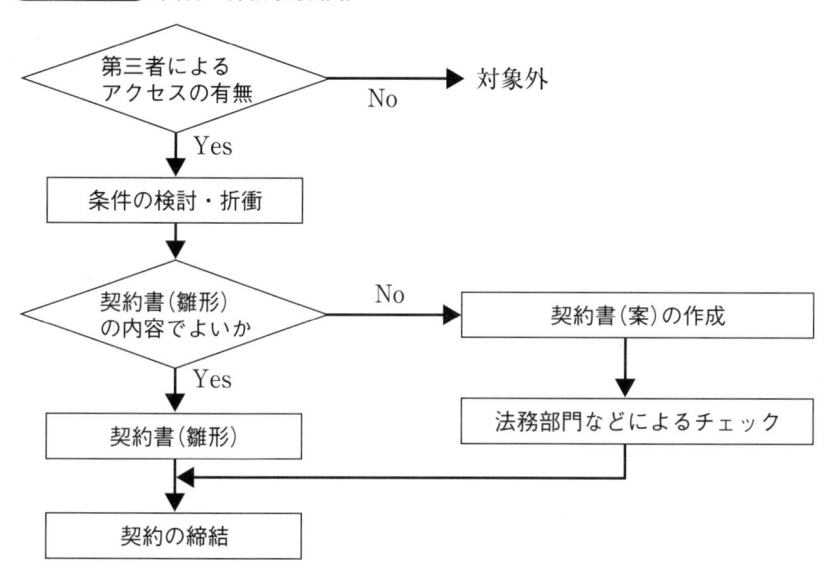

```
        ┌─────────────┐
        │ 第三者による  │ ──No──→ 対象外
        │ アクセスの有無 │
        └──────┬──────┘
              Yes
        ┌─────────────┐
        │ 条件の検討・折衝 │
        └──────┬──────┘
              │
        ┌─────────────┐     No    ┌──────────────┐
        │ 契約書（雛形）  │ ───────→ │ 契約書（案）の作成 │
        │ の内容でよいか │           └──────┬───────┘
        └──────┬──────┘                  │
              Yes                  ┌──────────────────┐
        ┌─────────────┐            │ 法務部門などによるチェック │
        │ 契約書（雛形）  │←──────── └──────────────────┘
        └──────┬──────┘
              │
        ┌─────────────┐
        │ 契約の締結    │
        └─────────────┘
```

作成して必要なチェックを受けた後，契約を締結する．雛形の作成に際しては，組織内の法務部門や外部の弁護士などと相談することが大切である．情報セキュリティ管理基準のサブコントロールを読んだだけでは，具体的にどのような契約書の文面にしなければならないのかがわからないからである．特に法律特有の言い回しなどがあるので，十分に注意する必要がある．雛形を作成した後，図表4.2.6に示すような手順に従って契約に関する手続を進める．例外事項については，個別に契約内容を検討してから決定するとよい．

監査人は，こうした手順が定められ，それに従って運用しているか，雛形の内容がサブコントロールと比較して適切か，法務的な検討は適切に行われているかどうか確かめることになる．

② **契約内容よりも意思決定プロセスの適切性が重要**

契約内容は，相手との交渉によって決まるので，必ずしも当該組織にとって有利な内容になっているとは限らない．そこで，監査人は，情報

セキュリティ管理基準に定められた事項について，リスク評価などを含めて契約内容が十分に検討されているかどうかを確かめることになる．状況によっては，契約書の内容が情報セキュリティ管理基準で示されたとおりになっているとは限らない．そこで，監査を受ける側としては，契約内容の決定プロセスについて明確な説明ができるように準備しておく必要がある．例えば，法務担当部門によるチェックの記録を残したり，契約締結の権限者が適切な意思決定をしていることを示す稟議書や関係資料を保存したりしておくとよい．

なお，正式な契約には，契約書だけではなく，覚書なども含まれる．契約した内容や事実が明確にわかる書面であれば，書面のタイトルにはこだわらない．

（3）外部委託

情報セキュリティ管理基準　2　組織のセキュリティ

（「2　組織のセキュリティ」続き）

2.3　外部委託

目的：情報処理の責任を別の組織に外部委託した場合における情報セキュリティを維持するため

2.3.1　情報システム，ネットワーク及び／又はデスクトップ環境についての，マネジメント及び統制の全部又は一部を外部委託する組織のセキュリティ要求事項は，当事者間で合意される契約書に記述すること

情報セキュリティ管理基準の読み方

① マネジメントの最終的な責任は発注者

この項目は，情報処理に関するマネジメントおよび統制について，外

4.2 組織のセキュリティ

図表4.2.7 情報セキュリティ管理責任

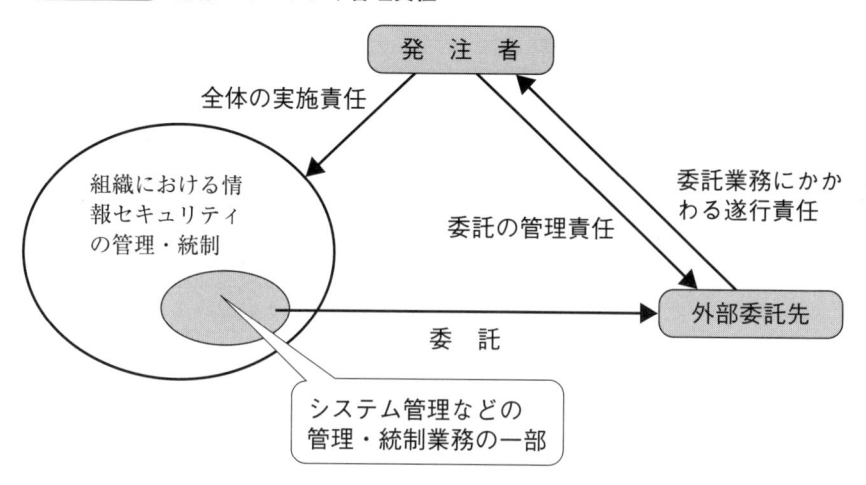

```
                        発 注 者
            全体の実施責任 ↙        ↘ 委託業務にかか
                                       わる遂行責任
    ┌─────────────┐  委託の管理責任
    │ 組織における情 │
    │ 報セキュリティ │                  ┌─────┐
    │ の管理・統制   │────委 託────→│外部委託先│
    └─────────────┘                  └─────┘
           │
    システム管理などの
    管理・統制業務の一部
```

部に委託する場合について定めているものである．情報処理のマネジメントおよび統制を外部に委託することは，情報セキュリティマネジメントを維持する責任の一部を外部に委託するということになる．こうした場合には，外部に委託した管理責任について，明確にしておかなければならない．

例えば，ネットワークの管理を外部に委託する場合には，ネットワークへの接続管理やファイアウォールの運用を委託することになる．したがって，発注者の情報セキュリティ基本方針に従った運営がなされるように，委託先の責任や権限を明確にしておかなければならない．

この項目では，外部委託先とのマネジメントや統制の責任について提示されているが，最終的な管理責任は，発注者にあることに注意しなければならない(図表4.2.7参照)．

② **セキュリティ要求事項の明記が重要**

外部委託する場合には，セキュリティ要求事項について契約書に定めておかなければならない．契約書で明確に定めていなければ，責任，義務，権限があいまいになってしまう．委託先が発注者の従業員に対して，

図表 4.2.8　外部委託での契約書への記述事項

管　理　策	項　番
法的な要求事項に関する取扱い	2.3.1.1
セキュリティ責任に関する取決め	2.3.1.2
事業資産の完全性，機密性の維持・検証に関する取扱い	2.3.1.3
アクセスの制約・制限の管理策の取扱い	2.3.1.4
災害時のサービスの可用性維持の取扱い	2.3.1.5
外部委託した装置の物理的セキュリティの取扱い	2.3.1.6
監査権の取扱い	2.3.1.7
第三者によるアクセスのセキュリティに関する取扱い	2.3.1.8
追加されたセキュリティ要求事項・手順	2.3.1.9

注）　表の右にある番号は情報セキュリティ管理基準のサブコントロールの項番を表す．

セキュリティ要求事項を徹底させることが難しかったり，情報セキュリティ事件・事故が発生した場合の責任について問題が生じたりするおそれがある．例えば，入退館にかかわる警備業務を外部委託している場合，警備員の権限などを明確にしておかなければ，発注者の従業員が入館用のカードを提示しないときに警備員が当該従業員に注意しにくくなる．

業務の委託においては，一般的に SLA（Service Level Agreement：サービスレベル合意書）を締結することが望ましいが，SLA のなかに情報セキュリティに関する要求事項を記載してもよい．

なお，契約書で定める事項については，サブコントロールで示されているので，それを参照するとよい（図表 4.2.8 参照）．

③　マネジメントとコントロールの違い

マネジメントとコントロール（統制）は，どのような点が異なるのであろうか．『情報セキュリティ監査研究会報告書』（経済産業省，2003 年 3 月 26 日，p.7）では，コントロールの定義を「最も広義には，ある特定の目的を達成するために，何らかの影響力を行使することを意味するが，

4.2 組織のセキュリティ

ここでは，情報セキュリティを確保するための具体的な対策を示す言葉として用いている．したがって，マネジメントサイクルに組み込まれた個々の情報セキュリティ対策をいう」としている．つまり，マネジメントのほうがコントロールよりも上位の概念として位置づけられていると考えればよい．

適用する場合の留意点

① **マネジメントの対象は広くとらえること**

情報セキュリティ管理基準2.3.1項では，「情報システム，ネットワーク及び／又はデスクトップ環境」と記述されているが，これは広い意味でとらえることが大切である．目的では，「情報処理の責任を別の組織に外部委託した場合における情報セキュリティを維持するため」と記述されているので，情報資産にかかわる企画・開発・運用・保守のほかに，情報資産の利用を含めて考えるべきである．

② **外部委託の状況に合わせること**

監査人は，情報セキュリティ管理基準への対応状況を確かめるために，外部委託の状況を把握し，マネジメントやコントロールに関する外部委託の状況を調べる．外部委託の範囲が広い場合には，詳細なチェックを実施することになる．そこで，マネジメントやコントロールを外部委託していない組織では，監査人に対して，外部委託を行っていないことを説明できるような資料などを用意しておくとよい．

政府や自治体などでは，情報処理に関するマネジメントやコントロールについて，外部委託することが一般的なので，特にこの項目に対する対応が重要になる．また，企業の場合には，関係会社などに外部委託することが少なくないので，こうした企業でもこの情報セキュリティ管理基準への対応が不可欠である．

4.3 資産の分類および管理

(1) 資産に対する責任

> **情報セキュリティ管理基準　3　資産の分類及び管理**
>
> 3　資産の分類及び管理
> 　3.1　資産に対する責任
> 　　目的：組織の資産の適切な保護を維持するため
> 　　3.1.1　情報システムそれぞれに関連づけて重要な資産について目録を作成し，維持すること

情報セキュリティ管理基準の読み方

① 重要資産の目録は情報セキュリティの基礎

　情報セキュリティを確保していくためには，「何を」，「どのように」保護するのかをはっきりさせておかなければならない．つまり，保護すべき対象(情報資産)がはっきりしていなければ，適切な保護ができないということである．情報セキュリティ管理基準では，重要な資産について目録を作成することを示している．

　情報セキュリティ管理基準では，特に目録の様式や記載すべき項目などを特に提示していないので，組織の状況に応じて作成すればよい．サブコントロールから考慮すると，例えば，図表4.3.1に示すような項目を盛り込んだ様式が考えられる．

② 目録の維持が重要

　重要な資産の目録は，作成することもたいへんであるが，それと同等またはそれ以上に維持していくことがたいへんである．重要な資産は，新しい情報システムの開発，既存の情報システムの機能拡充，情報処理

4.3 資産の分類および管理

図表 4.3.1 重要資産の目録（例）

情報資産名	関連する情報システム	所在	セキュリティの分類	重要度	管理部署	管理責任者
サーバ	顧客情報システム	本社	社外秘	高	営業部	○○○○
端末	顧客情報システム	○○支社	社外秘	中	○○支社	○○○○
契約書	営業管理システム	○○支社	部外秘	高	○○支社	○○○○

図表 4.3.2 重要な情報資産の目録の役割

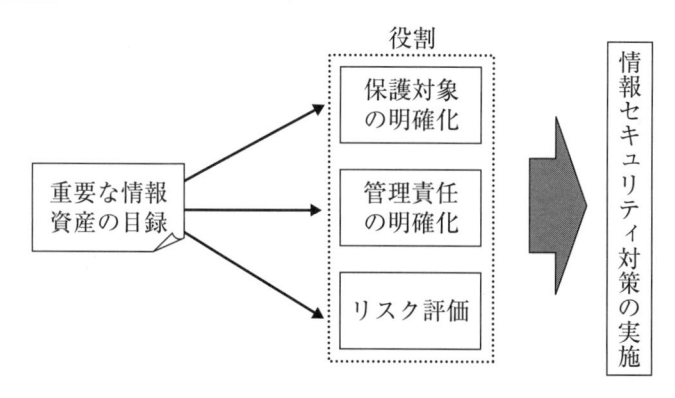

重要な情報資産の目録 → 役割：保護対象の明確化／管理責任の明確化／リスク評価 ⇒ 情報セキュリティ対策の実施

設備の増設・更新・廃止などによって，情報資産の追加・変更・削除が発生する．また，組織の改編によって情報資産の管理部署や管理責任者が変更されることもある．

重要資産の目録は，常に最新の状態にしておかなければ，図表4.3.2

に示すような目録の役割を果たすことができないので，定期的な見直しが重要になる．

③ **セキュリティの分類**

セキュリティの分類については，情報セキュリティ管理基準では明確になっていない．セキュリティの分類は，機密性，完全性，可用性の分類を示しているとも考えられるが，ここでは，次の項目(情報セキュリティ管理基準「3.2 情報の分類」)で示されている情報の分類のことと考えている．なぜならば，情報の分類は，どのような管理策をとるかを判断するベースとなるからである．

適用する場合の留意点

① **重要な資産かどうかの判断**

情報セキュリティ管理基準では，すべての情報資産について目録を作成することまでは求めておらず，重要なものだけを作成対象としている．情報セキュリティ監査を実施する場合には，監査人は，組織が所有する情報資産について，どのように重要度を評価しているかを把握し，それが適切かどうかを判断する．したがって，監査を受ける側としては，重要性の評価基準を作成し，監査人に対して明確に説明できるようにしておくとよい．

重要性の評価基準は，組織の事業内容によって異なる．組織の事業目的との関係で，重要かどうかを判断する基準を策定しておくことがポイントである．同じ資産であっても組織の事業内容によって重要性が異なることがあるからである．

② **目録の維持管理体制の整備と定期的な更新**

目録を維持していくためには，目録の管理部署や管理責任者を定めて，必要な権限を付与する必要がある．重要資産の目録は，大きな組織の場合には，各部署に作成・維持管理の責任をもたせて，管理責任部署が実

施を指導・監督していくことになると考えられる．そこで，組織全体としての目録の維持管理体制を整備することが必要になる．

また，目録の維持は，日常業務のなかで実施していかなければならないが，目録の更新漏れが発生しないように，定期的な目録の内容見直しを義務づけるとよい．例えば，経理担当者が行う固定資産や棚卸資産の棚卸業務のように定例業務として行うことがポイントである．

（2） 情報の分類

> **情報セキュリティ管理基準　3　資産の分類及び管理**
>
> （「3　資産の分類及び管理」の続き）
>   3.2　情報の分類
>   　目的：情報資産の適切なレベルでの保護を確実にするため
>   3.2.1　情報の分類及び関連する保護管理策では，情報を共有又は制限する業務上の必要，及びこのような必要から起こる業務上の影響（例えば，情報への認可されていないアクセス又は情報の損傷）を考慮に入れること
>   3.2.2　組織が採用した分類体系に従って情報のラベル付け及び取扱いをするための，一連の手順を定めること

情報セキュリティ管理基準の読み方

① 情報の分類の重要性

情報の分類は，情報セキュリティマネジメントを実施していくうえでの基礎である．情報を適切に分類しなければ，管理策が過大になったり，管理策の対象から漏れたりするおそれがある．分類の結果によって，管理策が決まるので，分類が適切に行われるようにしなければならない．情報セキュリティの分類については，情報セキュリティ管理基準で具体

第4章 情報セキュリティ管理基準の読み方

図表4.3.3 情報の分類と監査

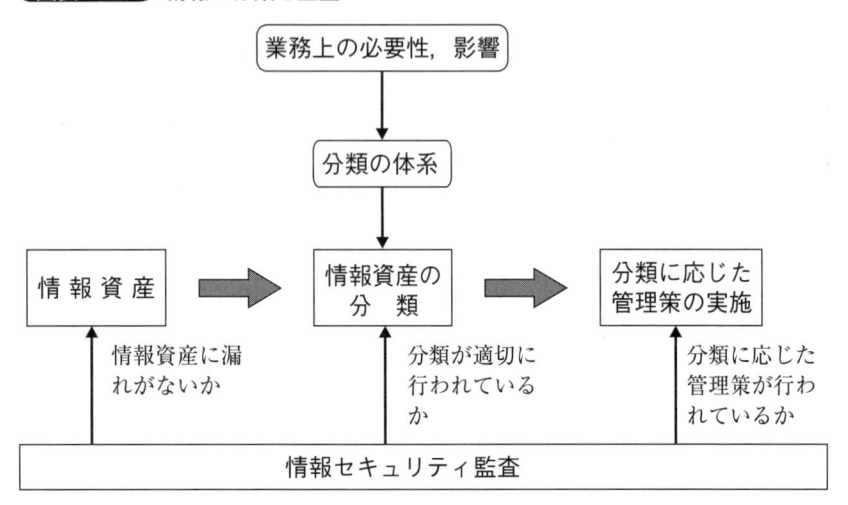

```
           ┌─────────────────┐
           │ 業務上の必要性，影響 │
           └────────┬────────┘
                    ↓
           ┌─────────────────┐
           │    分類の体系    │
           └────────┬────────┘
                    ↓
┌──────────┐   ┌──────────┐   ┌──────────┐
│ 情報資産  │ ⇒ │ 情報資産の│ ⇒ │ 分類に応じた│
│          │   │  分 類   │   │ 管理策の実施│
└────┬─────┘   └────┬─────┘   └────┬─────┘
     ↑              ↑              ↑
  情報資産に漏    分類が適切に    分類に応じた
  れがないか     行われている    管理策が行わ
                   か          れているか
┌──────────────────────────────────────────┐
│          情報セキュリティ監査           │
└──────────────────────────────────────────┘
```

的な定めがないので，組織に応じて分類体系を決めればよい．例えば，「極秘」，「部外秘」，「社外秘」，「公開情報」といった分類が考えられる．

情報セキュリティ監査は，図表4.3.3に示すような視点で実施されることになるので，こうした監査の視点と，情報の分類の意義を踏まえて情報セキュリティマネジメントを実施することが大切である．

② 業務上の必要性と影響

情報の分類に際しては，当該情報のセキュリティが確保できない場合にどのような影響があるのかを検討することが大切である．したがって，情報によってそれぞれ分類が異なる．例えば，所有している情報がすべて「社外秘」ということは実務上考えられない．「公開情報」，「部外秘」または「極秘」などに分類される情報資産があるのが普通だからである．

③ 情報と情報資産は一体

情報は，サーバ，パソコンや保存媒体などの情報資産に保存され，それを使用して情報を活用する．したがって，情報の分類は，情報資産の

4.3 資産の分類および管理

分類につながる．情報を分類するときには，情報資産との関係を含めて考えることも大切である．

適用する場合の留意点

① **実効性の配慮**

情報の分類手順は，実務上継続して実施できるものにしなければならない．例えば，情報の分類を10区分のように細分化してしまうと，実務上手順どおりに実施されないことになる．また，分類を1～2区分にしてしまうと，情報の分類の意味がなくなり，情報セキュリティ管理基準を満たさなくなってしまう．

また，情報は，さまざまな形態で存在し，多様な方法で取り扱われる

図表4.3.4 情報の形態と取扱手順

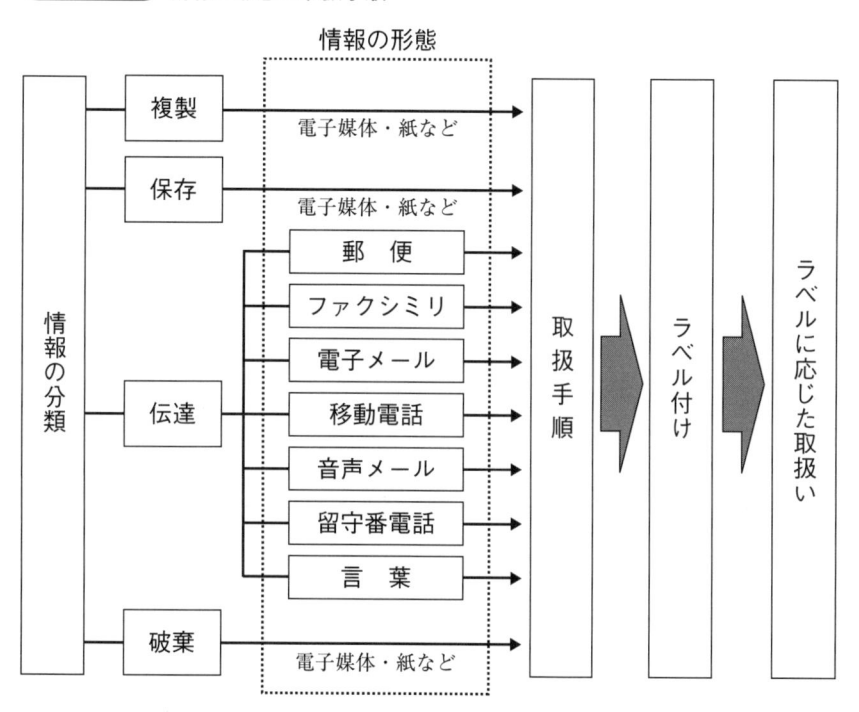

```
情報の分類
├─ 複製 ──→ 電子媒体・紙など ─┐
├─ 保存 ──→ 電子媒体・紙など ─┤
├─ 伝達 ┬→ 郵便          ─┤
│       ├→ ファクシミリ    ─┤
│       ├→ 電子メール      ─┤→ 取扱手順 ⇒ ラベル付け ⇒ ラベルに応じた取扱い
│       ├→ 移動電話        ─┤
│       ├→ 音声メール      ─┤
│       ├→ 留守番電話      ─┤
│       └→ 言葉            ─┤
└─ 破棄 ──→ 電子媒体・紙など ─┘
            ← 情報の形態 →
```

99

ので，形態や方法に応じた取扱手順を定める必要がある(図表4.3.4参照)．

② **実施体制の確立**

手順に従って情報を分類するためには，実施体制を確立する必要がある．組織全体における情報の分類を管理する部署と，営業・製造・物流・情報システム・総務・経理などの各部署で実際に情報資産の分類を行う管理者および担当者を明確にしなければ，情報を手順どおりに分類することはできない．

4.4 人的セキュリティ

(1) 職務定義および雇用におけるセキュリティ

情報セキュリティ管理基準　4　人的セキュリティ

4　人的セキュリティ
　4.1　職務定義及び雇用におけるセキュリティ
　　目的：人による誤り，盗難，不正行為，又は設備の誤用のリスクを軽減するため
　　4.1.1　セキュリティの役割及び責任は，組織の情報セキュリティ基本方針で定められたとおりに，適切に文書化すること
　　4.1.2　常勤職員を採用するときは，提出された応募資料の内容を検査すること
　　4.1.3　従業員は，雇用条件の一部として，機密保持契約書又は守秘義務契約書に署名すること
　　4.1.4　雇用条件には，情報セキュリティに対する従業員の責任について記述してあること

情報セキュリティ管理基準の読み方

① **情報セキュリティの役割・責任の明確化（職務の明確化）**

　人的セキュリティを確保するためには，情報セキュリティ基本方針に従って，従業員が何をなすべきか，どのような責任があるのかを明確にしなければならない．また，その結果を文書化しておく必要がある．

　監査人は，セキュリティの役割・責任が明確になっているかどうか，情報セキュリティ基本方針と照合して適切な役割・責任となっているか

どうかを確かめることになる．具体的には，役割・責任に関する文書を入手しその内容をレビューするとともに，不明な事項などについて，関係者に質問して確かめる．監査を受ける側では，セキュリティの役割・責任を明確に説明できるように準備しておくことがポイントである．

② **採用は人的セキュリティのはじまり**

人は，情報セキュリティを確保するうえで，大きなリスクとなっている．データ入力や情報システムの運用の誤り，情報の外部への流出，不正アクセス，ルータやファイアウォールの設定誤りなど，情報セキュリティ事件・事故は，人に起因するものが少なくない．

人的セキュリティを考える場合には，組織における人のライフサイクルを考えるとわかりやすい(図表4.4.1参照)．採用は，人的セキュリティのスタートであり，この時点で適切な管理策を講じていなければ，以後の人的セキュリティに大きな影響を及ぼす．

図表4.4.1 人的セキュリティと人のライフサイクル

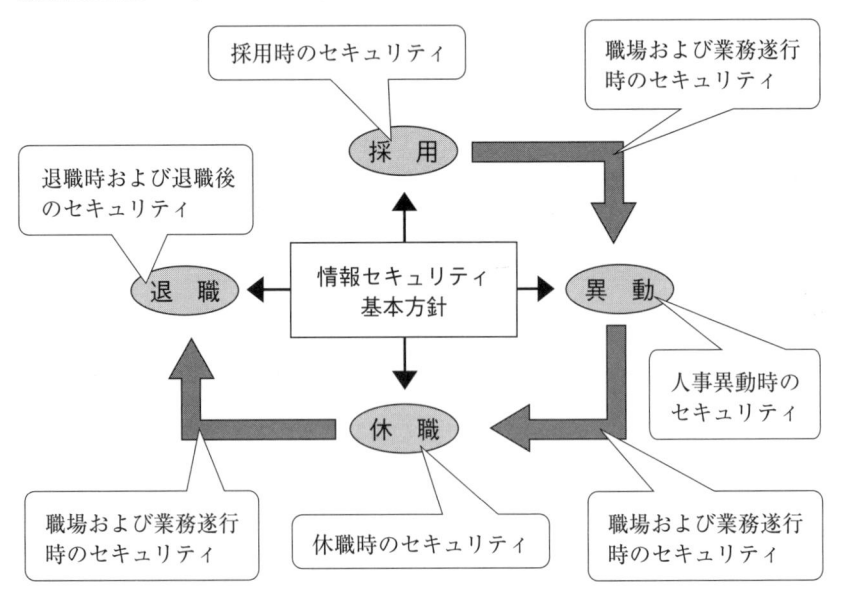

4.4 人的セキュリティ

③ 採用時の手続

採用時に必要な手続は情報セキュリティ管理基準のサブコントロールに示されているので，具体的な管理策の検討に際してはこれを参照する．

図表4.4.2 採用時の管理手続

項　目	管　理　策	項　番
応募資料の内容検査	権限の高い人の定期的な調査	4.1.2.1
	新入職員などへの管理監督の評価	4.1.2.2
	上級職員による定期的見直し・承認	4.1.2.3
	職員の個人的事情が及ぼす影響	4.1.2.4
	セキュリティ問題の適切な法令に従った取扱い	4.1.2.5
	応募資料の内容検査	4.1.2.6
	人物推薦状の有益性の考慮	4.1.2.7
	学術上，職業上の資格の確認	4.1.2.8
	公的証明書の検査	4.1.2.9
	信用調査	4.1.2.10
	請負業者，臨時職員に対する審査	4.1.2.11
	派遣会社の審査責任，通知手順に関する契約	4.1.2.12
機密保持契約書または守秘義務契約書への署名	既存の契約の効力が及ばない臨時職員，外部利用者への署名の要求	4.1.3.1
	雇用条件・請負契約の変更時の見直し	4.1.3.2
雇用条件への従業員の責任の記述	雇用継続後の責任の継続	4.1.4.1
	セキュリティ要求事項を無視した場合の措置	4.1.4.2
	法律にもとづく従業員の責任・権利の明確化	4.1.4.3
	法律にもとづく従業員の責任・権利の雇用条件への包含	4.1.4.4
	雇用者側データの重要度の分類・管理に関する義務	4.1.4.5
	通常の勤務場所・勤務時間以外での適用	4.1.4.6

注）表の右にある番号は情報セキュリティ管理基準のサブコントロールの項番を表す．

とよい(図表4.4.2参照).

適用する場合の留意点

① 組織の文化への配慮

　職務定義および雇用におけるセキュリティについては，組織の文化や慣習などを考慮する必要がある．従業員の採用時に，慎重な身元チェックを実施している場合には，情報セキュリティ管理基準と照らし合わせて，不足する事項の有無を確かめ，必要な対応をとればよい．こうした組織では，情報セキュリティ管理基準に従って取組みを進める際に，組織内部での抵抗はあまり大きくないと考えられる．一方，従業員の採用に際して，比較的おおらかな取扱いをしている組織では，情報セキュリティ管理基準に従った取扱いを実施しようとする場合には，組織内部の反発が予想される．したがって，組織の文化，習慣，管理水準などを考慮して，情報セキュリティ管理基準に従った対応ができるような工夫が必要になる．例えば，経営者の主導による情報セキュリティの実施や，意識改革のための教育などが考えられる．

　なお，従業員の採用時に，就業規則や，誓約書などによって，守秘義務が明確にされている場合には，それが情報セキュリティ確保の視点から必要な事項が網羅されているかどうかを検討し，必要な見直しを行って対応する方法もある．

② 採用マニュアルへのセキュリティ関係事項の明記

　採用時のチェックについては，採用マニュアルなどに情報セキュリティ管理基準で定められた事項を盛り込んでおくとよい．採用担当者は，必ずしも情報セキュリティの専門家ではないので，採用時にどのような項目について，どのような内容をチェックしたらよいかがわかりにくい．そこで，採用マニュアルにチェック手続をわかりやすく整理しておけば，採用業務を効率的かつ適切に行うことができる．

（2） 利用者の訓練

> 情報セキュリティ管理基準　4　人的セキュリティ
>
> （「4　人的セキュリティ」の続き）
> ### 4.2　利用者の訓練
> 　目的：情報セキュリティの脅威及び懸念に対する利用者の認識を確実なものとし，通常の仕事のなかで利用者が組織のセキュリティ基本方針を維持していくことを確実にするため
> 　4.2.1　組織の基本方針及び手順について，組織のすべての従業員及び関係するならば外部利用者を適切に教育し，並びに定期的に更新教育を行うこと

情報セキュリティ管理基準の読み方

① 利用者全員が対象

　情報資産を取り扱う利用者は，図表4.4.3に示すようにさまざまであ

図表4.4.3 教育の対象者

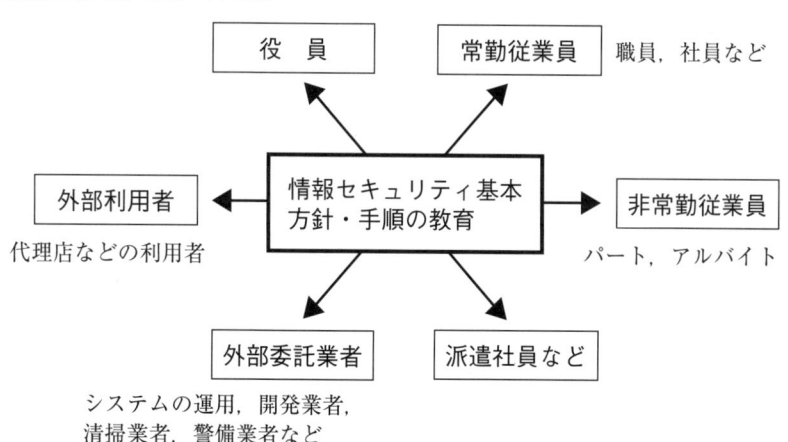

中心：情報セキュリティ基本方針・手順の教育

- 役員
- 常勤従業員　職員，社員など
- 非常勤従業員　パート，アルバイト
- 派遣社員など
- 外部委託業者　システムの運用，開発業者，清掃業者，警備業者など
- 外部利用者　代理店などの利用者

る．情報セキュリティ管理基準では，こうした利用者のすべてが情報セキュリティに関する教育の対象となっている．

② **定期的な教育が重要**

情報セキュリティに関する教育は，定期的に実施しなければならない．監査人は，教育が定期的に実施されているかどうかについて，教育計画および教育の実施記録などを入手して確かめることになる．そこで，監査を受ける側では，こうした記録を残し，それを整理・保管しておくことが必要になる．

適用する場合の留意点

① **役員も教育の対象**

情報セキュリティ管理基準では明示されていないが，役員も情報セキュリティ基本方針や手順を教育する対象になるので，注意しなければならない．役員は，一般の従業員よりも機密性の高い，重要な情報を取り扱うことが多いので，特に高い情報セキュリティ意識と管理策の実践が求められるからである．役員を対象とした情報セキュリティ教育は，情報セキュリティの担当役員や社長が実施したり，外部の専門家に教育を委託したりする方法がある．

② **教育内容の工夫が大切**

情報セキュリティに関する教育は，定期的に実施しなければならないが，基本方針や手順が頻繁に変更され教育内容が大幅に変わるわけではない．したがって，教育を受ける側としては，毎回同じような内容の教育を受けることになるので飽きてしまうおそれがある．そこで，教育内容を定期的に見直したり，外部講師による講演を企画したりして，情報セキュリティに関心をもってもらうような工夫が大切である．

（3） セキュリティ事件・事故および誤動作への対処

> **情報セキュリティ管理基準　4　人的セキュリティ**
>
> (「4　人的セキュリティ」の続き)
>
> **4.3　セキュリティ事件・事故及び誤動作への対処**
>
> 　目的：セキュリティ事件・事故及び誤動作による損害を最小限に抑えるため，並びにそのような事件・事故を監視してそれらから学習するため
>
> 　4.3.1　セキュリティ事件・事故は，適切な連絡経路を通して，できるだけ速やかに報告すること
>
> 　4.3.2　情報サービスの利用者に対して，システム若しくはサービスのセキュリティの弱点，又はそれらへの脅威に気づいた場合若しくは疑いをもった場合は，注意を払い，かつ報告するよう要求すること
>
> 　4.3.3　ソフトウェアの誤動作を報告する手順を確立すること
>
> 　4.3.4　事件・事故及び誤動作の種類，規模並びに費用の定量化及び監視を可能とする仕組みを備えていること
>
> 　4.3.5　組織のセキュリティ基本方針及び手順に違反した従業員に対する，正式な懲戒手続を備えていること

情報セキュリティ管理基準の読み方

① 情報セキュリティ事件・事故の早期発見が重要

　情報セキュリティの管理策は，図表4.4.4のように分類できる．情報セキュリティ事件・事故が発生した場合には，迅速な対処が重要になる．適切な対処によって組織，顧客，取引先などの関係者への影響の拡大を抑制することができるからである．

第4章　情報セキュリティ管理基準の読み方

図表4.4.4 情報セキュリティ事件・事故への対処

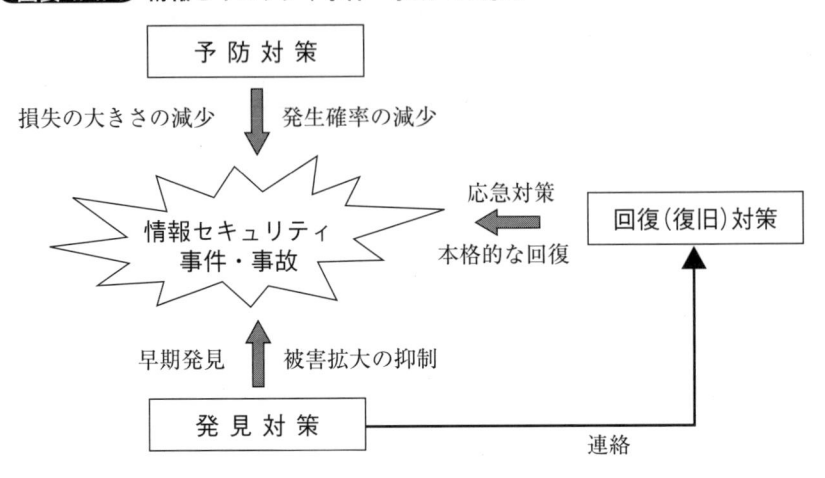

```
                    ┌──────────────┐
                    │  予 防 対 策  │
                    └──────┬───────┘
       損失の大きさの減少  │  発生確率の減少
                           ▼
                  ╱╲╱╲╱╲╱╲╱╲
                 ╱           ╲       応急対策     ┌──────────────┐
                ╱ 情報セキュリティ ╲  ◀────────   │ 回復(復旧)対策 │
                ╲  事件・事故    ╱   本格的な回復   └──────┬───────┘
                 ╲            ╱                            │
                  ╲╱╲╱╲╱╲╱╲╱                              │
                        ▲                                  │
       早期発見          │   被害拡大の抑制                 │
                    ┌──────────────┐                       │
                    │  発 見 対 策  │                       │
                    └──────────────┘     連絡              │
                                      ─────────────────────┘
```

② 早期復旧のための連絡体制

　情報セキュリティ事件・事故の発生を未然に防止できれば，情報セキュリティの管理策として最善であるが，現実には，すべての情報セキュリティ事件・事故を防ぎきれるわけではない．そこで，情報セキュリティ事件・事故が発生した場合に，組織の事業活動への影響(被害)の拡大を抑制するとともに，早期にもとの状態に戻して事業を継続しなければならない．

　そのためには，情報セキュリティ事件・事故の発生をいち早く発見する体制を整備し，発生の事実を関係部署に迅速に連絡できるようにしておくことが必要になる．例えば，ホームページの改ざんが行われてから，数日経過してその事実に気がつくようであってはならないし，担当者が不正アクセスの事実を発見したあと，何時間も経過して責任者に事実がやっと伝わるような体制であってはならない．特にコンピュータウイルスの場合には，早期発見，早期連絡，早期対処が被害拡大の防止に不可欠である．

　監査人は，情報セキュリティ事件・事故が発生した場合の連絡体制が

確立されているかどうかについて，連絡体制図などを入手して調べることになる．また，連絡手順どおり運用されているかどうか確かめるために，連絡記録(報告書，連絡票など)を入手して，その内容をレビューする．

③ 誤動作の報告手順

情報セキュリティ事件・事故が発生したら，関係部署に連絡するとともに，必要な応急対策を講じなければならない．情報セキュリティ管理基準では，サブコントロールとして図表4.4.5に示すような報告手順が示されている．報告手順には，回復措置についても示されているので，それを踏まえて報告手順を策定する必要がある．

監査人は，報告手順に情報セキュリティ管理基準で定める項目が盛り込まれているかどうかを確かめることになる．監査を受ける側は，これらの項目を盛り込んでいない場合，それについて組織の状況を踏まえた

図表4.4.5 ソフトウェア誤動作の報告手順

管 理 策	項 番
問題の兆候，画面メッセージへの注意	4.3.3.1
コンピュータの隔離	4.3.3.2
コンピュータの使用停止	4.3.3.3
関係先に対する警報	4.3.3.4
装置の検査前のネットワーク切断	4.3.3.5
ディスケットを別のコンピュータへ移さないこと	4.3.3.6
情報セキュリティ管理者への速やかな報告	4.3.3.7
疑いのあるソフトウェアの除去の禁止	4.3.3.8
回復措置の訓練	4.3.3.9
経験を積んだ職員による回復措置の実施	4.3.3.10

注) 表の右にある番号は情報セキュリティ管理基準のサブコントロールの項番を表す．

第4章 情報セキュリティ管理基準の読み方

合理的な説明ができるようにしておかなければならない．

適用する場合の留意点

① すべての利用者への連絡手順の徹底

情報セキュリティ事件・事故を早期に発見するためには，利用者すべてに対して日常から情報セキュリティ意識をもって情報資産を利用させるようにしなければならない．例えば，コンピュータウイルスは，ネットワークなどさまざまな経路から組織内部に侵入してくるので，どの利用者のパソコンが感染するのかわからない．そこで，パソコンがコンピュータウイルスに感染したら直ちにその事実が情報セキュリティの管理部署に連絡されるように，利用者に徹底しておかなければならない．

② 懲戒手続の意義

情報セキュリティ管理基準では，情報セキュリティ基本方針および手順に違反した場合の懲戒手続を定めるように示されている．懲戒手続は，正しく公平な取扱いが行えるようにしておかなければならない．例えば，情報セキュリティ基本方針や規程に違反したのではないかという疑いだけで懲戒処分を行ってはならない点に注意しなければならない．客観的な事実にもとづいて，取り扱うことが重要である．また，同様の情報セキュリティ違反行為について，異なる内容の懲戒処分を行ったのでは公平性が保てない．したがって，懲戒手続を文書化しておき，すべての利用者が公平に取り扱われるようにしなければならない．

4.5 物理的および環境的セキュリティ

(1) セキュリティが保たれた領域

> 情報セキュリティ管理基準　5　物理的及び環境的セキュリティ
>
> 5　物理的及び環境的セキュリティ
> 5.1　セキュリティが保たれた領域
>   目的：業務施設及び業務情報に対する認可されていないアクセス，損傷及び妨害を防止するため
>   5.1.1　組織は，情報処理設備を含む領域を保護するために，幾つかのセキュリティ境界を利用すること
>   5.1.2　認可された者だけにアクセスを許すことを確実にするために，適切な入退管理策によってセキュリティの保たれた領域を保護すること
>   5.1.3　セキュリティが保たれた領域の選択及び設計においては，火災，洪水，爆発，騒擾，その他の自然又は人為的災害による損害の可能性を考慮すること
>   5.1.4　セキュリティが保たれた領域のセキュリティを強化するために，その領域での作業のための管理策及び指針を追加すること
>   5.1.5　品物を受け渡しする場所について管理し，可能ならば，認可されていないアクセスを回避するために，情報処理設備から隔離すること

情報セキュリティ管理基準の読み方

① セキュリティ境界の役割

　物理的および環境的セキュリティは，ソフトウェアなどによる論理的対策（技術的対策），管理者や警備員などによる管理的対策と異なって，眼で見ることができるセキュリティである．情報資産は，組織における価値や事業活動に及ぼす影響が異なる．そこで，情報資産の重要度に応じて分類し，それに応じた管理策を講じる．セキュリティ境界を設けることによって，情報資産の重要度に応じた管理を実施しやすくなる（図表4.5.1参照）．反対に，セキュリティ境界が明確に設定されていなければ，情報資産の重要度に応じたセキュリティの確保ができなくなる．

　監査人は，セキュリティ境界が適切に設定されているかどうかを，建物図面などを入手してチェックするとともに，現状と一致しているかどうかについて視察によって確かめることになる．監査を受ける側は，セキュリティ境界について，情報資産との関係を踏まえて，明確に説明で

図表4.5.1 セキュリティ境界の役割

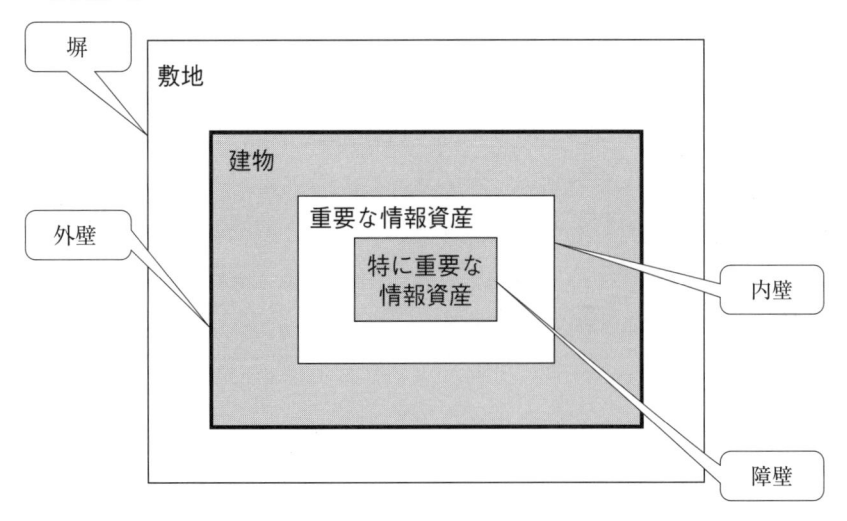

4.5 物理的および環境的セキュリティ

きるようにしておくことが大切である．例えば，図面などを利用して説明できるように準備しておくとよい．

② 入退管理策

入退管理は，建物や部屋(セキュリティ領域)への入館・入室，および退館・退室を管理することである．入退管理を実施することによって，権限のあるものだけを入館・入室させることができる．情報セキュリティ管理基準では，図表4.5.2に示すような管理策を示している．

監査人は，入退管理策の実施状況を視察によって確かめるとともに，入退管理システムの導入状況をインタビューやシステム機能書などのレビューによって把握することになる．また，入退管理手順書を入手して，

図表4.5.2 入退管理策

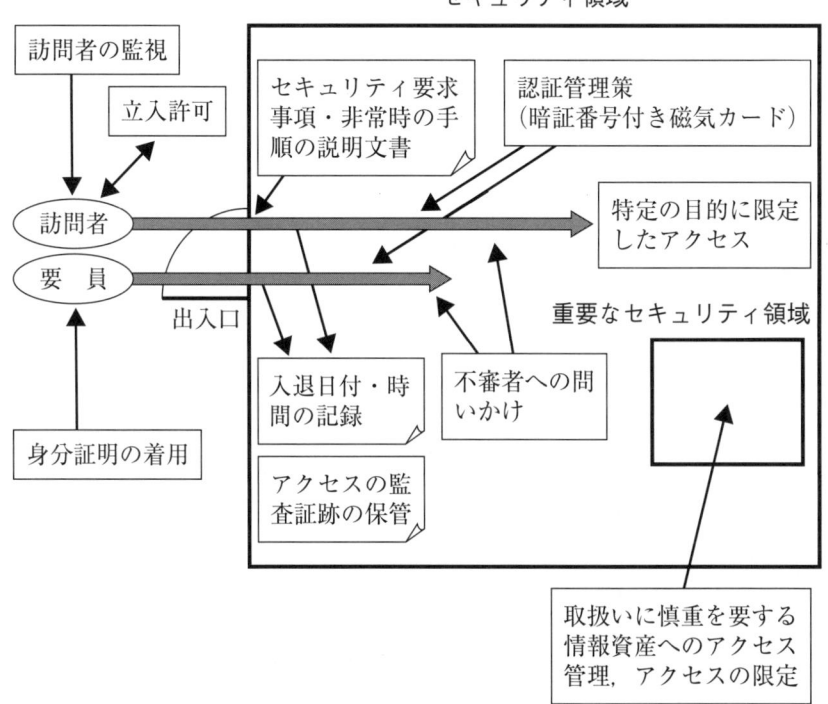

[図: セキュリティ領域における入退管理策の構成図．訪問者の監視，立入許可，身分証明の着用を経て訪問者・要員が出入口からセキュリティ領域に入る．領域内ではセキュリティ要求事項・非常時の手順の説明文書，認証管理策(暗証番号付き磁気カード)，特定の目的に限定したアクセス，入退日付・時間の記録，不審者への問いかけ，アクセスの監査証跡の保管が行われる．重要なセキュリティ領域では，取扱いに慎重を要する情報資産へのアクセス管理，アクセスの限定が行われる．]

入退管理策の適切性を確かめる．さらに，アクセスログ（入退日時の記録など）の分析や認証用カードの管理状況をチェックすることになる．

③ **セキュリティ領域の選択・設計のポイント**

セキュリティ領域は，情報セキュリティを確保するうえで重要である．したがって，その選択・設計は慎重に行わなければならない．情報セキュリティ管理基準では，図表4.5.3に示す考慮点が示されている．監査人は，建物や敷地の図面などをチェックして，セキュリティ領域の場所や設計が適切かどうかを確かめる．また，サブコントロールで示されて

図表4.5.3 セキュリティ領域選択・設計上の留意点

管　理　策	項　番
関連する規制・標準の考慮	5.1.3.1
隣接場所からの脅威の考慮	5.1.3.2
一般の人のアクセスが避けられる場所	5.1.3.3
建物の用途の最小限の表示	5.1.3.4
情報処理作業の存在の非表示	5.1.3.5
複写機，ファクシミリのセキュリティ領域内への設置	5.1.3.6
扉および窓の施錠	5.1.3.7
外部に対する防御（1階の窓）	5.1.3.8
侵入者検知システムの設置，点検	5.1.3.9, 5.1.3.10, 5.1.3.11
警報装置	5.1.3.12, 5.1.3.13
自己の管理設備と第三者管理設備との区分	5.1.3.14
情報処理設備の所在の秘匿（職員録，社内電話帳）	5.1.3.15
危険物および可燃物の安全保管	5.1.3.16
不要品の大量保管の禁止	5.1.3.17
代替装置，バックアップ媒体の離れた場所での保管	5.1.3.18

注）表の右にある番号は情報セキュリティ管理基準のサブコントロールの項番を表す．

4.5 物理的および環境的セキュリティ

図表4.5.4 セキュリティ領域における管理

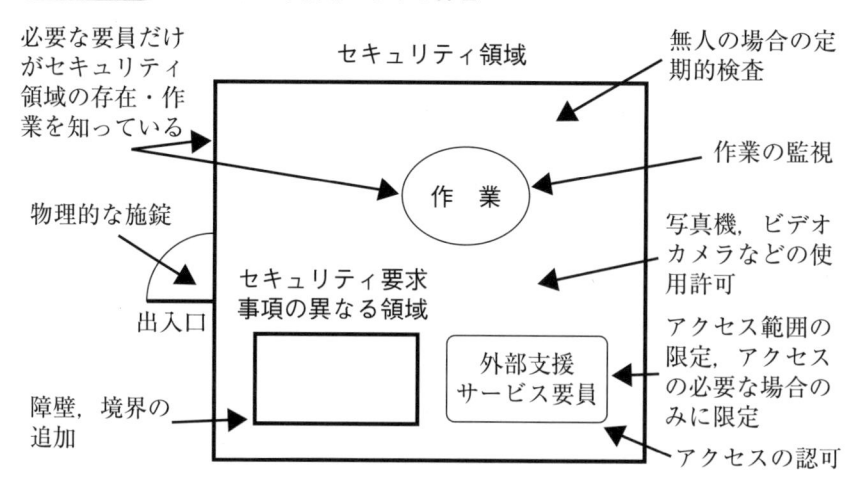

```
必要な要員だけ          セキュリティ領域       無人の場合の定
がセキュリティ                                期的検査
領域の存在・作
業を知っている
                         作 業                作業の監視

物理的な施錠                                  写真機,ビデオ
                                             カメラなどの使
                  セキュリティ要求              用許可
      出入口      事項の異なる領域
                                             アクセス範囲の
                              外部支援        限定,アクセス
                              サービス要員    の必要な場合の
障壁,境界の                                   みに限定
追加
                                             アクセスの認可
```

いる侵入者検知システムについては,稼動状況(検知記録)や保守点検状況についてもチェックする.

④ **セキュリティ領域での作業**

　セキュリティ領域には重要な情報資産があり,情報セキュリティ事件・事故が発生した場合の損失が非常に大きい.そこで,一般の領域より厳しいセキュリティ管理を行う必要がある.情報セキュリティ管理基準では,サブコントロールで図表4.5.4に示すような管理策を示している.

⑤ **受け渡し場所でのセキュリティ**

　組織が事業活動を行う過程で,商品・機器・消耗品・送付物・什器備品などさまざまなものが納品される.品物の受け渡しを適切に行わなければ,敷地・建物・部屋などのセキュリティ領域内に不審者が侵入したり,不審な品物が搬入されたりするおそれがある.情報セキュリティ管理基準では,受け渡し場所のリスクアセスメントと,それにもとづくセキュリティ要求事項の決定,一時保管場所での入退室管理,品物の検査,納入品の登録が示されている.

監査人は，敷地や建物の図面のほかに，納品手順書などを入手して，受け渡し場所での管理が適切に行われているかどうかを確かめることになる．監査を受ける側も，明確な説明ができるように関連資料を整理し最新の状態にしておくとよい．

適用する場合の留意点

① リスクアセスメントの重要性

　セキュリティ領域の選択・設計は，組織の事情によって大きく異なる．例えば，データセンターを設置する場所は，岩盤の安定した地震に強く風水害の発生可能性が低い場所を選択することが望ましいが，必ずしも適切な場所を選択できるとは限らない．また，建物構造などによって，必ずしも最善の管理策を講じることができないこともある．そこで，リスクアセスメントを実施し，必要となるセキュリティ要求事項を決定することが必要になる．

　リスクアセスメントの結果，想定していた管理策を講じることができない場合には，その代替策を講じることによってセキュリティを確保する必要がある．例えば，地盤の液状化が予想される地域にデータセンターが設置されている場合には，液状化が発生した場合に第三者の設備を利用できる旨の契約を締結し，必要なバックアップを準備しておくとともに，定期的な訓練を実施するといった管理策を講じておく方法がある．監査を受ける側は，こうした代替となる管理策について，リスクアセスメントの結果を踏まえて明確な説明ができるように準備しておかなければならない．

② セキュリティ領域の維持管理がポイント

　セキュリティ領域を設置することよりも，それを維持していくことのほうが難しい．建物や部屋への入退管理は，時間の経過とともに，利用者や管理者の意識が薄れてしまうことが少なくない．例えば，セキュリ

4.5 物理的および環境的セキュリティ

ティ領域内での身分証明の着用を守らない人がでてくることが予想される．こうした場合には，発見次第，直ちに改善させるような取組みが大切である．また，経営者が率先して身分証明をつけるような組織の風土づくりも大切である

（２） 装置のセキュリティ

情報セキュリティ管理基準　5　物理的及び環境的セキュリティ

（「5　物理的及び環境的セキュリティ」の続き）

5.2　装置のセキュリティ

　目的：資産の損失，損傷又は劣化，及び業務活動に対する妨害を防止するため

5.2.1　装置は，環境上の脅威及び危険からのリスク並びに認可されていないアクセスの可能性を軽減するように設置し又は保護すること

5.2.2　装置は，停電，その他の電源異常から保護すること

5.2.3　データ伝送又は情報サービスに使用する電源ケーブル及び通信ケーブルの配線は，傍受又は損傷から保護すること

5.2.4　装置についての継続的な可用性及び完全性の維持を確実とするために，装置の保守を正しく実施すること

5.2.5　所有権に関係なく，組織の敷地外で情報処理のために装置を使用する場合は，管理者が認可すること

5.2.6　取扱いに慎重を要する情報を保持する記憶装置の処分は，物理的に破壊するか又は，確実に上書きすること

第4章　情報セキュリティ管理基準の読み方

情報セキュリティ管理基準の読み方

① 情報処理にかかわる装置のセキュリティが中心

　情報セキュリティ管理基準では，情報処理にかかわる装置を中心とした取扱いを提示している．情報セキュリティ管理基準で定めている主な内容は，図表4.5.5に示すとおりである．詳細な内容については，サブコントロールを参照されたい．

図表4.5.5 装置のセキュリティの概要

関連事項	保護内容
不必要なアクセスの抑制，盗み見のリスクの低減，特別な保護を要する装置の分離設置，飲食・喫煙方針の策定，近隣災害の影響の考慮　など	環境上のリスク，認可されないアクセスからの保護
電源の多重化，無停電電源装置，非常用発電機，非常用照明，落雷防護　など	停電，電源異常からの保護
電源・通信ケーブルの埋設，傍受・損傷からの保護，電源ケーブルの干渉の防止，外装電線管，代替経路，不審な装置の調査　など	電源ケーブル，通信ケーブル配線の傍受・損傷からの保護
使用にもとづく保守，認可された保守担当者による実施，保守の記録，搬出時の管理策，保険約款の遵守　など	可用性・完全性確保のための装置の保守の実施
内蔵記憶媒体を有する装置の処分前検査，データ・ソフトウェアの消去　など	記憶装置の処分における物理的な破壊，確実な上書き
作業リスクの考慮，放置の禁止，手荷物として携帯，装置の保護，在宅作業の管理，保険　など	敷地外での装置使用時の管理者による認可

（すべての項目が「装置」を中心として関連付けられている）

4.5 物理的および環境的セキュリティ

② ポータブルコンピュータも考慮

　企業などでは，ポータブルコンピュータを使用することが珍しくなくなっている．情報セキュリティ管理基準でも，ポータブルコンピュータを意識した項目を盛り込んでいる．情報セキュリティにおいては，情報資産の使用範囲が大幅に拡大しているので，ポータブルコンピュータの使用におけるセキュリティ確保が重要になっている．例えば，ポータブルコンピュータが紛失・盗難すると，そこに保存されている重要な情報が外部に流出するおそれがある．また，当該ポータブルコンピュータを利用して不正なアクセスが行われるおそれもある．なお，ポータブルコンピュータには，ノートパソコンだけではなく，PDA(Personal Digital Assistance：個人用の携帯情報端末)，携帯電話，PHSなども含まれることを考慮しなければならない．

　監査人は，組織の敷地外(建物外)における装置の使用状況について，ポータブルコンピュータの使用規程，敷地外における情報(電子媒体，文書など)の取扱規程などを入手して，その適切性を確かめるとともに，インタビューや外部からのアクセスログの入手・分析によって，敷地外でのセキュリティ確保の適切性を確かめることになる．監査を受ける側は，こうした取扱いについて明確に説明できるように，取扱規程などを準備しておくとよい．

適用する場合の留意点

① 情報処理設備以外の装置のセキュリティも大切

　情報セキュリティ管理基準では，情報処理装置にかかわるセキュリティが中心であるが，情報処理にかかわらない装置のセキュリティも重要である．例えば，キャビネットや金庫などがある．このなかには，重要な社内文書や取引先との契約書などが保管されていることがある．こうした重要な文書を保管しているキャビネットや金庫についても，必要の

ない者がアクセスできないようにすること，重要なキャビネットや金庫の所在を明らかにしないこと，容易に搬出されないような対応を講じること，といった管理策が必要になる．

② 装置の配置図によるセキュリティの検討

どこにどのような装置があるのか，その重要度はどうか，などを示した配置図を作成し，それにもとづいてどのようなリスクがあるのか，管理策は講じられているか，という分析を行うと情報セキュリティを確保しやすい．なお，こうした図面はきわめて機密性が高いので，限定された者しかアクセスできないように保管・管理しなければならない．

(3) その他の管理策

情報セキュリティ管理基準　5　物理的及び環境的セキュリティ

(「5　物理的及び環境的セキュリティ」の続き)

5.3　その他の管理策

目的：情報及び情報処理設備の損傷又は盗難を防止するため

5.3.1　組織は，通常の勤務時間内及び時間外の情報への許可されていないアクセス，情報の消失及び損傷のリスクを軽減するために，書類及び取外し可能な記憶媒体に対するクリアデスク方針の適用，並びに情報処理設備に対するクリアスクリーン方針の適用を考慮すること

5.3.2　装置，情報又はソフトウェアは指定場所から無認可ではもち出しできないこと

情報セキュリティ管理基準の読み方

① 整理整頓がセキュリティの基礎

情報を適切に保護するためには，整理整頓が基礎になる．どこにどの

ような情報があるのかを適確に把握しておかなければ，情報セキュリティは確保できない．例えば，机の上を乱雑にしておくと，必要な書類を適時に取り出すことができないだけではなく，重要な書類が紛失しても気づかないおそれがある．

　情報セキュリティ管理基準では，クリアデスクとクリアスクリーンという用語を使って，情報の整理整頓を示している．クリアデスクとは，机の上，下，および周囲に情報が記載・記録された文書・電子媒体などを放置しないということである．また，クリアスクリーンとは，パソコンなどの画面の情報を本人以外の者が見ないようにスクリーンセーバーなどで画面を消しておくことである．

　監査人は，情報が適切に管理されているかどうかを点検・評価するために，クリアデスク，クリアスクリーンが実施されているかどうか，事務室内を視察して確かめることになる．また，パソコン画面のスクリーンセーバーの設定状況（一定時間が経過すると自動的にスクリーンセーバーに切り替わるような設定）について，パソコンをチェックして確かめることになる．

② **複写機，郵便物の保護**
　複写機を自由に使用できる状態にしておくと，重要な書類を複写されてしまうおそれがある．そこで，複写機は，通常の勤務時間帯以外は使用できないように施錠するなどの管理策が必要になる．また，郵便物は，当該部署や本人に配付する前に，第三者によって窃取されないようにするために，受け渡し場所を施錠しておくなどの保護が必要である．

③ **指定場所からの持ち出し制限**
　装置，情報，ソフトウェアについて，所定の場所からの移動を自由に認めてしまうと，装置や情報の紛失・盗難に気づかなかったり，ソフトウェアの使用許諾契約に違反してしまったりするおそれがある．そこで，指定場所からの持ち出しについては，事前の認可が必要である．情報セ

第4章 情報セキュリティ管理基準の読み方

図表4.5.6 装置，情報，ソフトウェアの管理台帳(例)

区　分	名　称	指定場所	持ち出し記録	
			日　付 氏　名	返却日 返却者
装置	ノートパソコン	○○営業部	2003.7.1 ○○○○	2003.7.3 ○○○○
ソフトウェア	プレゼンテーション用ソフトウェア	○○営業部	2003.7.1 ○○○○	2003.7.3 ○○○○
情報	製品機能説明書	○○営業部	2003.7.7 ○○○○	

注) 区分は，装置，情報，ソフトウェア．

キュリティ管理基準では，無認可の持ち出しが行われていないかどうかをチェックするための現場検査を実施するように定めている．

監査人は，現場検査の実施記録を入手して，その実施状況を確かめることになる．また，持ち出しの記録を入手して，実際に現場を視察した結果と照合して管理の適切性を確かめる．監査を受ける側では，持ち出し記録の整備や現場検査の実施記録を残し，適切に保管しておかなければならない．

適用する場合の留意点

① **クリアデスク，クリアスクリーンの方針策定におけるポイント**

クリアデスク，クリアスクリーンを進めるためには，組織内の理解を

4.5 物理的および環境的セキュリティ

得る必要がある．例えば，クリアデスクは，業務を遂行するうえで難しい，業務効率を阻害するといった反対の声に対して，情報セキュリティの重要性を説明して従業員などの理解を得たうえで実施することが大切である．そのためには，クリアデスクの実施を行いやすくするために，文書保存ルール(保存対象文書，保存期間など)の見直し，文書保管のためのキャビネットの購入といった支援策を講じる必要がある．

② **装置，情報などの指定場所**

装置，情報およびソフトウェアが指定場所から持ち出されていないかどうかを管理するためには，例えば，図表4.5.6に示すような管理台帳を作成しておかなければならない．こうした台帳がなければ，持ち出し管理を適切に実施していることを監査人に対して説明できないからである．

4.6 通信および運用管理

(1) 運用手順および責任

情報セキュリティ管理基準　6　通信及び運用管理

6　通信及び運用管理

6.1　運用手順及び責任

　目的：情報処理設備の正確，かつ，セキュリティを保った運用を確実にするため

　6.1.1　セキュリティ個別方針によって明確化した操作手順は，文書化して維持していくこと

　6.1.2　情報処理設備及びシステムの変更について管理すること

　6.1.3　セキュリティ事件・事故に対して，迅速，効果的，かつ，整然とした対処を確実に行うことができるように，事件・事故管理の責任及び手順を確立すること

　6.1.4　情報若しくはサービスの無認可の変更又は誤用の可能性を小さくするために，ある種の職務若しくは責任領域の管理又は実行の分離を考慮すること

　6.1.5　開発施設，試験施設及び運用施設を分離するため，ソフトウェアの開発から運用の段階への移行についての規則を明確に定め，文書化すること

　6.1.6　情報処理施設の管理のために外部の請負業者を利用する前に，そのリスクを識別し，適切な管理策を請負業者の同意を得て契約に組み入れること

4.6 通信および運用管理

情報セキュリティ管理基準の読み方

① 運用基準および操作手順の明確化

セキュリティ事件・事故は，開発段階よりも運用段階で発生するほう

図表4.6.1 運用基準書および操作手順書の作成

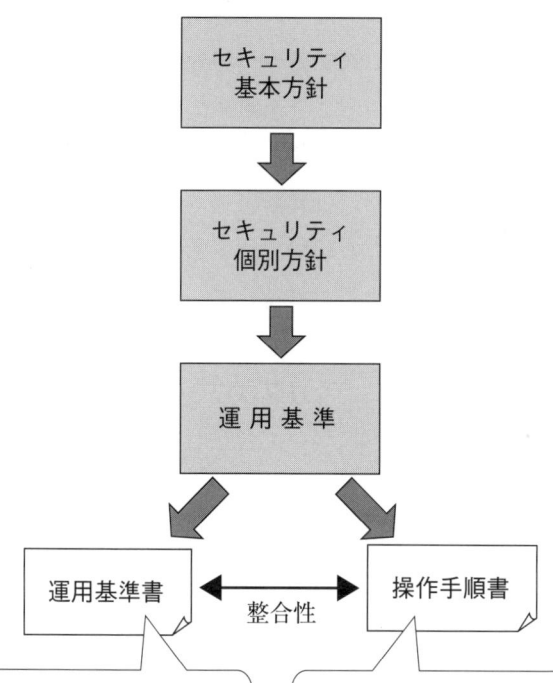

```
       ┌─────────────┐
       │  セキュリティ  │
       │   基本方針    │
       └──────┬──────┘
              ▼
       ┌─────────────┐
       │  セキュリティ  │
       │   個別方針    │
       └──────┬──────┘
              ▼
       ┌─────────────┐
       │   運 用 基 準   │
       └──┬───────┬──┘
          ▼       ▼
    ┌─────────┐ ┌─────────┐
    │ 運用基準書 │◀整合性▶│ 操作手順書 │
    └─────────┘ └─────────┘
```

- 運用体制
- 運用手続
- オペレーション管理
- スケジューリング
- データ管理
- 変更管理
- システムセキュリティ管理
- リソース監視
- 障害管理　など

- 情報の処理および取扱い
- スケジュール作成に関する要求事項
- 作業中の誤りや例外状況の対応
- 問題発生時の連絡先
- 特別な出力の取扱い
- 再起動および回復手順　など

が広範囲にわたって影響することが多いので，発生した場合の適切な対応が求められるだけでなく，セキュリティ事件・事故を起こさないための管理が重要となる．情報セキュリティ管理基準では具体的に示されていないが，運用管理の基準を明確にして，運用基準書として作成することがポイントとなる．

　また，運用基準書にもとづいた正確な運用を行うために，情報セキュリティ管理基準では，情報システムや情報処理設備の具体的な操作方法を操作手順書として文書化することを求めている（図表4.6.1参照）．

　運用基準書や操作手順書は，適切な運用を行うための判断の拠り所となるものなので，作成する際には判断に迷うような曖昧な記述は避け，誤解が生じないような適切な表現で記述することに注意する．情報セキュリティ管理基準で「文書化して維持していくこと」と明記されているように，十分なレビューを行うとともに，責任者による承認を受けて，正式な文書として管理しておかなければならない．また，顧客先や外部委託先などと運用基準の内容について合意しておくことも必要である．

　監査人は，情報システムやサービスを安全に提供するための管理・運用体制と基準・手順が明確になっているかを運用基準書や操作手順書をレビューして確かめることになる．監査を受ける側は，運用基準書や操作手順書を作成し，責任者の承認印をもらっておくとよい．また，関係者に周知した際の通知文や議事録などを残すようにするとよい．

② 　変 更 管 理

　情報システムやサービスの提供を維持するために，ハードウェアのリプレースやジョブスケジュールの追加・変更などを行う場合がある．ここでは，このような運用環境や運用プログラムなどの変更について適切に管理することを求めている．変更管理が適切でなければ，運用プログラムなどなどの不正な変更，あるいは間違った変更などによって，システム障害などのセキュリティ事件・事故が発生するおそれがある．した

4.6 通信および運用管理

図表4.6.2 運用環境および運用プログラムなどの変更管理

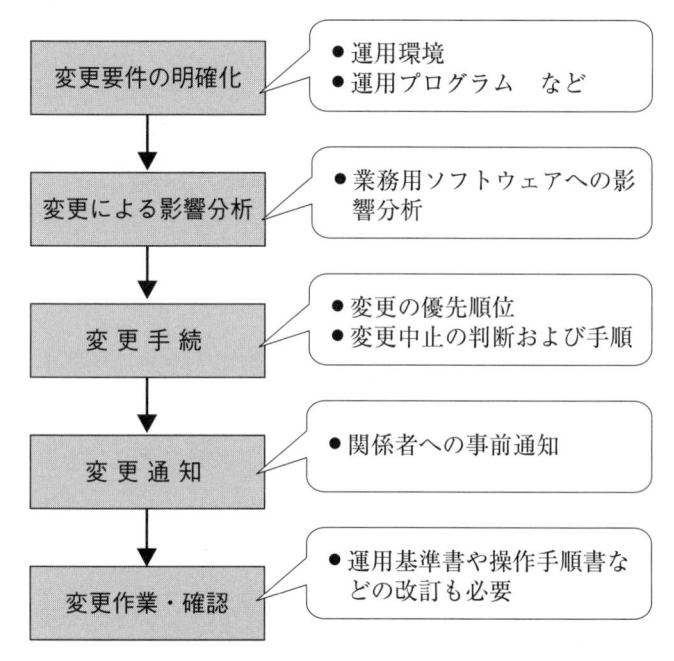

```
変更要件の明確化 ─── ● 運用環境
                    ● 運用プログラム　など
       ↓
変更による影響分析 ─── ● 業務用ソフトウェアへの影
                    響分析
       ↓
変 更 手 続 ─── ● 変更の優先順位
              ● 変更中止の判断および手順
       ↓
変 更 通 知 ─── ● 関係者への事前通知
       ↓
変更作業・確認 ─── ● 運用基準書や操作手順書な
                    どの改訂も必要
```

がって,運用の変更管理に関する正式な管理責任と手続・手順を明確にし,文書化しておくことが必要である(図表4.6.2参照).

また,運用あるいはセキュリティ要件などの変更によって運用基準や操作手順に変更がある場合には,すみやかに運用基準書や操作手順書を改訂するとともに,関係者へ周知徹底しなければならない.

なお,運用の変更と業務用ソフトウェアの変更は密接な関係があるので,情報セキュリティ管理基準のサブコントロール6.1.2.4に示されているように統合して変更管理を行うとよい.業務用ソフトウェア,オペレーティングシステム,およびパッケージソフトウェアの変更管理については,情報セキュリティ管理基準の「8.5 開発及び支援過程におけるセキュリティ」を参照されたい.

監査人は,変更指示書などのレビューや関係者へのインタビューなど

によって，運用環境や運用プログラムなどの変更が適切に実施され，管理されているかどうかを確かめることになる．また，運用基準書や操作手順書などの関連文書が適切に改訂されているかどうかを確かめる．監査を受ける側は，定められた手続に従って変更作業を実施していることを示せるようにするとともに，変更作業の結果を確認している記録を残すようにする必要がある．また，運用基準書や操作手順書などの改訂履歴を残すとよい．

③ **情報セキュリティ事件・事故の管理**

運用している情報システムやサービスで情報セキュリティ事件・事故が発生した場合には，すみやかにその原因を追求し，暫定対応による復旧を行うとともに，情報セキュリティ事件・事故の重大さや影響の大きさなどに応じた報告経路(レポーティングライン)に則り，適切な報告を行う必要がある．例えば，組織内で解決するような事件・事故は担当役員まで，また，顧客に影響を及ぼすような事件・事故は，経営トップまで報告する．また，牽制部署(情報セキュリティ担当部署，監査部門など)によるチェックも必要である(図表4.6.3参照)．

暫定対応後は，発生したセキュリティ事件・事故の根本原因を分析したうえで，再発防止のための対策を策定し実施する．この場合，システム的な対応だけではなく，規程・基準，あるいは手順・ルール・体制などの見直しも合わせて検討することがポイントとなる．情報セキュリティ管理基準では，この管理責任と手順を明確にすることを求めている．関連する情報セキュリティ管理基準として「4.3 セキュリティ事件・事故及び誤動作への対処」を参照するとよい．また，セキュリティ事件・事故に関連した契約違反の証拠・訴訟で使用する証拠などの監査証跡やこれに類する証拠は，収集したあと適切に整理・保管することに注意する．

監査人は，障害記録や障害報告書などのレビューや関係者へのインタ

4.6 通信および運用管理

図表4.6.3 レポーティングラインによる報告

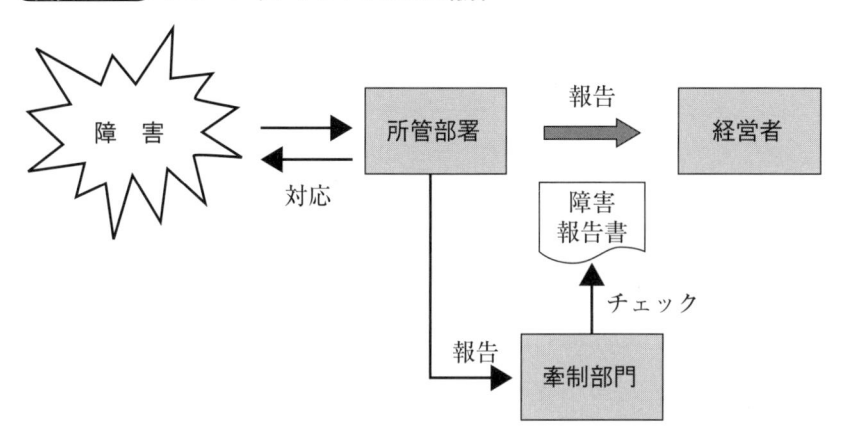

ビューによって，適切な障害報告や対応が行われているかどうかを確かめることになる．監査を受ける側は，障害記録や障害報告書などを適切に管理するとともに，障害内容を分析した結果を示せるようにしておく必要がある．障害を管理するためにセキュリティ事件・事故を特定できる個別の管理番号をつけ，識別できるようにしておくとよい．

④ 職務および環境の分離

不注意あるいは故意などによるセキュリティ事件・事故を防ぐ手段のひとつに職務の分離がある．特に，同一者が担当することで不正行為が可能となる業務は，複数の者が行うように，原則として職務を分離しなければならない．

不注意による運用ソフトウェアなどの誤変更や故意による不正プログラムの挿入などを防ぐためには，開発環境と運用環境(本番環境)を分離し，承認手続に従って開発環境から運用環境へプログラムなどを移行する．特に，開発担当者は，運用環境にアクセスできないようにすべきである(図表4.6.4参照)．システム障害などでやむを得ず，開発担当者が運用環境にアクセスしなければならない場合には，適切な手続のもとに行うとともに，事後にアクセスログをチェックし，申請以外の行為が行

図表4.6.4 開発環境，試験環境および運用環境の分離

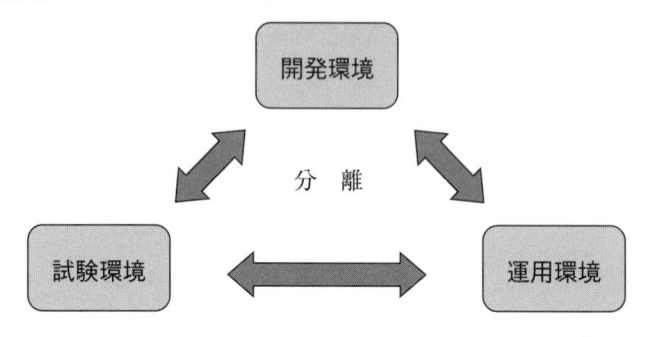

```
        開発環境
       ↙      ↘
      ↗   分 離  ↖
  試験環境 ←——→ 運用環境
```

- 開発ソフトウェアと運用ソフトウェアの分離
- 開発作業と試験作業，運用作業の分離
- 運用システムからのコンパイラ，エディタなどのシステムユーティリティのアクセス不可
- 運用システムと試験システムでの異なるログオン手順，およびパスワード使用
- 運用システムの管理用パスワードによる使用制限

われていないかどうかを確認する．

監査人は，職務および環境が適切に分離され，牽制組織や手順が確立されているかどうかを確かめることになる．監査を受ける側は，業務分掌，体制図などで職務が分離されていることを示すとともに，開発・運用環境の構成図，運用基準書などで開発と運用の環境が分離されていることを説明できるようにしておくとよい．

⑤ **外部委託による情報処理施設管理**

外部委託業者に情報処理施設の管理を委託する場合には，委託する業務内容にもとづいたセキュリティ要求事項を提示しておく必要がある．また，外部委託業者における情報セキュリティにかかわるリスクを十分に評価し，必要な管理策の実施を盛り込んだ正式な契約を締結する．可能であれば，外部委託により提供を受けるサービスのレベルをあらかじ

め設定し，合意しておくとよい(SLA：Service Level Agreement)．情報セキュリティ管理基準では，「情報処理施設」を対象としているが，「情報処理設備」の管理についても合わせて検討すべきである．なお，組織の施設へのアクセスにかかわる外部委託のセキュリティは，情報セキュリティ管理基準「2.3 外部委託」を参照されたい．

適用する場合の留意点

① **運用基準書や操作手順書へのアクセス管理**

運用にかかわるドキュメントは，適切に管理しなければならない．運用基準書や操作手順書の記載項目は，情報システムの弱点を読み取ることができるので，セキュリティホールになる場合がある．したがって，関係者以外はアクセスできないように管理することが重要である．なお，システム文書の保護については，情報セキュリティ管理基準「6.6 媒体の取扱い及びセキュリティ」を参照するとよい．

② **変更の多い Web 系システム**

Web 系システムなどのように，短期間で開発を行い，運用を開始し，頻繁に変更を行うようなシステムでは，開発業務と運用業務を兼務したり，開発環境と運用環境が完全に分離されていなかったりする場合がある．また，短期間でシステムを稼働させるために，運用基準が整備されないままに運用していることもある．システム障害時などは，短時間でシステムを復旧させるために，開発担当者が自ら対応することもあるので，注意する必要がある．

（2） システムの計画作成および受入れ

情報セキュリティ管理基準　6　通信及び運用管理
（「6　通信及び運用管理」の続き）

> 6.2 システムの計画作成及び受入れ
> 目的：システム故障のリスクを最小限に抑えるため
> 6.2.1 十分な処理能力及び記憶容量が利用できることを確実にするために，容量・能力の需要を監視して，将来必要とされる容量・能力を予測すること
> 6.2.2 新しい情報システム，改訂版及び更新版の受入れ基準を確立し，その受入れ前に適切な試験を実施すること

情報セキュリティ管理基準の読み方

① 情報処理設備の記憶容量と処理能力の監視

　情報システムおよびサービスの可用性を維持するための管理策のひとつとして，情報処理設備の十分な記憶容量と処理能力の確保がある．記憶容量あるいは処理能力が十分でないと，レスポンスが低下したり，誤動作や異常終了したりすることが多くなる．したがって，情報セキュリティ管理基準で「容量・能力を監視して」と示されているように，日々のリソース(資源使用状況)やパフォーマンスを監視し，適切な管理が必要となる．

　監視に際しては，運用基準として事前に監視基準となる閾値(しきいち)を設定しておくことがポイントとなる．また，閾値を超えた場合の対応について，運用基準書に明記するとよい．監視項目としては，例えば，CPU，ディスク，作業領域，バッチ処理時間，処理件数などがあげられる．

　また，将来の事業に必要とされる容量・能力を確保するためには，事業戦略にもとづく経営計画を踏まえて，システムに要求される要件に見合った記憶容量と処理能力を確保するためのシステム投資計画を策定する．

4.6 通信および運用管理

なお,発生したシステム障害の原因分析から潜在的な問題点を洗い出すことによってシステム構成を再検討し,障害の再発や新たな障害を防止することも重要である.

② **システム受入基準の策定**

情報システムの新規導入,あるいは改善された既存システムを運用環境に移行する場合には,運用部門がシステムを受け入れるための基準が必要となる.受け入れるシステムが運用を維持するうえで必要な要件を満たしていなければ,適切な運用が困難となる.そこで,運用基準にもとづいたシステム受入基準を策定し,開発部門などの関係者に事前に提示しておく必要がある.開発部門では,提示されたシステム受入基準にもとづいて,開発したシステムの運用基準を検討し,運用部門と調整のうえ,個別システムの運用基準書として作成する必要がある.

また,受入前のテスト実施とその結果による受入れの合否判定基準を明確にしておくことは,完成度の低い(初期トラブルが多い)システムの受入れを防ぐために特に重要である.受入基準は,運用基準書に含めてもよいし,独立したものとして作成してもよいが,正式な承認を得ることがポイントとなる(図表4.6.5参照).

図表4.6.5 システムの受入基準

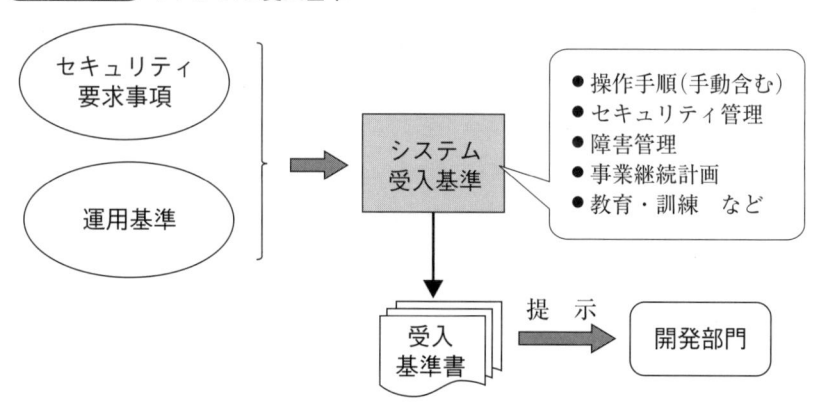

第4章　情報セキュリティ管理基準の読み方

適用する場合の留意点

① **公開しているWeb系システムの容量・能力の確保は特に注意**

　公開しているWeb系システムでは，新機能や新サービスのリリース時にアクセスが集中し，レスポンスの低下を招くことが多いので，リソースおよびパフォーマンスを監視しておくことが必要である．特に，金融系システムでは，休日前などにアクセスが集中したり，為替や株式などの市場変動により，取引量が増えたり，短時間で取引が集中したりすることがある．したがって，リソースに十分な余裕をもたせたり，負荷分散装置などを設置したりして，処理に必要なシステム容量・能力を確保する必要がある．また，現行システム構成でのサービスレベルを明確にして，関係者と合意しておくことも重要である．

② **大規模システムでは十分な機器調達計画が必要**

　大型汎用機などの情報処理設備は，機器の調達に時間がかかり，コストも高くなる．緊急に機器などのリソースを追加することは難しいので，十分なシステム機器調達計画を策定する必要がある．

（3）　悪意のあるソフトウェアからの保護

情報セキュリティ管理基準　6　通信及び運用管理

（「6　通信及び運用管理」の続き）

　6.3　悪意のあるソフトウェアからの保護

　　目的：ソフトウェア及び情報の完全性を保護するため

　　6.3.1　悪意のあるソフトウェアから保護するための検出及び防止の管理策，並びに利用者に適切に認知させるための手順を導入すること

4.6 通信および運用管理

情報セキュリティ管理基準の読み方

① 悪意のあるソフトウェア

　悪意のあるソフトウェアとは，コンピュータウイルス，ネットワークワーム，トロイの木馬およびロジック爆弾など，一般にデータの破壊や改ざん，あるいはシステム資源を浪費させてネットワークを麻痺させたりするなどの目的で故意に悪意をもって作成されたプログラムのことをいう．情報システムやサービスを提供するためのソフトウェアや情報は，これらの悪意あるソフトウェアから保護しなければならない．

② ソフトウェア取得の基準・ルールの明確化

　市販のソフトウェア，あるいはフリーウェアと呼ばれている無料のソフトウェアなど，第三者が作成したソフトウェアを取得する場合には，セキュリティを確保するために必要な基準を明確にする必要がある．ソフトウェアの取得に関する基準・ルールがなかったり，不明確であったりすると，悪意をもって作成されたソフトウェアをインストールしてしまい，ファイルの破壊やデータの改ざんなどにつながるおそれがある．特にフリーウェアは，インターネットから容易にダウンロード可能なので，安易にインストールしないように注意しなければならない．

　したがって，業務上必要となるソフトウェアを一覧にして整理するとともに，不要なソフトウェアは導入しないなどのルール化を行うとよい．特に重要なシステムについては，承認されていないソフトウェアやデータなどがないかどうかを定期的に点検する必要がある．

③ コンピュータウイルスやワームへの対策の徹底

　悪意をもって作成されたソフトウェアとして，コンピュータウイルスがあげられる．オペレーティングシステムのセキュリティホールをねらったコンピュータウイルスや，電子メールをプレビューしたり，「W 32/Nimda」のようにセキュリティホールのある Internet Explorer で改ざん

第4章　情報セキュリティ管理基準の読み方

図表4.6.6 悪意のあるソフトウェアへの対策

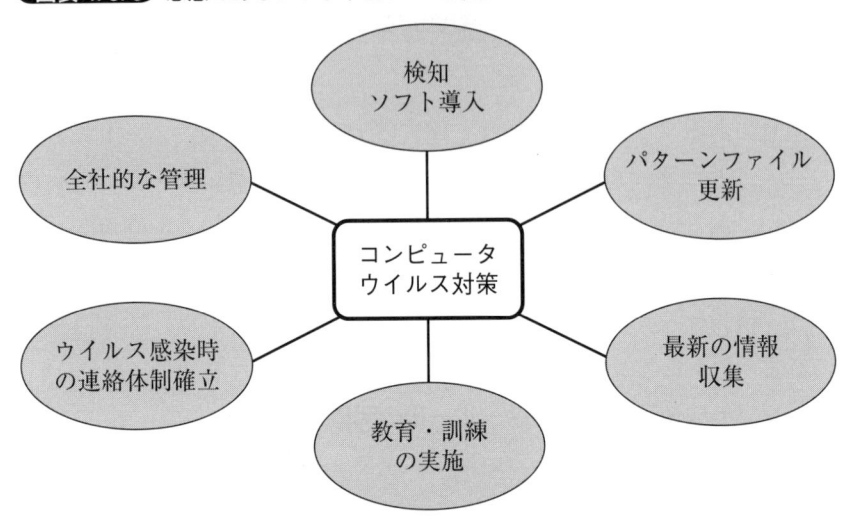

```
              検知
           ソフト導入

                              パターンファイル
    全社的な管理                      更新

                 コンピュータ
                 ウイルス対策
                                  最新の情報
   ウイルス感染時                     収集
   の連絡体制確立

              教育・訓練
               の実施
```

されたホームページを見るとウイルスに感染したりする種類もある．さらに，ハードディスク内のデータ改ざんやファイル破壊だけではなく，ファイルを無作為に電子メールに添付して送信してしまうコンピュータウイルスもあり，機密情報などが漏洩するおそれもある．これは，コンピュータウイルスの感染によって被害者になるだけではなく，当該組織あるいは個人が加害者にもなり得ることを示している．また，「W32/SQL Slammer ワーム」のように，不正なパケットを送信して世界的な規模で被害が発生する例もある．したがって，コンピュータウイルスやワームなどの悪意のあるソフトウェアに対して，図表4.6.6のような対策を行う必要がある．

特にコンピュータウイルスを検知するパターンファイルの更新は，手作業による更新ではなく，自動的に更新するなどシステム的に対応しておくとよい．なぜなら，手作業によるパターンファイルの更新では，必ずしも適時に更新するとは限らないので，新しいコンピュータウイルスに適切に対応できないからである．また，取扱いに慎重を要するデータ

4.6 通信および運用管理

の多い組織では，複数のウイルス対策ソフトを導入して，最新のパターンファイルを早く入手できるようにする方法が有効である．

適用する場合の留意点

① **セキュリティホールだけでなく作成するプログラムにも注意**

不特定多数からのアクセスを受ける公開されたWebサーバやメールサーバなどでは，セキュリティホールをねらった悪意ある攻撃を受けやすい．したがって，システム設定のチェックを行うとともに，セキュリティホールの最新情報を入手して，オペレーティングシステムやミドルウェアなどのセキュリティ上の問題や不具合を解決する適切な修正プログラム（パッチ）をテスト後に適用し，セキュリティホールを塞ぐ必要がある．そのためには，各サーバ，あるいはパソコンのオペレーティングシステムやミドルウェアなどが，現在，どのバージョンを導入しているのかを把握しておく必要があり，全社的な機器およびソフトウェアの構成が重要となる．

一方，個別に開発するWeb系システムなどでは，プログラム設計やコーディングの仕方が不適切だと，セキュリティホールをつくり込む場合がある．こうしたセキュリティホールは，脆弱性検査ツールなどでは検出できないので，注意しなければならない．

② **ノートパソコンのウイルス対策の徹底**

持ち運びに便利なノートパソコンは，常時ネットワークに接続しているわけではないので，コンピュータウイルス対策ソフトウェアのパターンファイルが適時に更新されないおそれがある．ネットワークに接続した時点で，自動的にパターンファイルの番号やプログラムのバージョンをチェックして，最新の状態にアップデートする仕組みを組み込むとよい．

（４） システムの維持管理（Housekeeping）

> 情報セキュリティ管理基準　6　通信及び運用管理
>
> （「6　通信及び運用管理」の続き）
>
> 6.4　システムの維持管理（Housekeeping）
>
> 　目的：情報処理及び通信サービスの完全性及び可用性を維持するため
>
> 　6.4.1　極めて重要な業務情報及びソフトウェアのバックアップは，定期的に取得し，かつ検査すること
>
> 　6.4.2　運用担当者は，自分の作業の記録を継続すること
>
> 　6.4.3　運用担当者の記録は，定期的に独立した検査を受けること

情報セキュリティ管理基準の読み方

① バックアップ方針の明確化

　ここでは，システムを維持するために，バックアップの取得と作業の記録を求めている．セキュリティ事件・事故によりデータが誤処理されたり，ソフトウェアが間違って更新されたりした場合には，すみやかに（可用性），元の状態に戻す（完全性）必要がある．そのためには，必要なデータやソフトウェアなどのバックアップを取得しておかなければならない．また，ソフトウェアのバージョン管理や法定帳簿用のデータなどを保存するためにバックアップを取得することもある．したがって，業務の要求事項を踏まえた方針にもとづいたバックアップを取得することが重要である．バックアップで考慮すべき事項には，図表4.6.7に示すようなものがある．

　監査人は，システムを維持するために必要なバックアップが取得され

4.6 通信および運用管理

図表4.6.7 バックアップの管理項目

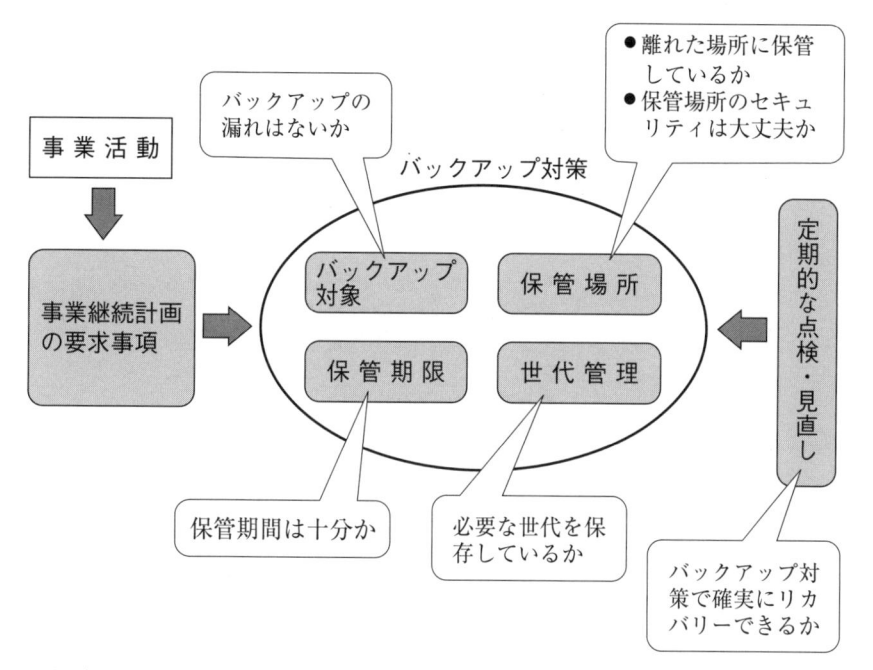

- バックアップ対策
  - バックアップ対象（バックアップの漏れはないか）
  - 保管場所（●離れた場所に保管しているか ●保管場所のセキュリティは大丈夫か）
  - 保管期限（保管期間は十分か）
  - 世代管理（必要な世代を保存しているか）
- 事業活動 → 事業継続計画の要求事項 →
- ← 定期的な点検・見直し（バックアップ対策で確実にリカバリーできるか）

出典）島田裕次，榎木千昭，山本直樹，五井孝，内山公雄：『ISMS認証基準と適合性評価の解説』，日科技連出版社，2002年，p.105.

ているかどうかを確認する．監査を受ける側では，バックアップ対象リストを作成し，保管期限，保管媒体，バックアップタイミングなどを明記しておくとよい．

② **作業記録の作成**

　運用業務には，定常的なルーチン作業だけではなく，緊急対応などの例外作業もある．運用担当者は，これらの作業（オペレーション）を指示書などにもとづいて正確に行う必要がある．運用担当者の行う作業が不適切であれば，誤操作や誤処理などによって，セキュリティ事件・事故を引き起こすこととなる．したがって，実施した作業内容を記録として残す必要がある．作業記録には，図表4.6.8に示すような事項を記載す

図表4.6.8 作業記録への記載事項

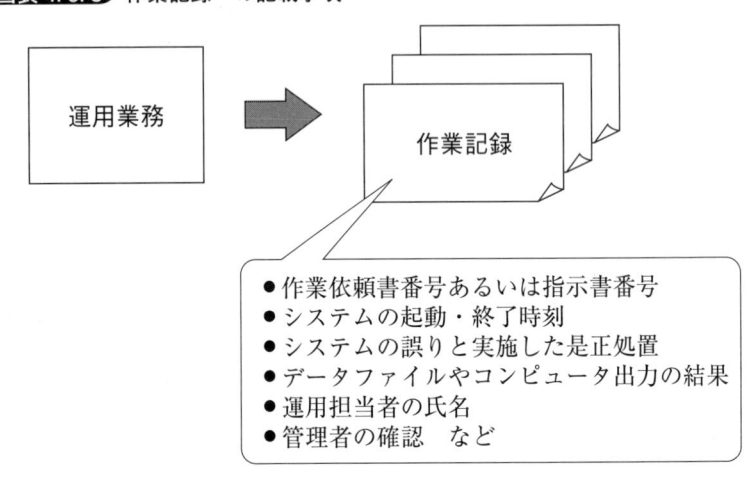

運用業務 → 作業記録

- 作業依頼書番号あるいは指示書番号
- システムの起動・終了時刻
- システムの誤りと実施した是正処置
- データファイルやコンピュータ出力の結果
- 運用担当者の氏名
- 管理者の確認　など

る．特に，作業中に発生した障害については，その内容と復旧に関する作業内容を記録する．

　監査人は，作業記録があるかどうか，また，管理者による作業内容のチェックが行われているかどうかを確かめることになる．また，障害発生時の内容とその対応についても正確に記録され，報告されているかどうかを確かめる．監査を受ける側は，作業記録を適切に管理するとともに，管理者の確認印を残すようにするとよい．

適用する場合の留意点

① Web系システムではバックアップが重要

　システム更新の頻度が多いWeb系システムでは，データだけではなく，プログラムやオペレーティングシステム，ミドルウェアなどもバックアップの対象になる．オペレーティングシステム，ミドルウェアなどのバージョンによっては，プログラムが正常に稼働しないことがあるので，定期的な稼働検査が必要となる．

② 障害記録などの適切な管理

システム障害は，セキュリティ確保の不十分な部分が具体的な事象として現れたものといえる．監査人は障害記録や障害報告書をレビューすることによって，どのような部分に問題があるかを調べるとともに，障害管理が適切に行われているか，再発防止のための対策が適切に実施されているかを点検・評価することになる．監査を受ける側は，障害にかかわる記録などを適切に管理するとともに，障害の経緯，原因分析，問題点，再発防止策，責任の所在などを明らかにして，障害報告書として文書化しておくとよい．

（5） ネットワークの管理

情報セキュリティ管理基準　6　通信及び運用管理

（「6　通信及び運用管理」の続き）
　6.5　ネットワークの管理
　　目的：ネットワークにおける情報の保護，及びネットワークを支える基盤の保護を確実にするため
　　6.5.1　ネットワークにおけるセキュリティを実現し，かつ維持するために，一連の管理策を実施すること

情報セキュリティ管理基準の読み方

① ネットワーク構成はセキュリティ管理の要

情報システムやサービスを提供する基盤は，ネットワークである．ネットワークには，イントラネット，インターネット，エクストラネットなどの構成があり，ネットワーク機器も多様な製品が提供されている（図表4.6.9参照）．

ネットワーク管理で考慮すべき事項は，管理基準のサブコントロール

第4章 情報セキュリティ管理基準の読み方

図表4.6.9 ネットワークの管理

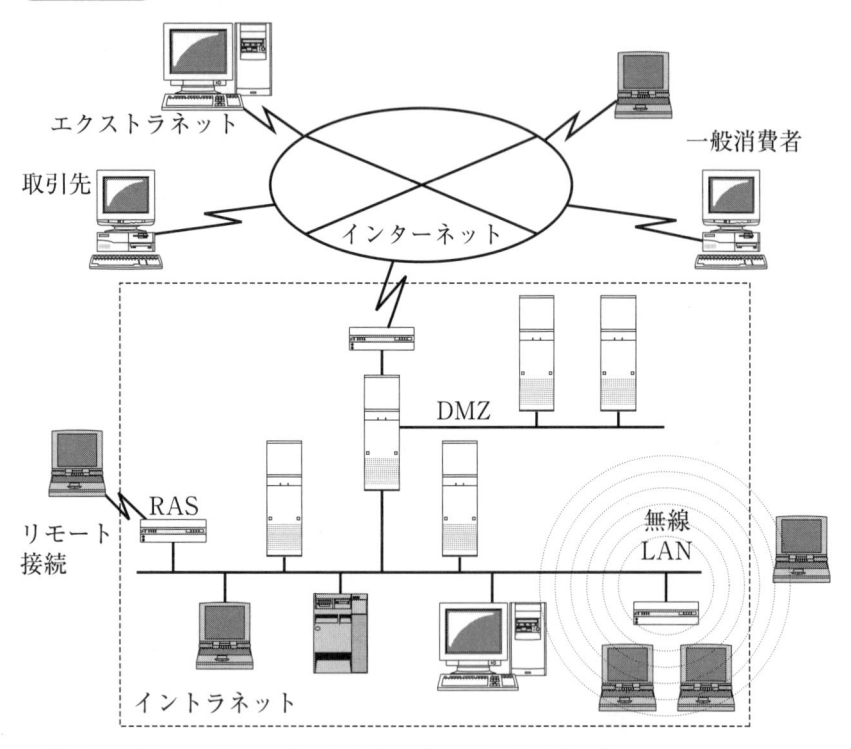

（ネットワーク構成図：エクストラネット、取引先、一般消費者がインターネットを介して接続。イントラネット内にDMZ、RAS、リモート接続、無線LANを含む構成）

注) RAS(Remote Access Service), DMZ(DeMilitarized Zone).

図表4.6.10 ネットワーク管理での考慮事項

管理策	項番
ネットワーク上のデータセキュリティの確保	6.5.1.1
無許可のアクセスからの保護	6.5.1.2
ネットワーク運用責任とオペレーションの分離	6.5.1.3
遠隔地の設備管理の責任と手順の確立	6.5.1.4
公衆ネットワークを通過するデータの保護，およびネットワークに接続したシステムの保護	6.5.1.5

注) 表の右にある番号は情報セキュリティ管理基準のサブコントロールの項番を表す。

に示されているので,これを参照するとよい(図表4.6.10参照).また,ネットワークのアクセス制御については,情報セキュリティ管理基準「7.4 ネットワークのアクセス制御」を参照されたい.

適用する場合の留意点

① **無線 LAN ではアクセスポイントの設定やデータの暗号化が重要**

　無線 LAN は,物理的にネットワーク接続する必要がないので,利便性がよく,今後,普及することが予想される.有線 LAN では,データを暗号化していない場合が多いので,そのまま無線 LAN に置き換えると,ネットワークへ物理的に侵入されなくても通信データを盗聴されるおそれがある.アクセスポイントの適切な設定やデータの暗号化などの対策が必要である.また,組織内でファイル共有を設定しているパソコンを無線 LAN に接続すると,同じ無線 LAN に接続しているパソコンから共有フォルダやファイルが見えてしまうので注意が必要である.

(6) 媒体の取扱いおよびセキュリティ

情報セキュリティ管理基準　6　通信及び運用管理

(「6　通信及び運用管理」の続き)

6.6　媒体の取扱い及びセキュリティ

目的:財産に対する損害及び事業活動に対する妨害を回避するため

6.6.1　コンピュータの取外し可能な付属媒体(例えば,テープ,ディスク,カセット)及び印刷された文書の管理手順があること

6.6.2　媒体が不要となった場合は,安全,かつ,確実に処分すること

第4章　情報セキュリティ管理基準の読み方

> 6.6.3　認可されていない露呈又は誤用から情報を保護するために，情報の取扱い及び保管についての手順を確立すること
> 6.6.4　認可されていないアクセスからシステムに関する文書を保護すること

情報セキュリティ管理基準の読み方

① 媒体および印刷文書の管理

ここでは，コンピュータ内の情報を保存した媒体や印刷した文書の管理手順を定めることを求めている．情報セキュリティ管理基準で例示されているテープ，ディスク，カセット以外の付属媒体にはCD-R，MO

図表4.6.11　媒体および印刷文書の管理項目

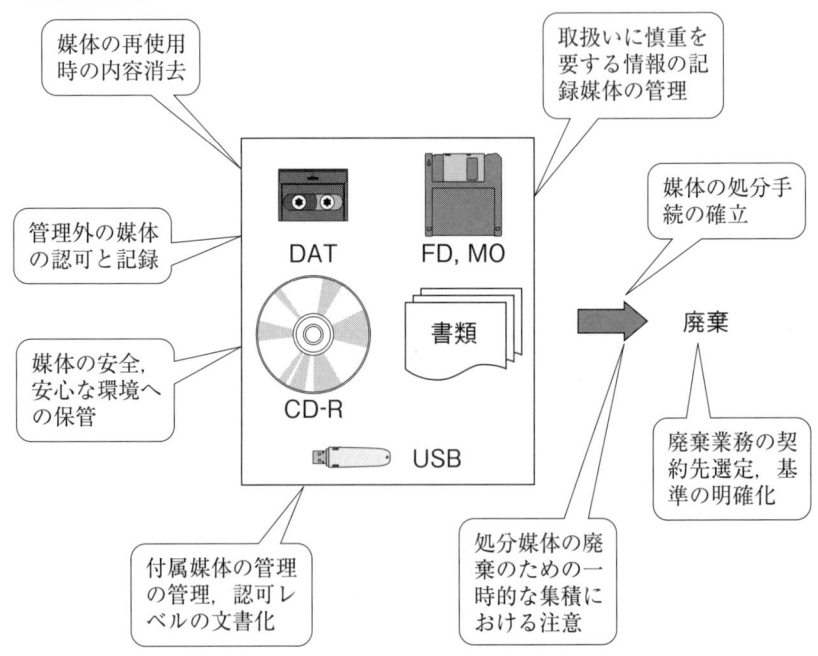

- 媒体の再使用時の内容消去
- 取扱いに慎重を要する情報の記録媒体の管理
- 管理外の媒体の認可と記録
- 媒体の処分手続の確立
- 媒体の安全，安心な環境への保管
- 廃棄業務の契約先選定，基準の明確化
- 付属媒体の管理の管理，認可レベルの文書化
- 処分媒体の廃棄のための一時的な集積における注意

DAT　FD, MO　CD-R　USB　→　廃棄

144

のほかに，USB接続による大容量のメモリ記憶媒体などがある．また，小型軽量の外付ハードディスクも数十GBの容量がある製品もある．これらの付属媒体には一度に大量のデータをコピーできるので，個人情報や機密情報などが不正にコピーされて外部に漏洩した場合，組織に大きい影響を与えることになる．

媒体や印刷文書の管理で考慮すべき事項は，サブコントロールに示されているので，これを参照するとよい（図表4.6.11参照）．また，媒体を配送する際の取扱いは，情報セキュリティ管理基準「6.7.2 配送中の媒体のセキュリティ」を参照されたい．

② **情報の取扱手順の策定**

ここでは，情報の取扱いについて，その情報の分類に対応した手順を策定することを求めている．情報の取扱いには，例えば，文書，情報システム，ネットワーク，メール，電話，ファクシミリ，郵便などがあげられる．情報の取扱いで考慮すべき事項は，サブコントロールに示され

図表4.6.12 情報の取扱いの考慮事項

管 理 策	項 番
情報の取扱手順の策定	6.6.3.1
すべての媒体の取扱いおよびラベル付け	6.6.3.2
認可されていない者を識別するためのアクセス制限	6.6.3.3
認可されたデータ受領者の記録	6.6.3.4
入力，処理，出力データの妥当性	6.6.3.5
出力待ちデータの保護	6.6.3.6
仕様書に適合した環境での媒体保管	6.6.3.7
データ配付先の制限	6.6.3.8
データの複製すべてに行う明確な表示	6.6.3.9
配付先および認可された受領者の定期的な見直し	6.6.3.10

注）表の右にある番号は情報セキュリティ管理基準のサブコントロールの項番を表す．

ているので，これを参照するとよい(図表4.6.12参照)．

なお，入力，処理，出力データの妥当性(情報セキュリティ管理基準6.6.3.5)については，「4.8.2 業務用システムのセキュリティ」と関連するので，これを参考にされたい．

③ **システムに関する文書の取扱い**

システム文書には，業務手続，手順，データ構造，セキュリティ機能などが記述されているが，こうした文書は適切に管理しなければならない．システム文書が関係者以外に漏洩すると，システム構造やセキュリティ機能などがわかるので，それを悪用した不正な行為が行われるおそれがある．したがって，これらのシステム文書は施錠されたキャビネットなど安全な場所に保管するとともに，アクセス制限を行う必要がある．また，電子的なファイルで保存する場合も同様である．

監査人は，文書の取扱いルールが作成され，遵守しているかをインタビューなどで確かめることになる．監査を受ける側は，文書の取扱いルールを整備し，それを遵守していることを説明できるように，必要な記録を残しておく必要がある．

適用する場合の留意点

① **出入りの多い場所では媒体の盗難に注意**

公共機関の施設や共同ビルなど不特定の人が出入りする施設では，関係者以外の目につきやすい場所に外部記憶媒体や印刷文書などを不用意に置いておくと，盗難や紛失のおそれがある．したがって，媒体や印刷文書の管理には十分注意を払うように，関係者へ周知・徹底する必要がある．また，バックアップ用の外部記憶媒体には，機密情報を含む重要なデータが保存されているので，装置に挿入したままの状態で放置しておかないように注意する．

（7） 情報およびソフトウェアの交換

> 情報セキュリティ管理基準　6　通信及び運用管理
>
> (「6　通信及び運用管理」の続き)
> ### 6.7　情報及びソフトウェアの交換
> 　目的：組織間で交換される情報の紛失，改ざん又は誤用を防止するため
>
> 6.7.1　組織間の情報及びソフトウェアの交換(電子的又は人手によるもの)については，ある場合には正式な契約として，合意を取り交わすこと
>
> 6.7.2　配送されるコンピュータ媒体を，認可されていないアクセス，誤用又は破損から保護するために管理策を適用すること
>
> 6.7.3　電子商取引を，不正行為，契約紛争，及び情報の露呈又は改ざんから保護するために管理策を適用すること
>
> 6.7.4　電子メールにおけるセキュリティ上のリスクを軽減するための管理策の必要性について考慮すること
>
> 6.7.5　電子オフィスシステムに関連する業務上及びセキュリティ上のリスクを管理するために，個別方針及び手引を作成し，導入すること
>
> 6.7.6　電子的に公開した情報の完全性を保護するように注意すること
>
> 6.7.7　音声・映像の通信設備及びファクシミリを使用して行われる情報交換を保護するために，適切な手順及び管理策をもつこと

第4章 情報セキュリティ管理基準の読み方

情報セキュリティ管理基準の読み方

① 組織間で交換される情報やソフトウェアの管理

組織間での情報交換の手段には，物理的な媒体による交換，ネットワーク上での電子的な交換，電子メールによる交換，電話やファクシミリによる交換などさまざまな手段がある．こうした組織間での情報交換に際しては，情報の紛失や改ざん，誤用を防ぐ必要がある．組織間の情報交換におけるセキュリティを確保するためには，情報やソフトウェアを送る側と受け取る側の双方が交換方法や手順などについて合意しておかなければならない（図表4.6.13参照）．

監査人は，組織間での情報やソフトウェアの交換が行われているかをインタビューや関連資料を調査して確認する．交換が行われている場合には，契約書などをレビューして，合意事項の適切性を確かめることになる．監査を受ける側は，監査人への説明に必要な契約書や文書などを用意しておく必要がある．

図表4.6.13 組織間での情報やソフトウェアの交換にかかわる合意事項

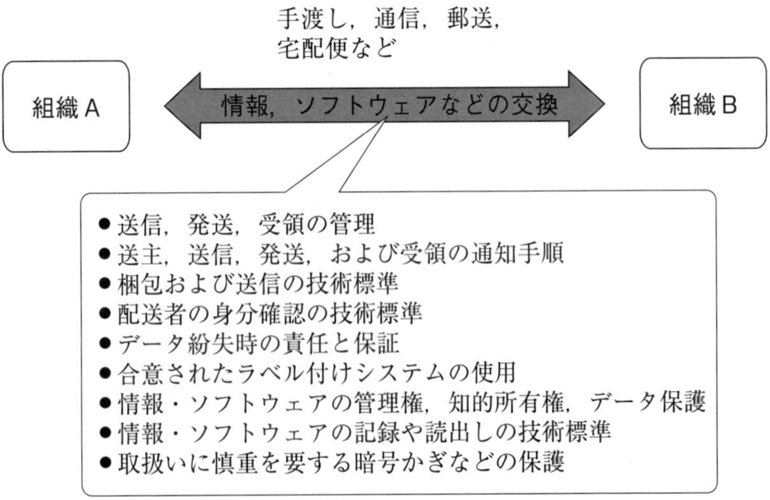

手渡し，通信，郵送，宅配便など

組織A ←情報，ソフトウェアなどの交換→ 組織B

- 送信，発送，受領の管理
- 送主，送信，発送，および受領の通知手順
- 梱包および送信の技術標準
- 配送者の身分確認の技術標準
- データ紛失時の責任と保証
- 合意されたラベル付けシステムの使用
- 情報・ソフトウェアの管理権，知的所有権，データ保護
- 情報・ソフトウェアの記録や読出しの技術標準
- 取扱いに慎重を要する暗号かぎなどの保護

4.6 通信および運用管理

図表4.6.14 コンピュータ媒体の配送にかかわる管理項目

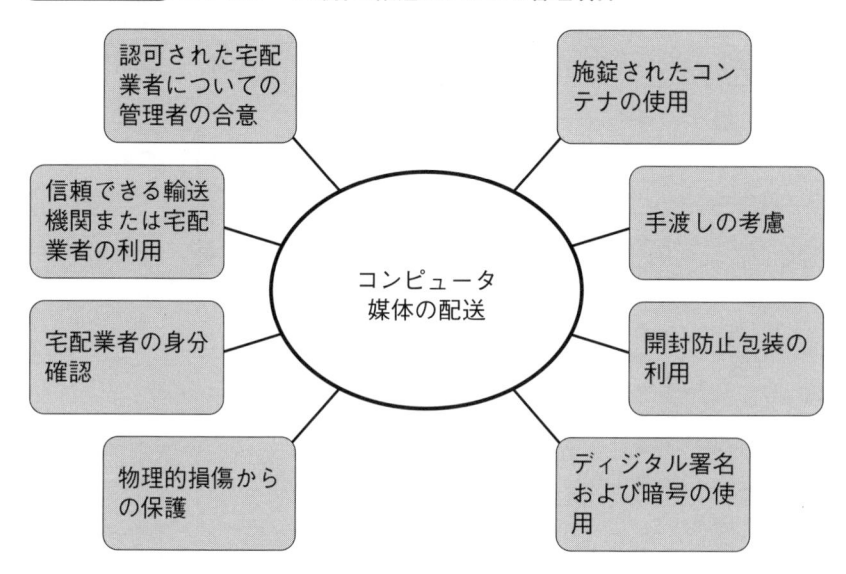

```
                  認可された宅配
                  業者についての          施錠されたコン
                  管理者の合意            テナの使用

      信頼できる輸送
      機関または宅配                              手渡しの考慮
      業者の利用
                        コンピュータ
                        媒体の配送
      宅配業者の身分                              開封防止包装の
      確認                                        利用

                  物理的損傷から          ディジタル署名
                  の保護                  および暗号の使
                                          用
```

② コンピュータ媒体の配送中の保護

　磁気テープなどのコンピュータ媒体を配送する場合には，送る側と受け取る側が直接的に媒体を交換することは少なく，第三者の委託業者や宅配業者などを介して，間接的に交換することが多い．ここでは，配送中の媒体を不正なアクセス，誤用，あるいは破損などから保護することを求めている．具体的な項目は，サブコントロールを参照されたい（図表4.6.14参照）．

　監査人は，配送中のコンピュータ媒体について，サブコントロールで示された項目を確かめることになる．監査を受ける側は，受け渡しの授受簿を作成し，担当者，媒体，数量などを確認した記録を残す必要がある．特に，双方の確認項目は同じ内容（レベル）にすることがポイントとなる．

③ 電子商取引におけるセキュリティ

　電子商取引では取引時に取引相手と対面しないので，なりすましによ

第4章 情報セキュリティ管理基準の読み方

図表 4.6.15 電子商取引のセキュリティ考慮事項

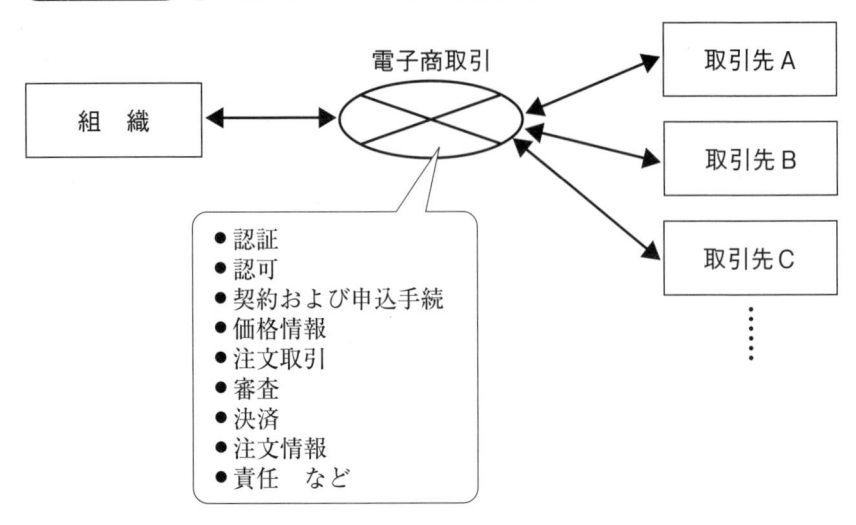

```
                    電子商取引
                      ┌───┐        → 取引先 A
    ┌─────┐      ╱ ╲
    │ 組 織 │ ←→  ╳       → 取引先 B
    └─────┘      ╲ ╱
                      └───┘        → 取引先 C
                        │
              ● 認証
              ● 認可
              ● 契約および申込手続
              ● 価格情報
              ● 注文取引
              ● 審査
              ● 決済
              ● 注文情報
              ● 責任　など
```

る不正な契約や取引の否認など，従来の相対取引ではあまり検討する必要のなかったリスクを考慮しなければならない．電子商取引のセキュリティで考慮すべき事項には，図表 4.6.15 に示すようなものがある．

　監査人は，電子商取引のセキュリティについて，サブコントロールで示された項目を確かめることになる．監査を受ける側は，電子商取引でのセキュリティについて，関連資料を用意して説明できるようにしておくとよい．

④ 電子メールの管理

　電子メールは簡単に情報交換ができるため，組織間でも日常的に利用されるコミュニケーション手段のひとつになった．反面，データなどを容易に組織外へ送ることができるので，従来の電話やファクシミリよりも情報の漏洩するリスクが高い．電子メールにかかわるリスクの例としては，例えば，コンピュータウイルスによる感染，機密情報などの漏洩，なりすまし，スパムメールなどがあげられる．そのため，電子メールの使用にあたっては，個別方針としてルールを明確にして，適切な管理が

図表 4.6.16 電子メール使用の個別方針の記載事項

電子メール使用の個別方針	電子メールへの攻撃の対処
	添付ファイルの保護
	電子メールを使うべきでないときに関する指針
	従業員の責任
	暗号技術の利用
	メッセージの保存
	認証できなかったメッセージ交換の調査
	その他

必要となる．電子メールの使用に関する個別方針には，図表4.6.16に示すような事項がある．なお，電子メールの監視については，プライバシー侵害にならないように，十分な検討が必要である．

監査人は，電子メール使用の個別方針を入手し，関係者へのインタビューや送受信ログのチェックなどによって，電子メールが適切に使用されているかどうかを確かめることになる．監査を受ける側は，電子メールのセキュリティについて，関連資料を用意して説明できるようにしておくとともに，周知徹底が重要となる．

⑤ **電子オフィスシステムのセキュリティ**

ここでは，電子オフィスシステムで行う業務のセキュリティを確保するための個別方針を明確にすることを求めている．電子オフィスシステムの代表的なものにはグループウェアがあげられる．グループウェアは，電子メール，電子掲示板，スケジュール管理，書類の決裁などを行うソフトウェアであり，グループ作業における情報の共有化などの作業を支援するものである．電子オフィスシステムのセキュリティについては，サブコントロールを参照するとよい(図表4.6.17参照)．

図表4.6.17 電子オフィスシステムのセキュリティ管理項目

管　理　策	項　番
電子オフィスシステムにおける情報の脆弱性明確化	6.7.5.1
情報共有のための個別方針および管理策	6.7.5.2
取扱いに慎重を要する業務情報の分類区分の除外	6.7.5.3
特別な人の関係する業務日誌などへのアクセス制限	6.7.5.4
業務処理を支えているシステムの適合性	6.7.5.5
使用を許可された人，アクセスが許される場所の明確化	6.7.5.6
特別の設備にアクセスできる利用者の制限	6.7.5.7
利用者の地位の識別	6.7.5.8
情報の保持およびバックアップ	6.7.5.9
緊急時の代替手段の要求事項および取決め	6.7.5.10

注）表の右にある番号は情報セキュリティ管理基準のサブコントロールの項番を表す．

⑥ 公開情報の管理

　Webサーバ上で組織外に情報を公開している企業や政府・自治体は多い．公開情報に間違いなどがあると，利用者に迷惑をかけるだけではなく，組織の信用を落とすおそれもある．したがって，正式な承認手続のもとに，情報を公開するとともに，内容やアクセス状況などをモニタリングする必要がある．

⑦ 電話，ファクシミリなどによる情報交換の保護

　電話やファクシミリなどは，組織間の情報交換手段として従来から日常的に行われるものであり，明確なルールを作成していない場合がある．電話やファクシミリなどを利用する場合の受け答えといった基本的なマナーも含めて，個別方針を策定し，セキュリティ意識を向上させるための定期的な教育の実施とチェックが重要である．

4.6 通信および運用管理

「適用する場合の留意点」

① **電子メールの取扱いに注意**

　電子メールによるコミュニケーションでは，受け取った電子メールを簡単に引用したり，転送したりすることができる．特定の者だけが読むことを前提にして送られてきた電子メールを転送すると，誤解や送信者とのトラブルが生じるおそれがある．特に組織間でやり取りする電子メールでは，非公式で書いたつもりであっても，公式な文書として扱われる可能性があるので，十分に注意する必要がある．

　また，電子メールに添付されたファイルは，電子メールを受信したパソコンなどのハードディスク内に保存される．そこで，機密データなどが含まれる場合は，適切な保護が施されているサーバなどに保存し，添付ファイルは削除するなどの対応が必要である．

4.7 アクセス制御

（1） アクセス制御に関する業務上の要求事項

情報セキュリティ管理基準　7　アクセス制御

7　アクセス制御
　7.1　アクセス制御に関する業務上の要求事項
　　目的：情報へのアクセス制御をするため
　　　7.1.1　アクセス制御についての業務上の要求事項を定義し，文書化すること

情報セキュリティ管理基準の読み方

① アクセス制御に関する業務上の要求事項の明確化

　組織には，業務を遂行するためのさまざまな組織活動がある．業務の目的や内容によって，関係する情報資産の重要度は異なるので，機密性，完全性，および可用性の水準も異なる．業務に応じた情報資産の機密性，完全性，可用性を確保するためには，アクセス制御（アクセスコントロール）を明確にする必要がある．アクセス制御についての業務上の要求事項が不明確であったり，アクセス制御の方法が不十分あるいは整合性がとれていなかったりすると，セキュリティ事件・事故を引き起こすおそれがある．例えば，顧客データベースへのアクセスが業務上必要な者に制限されていなければ，顧客データが業務上関係のない者にのぞき見されたり，改ざんされたりするリスクが高まる．業務上の要求事項は，通常，要件定義書として文書化されるので，アクセス制御についても要件定義書に記載するとよい．

　監査人は，要件定義書などの文書を入手して，アクセス制御について

4.7 アクセス制御

図表 4.7.1 アクセス制御個別方針の作成

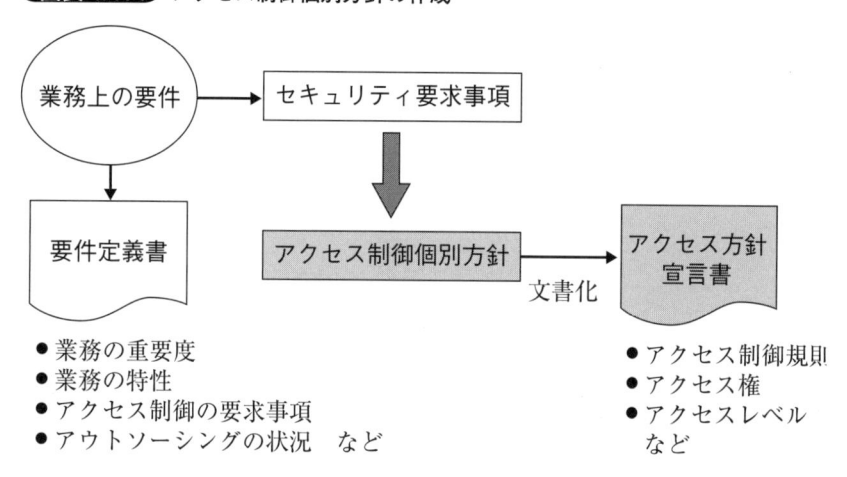

業務上の要件 → セキュリティ要求事項
↓
要件定義書
- 業務の重要度
- 業務の特性
- アクセス制御の要求事項
- アウトソーシングの状況　など

アクセス制御個別方針 --文書化--> アクセス方針宣言書
- アクセス制御規則
- アクセス権
- アクセスレベル
など

業務上の要求事項が定義され，文書化されているかを確かめることになる．監査を受ける側は，業務上のアクセス制御の要求事項について，要件定義書などに明記して，説明できるようにしておく必要がある．

② **アクセス制御個別方針の策定**

業務上で求められるアクセス制御の要求事項にもとづいて，アクセス制御個別方針を明確にする．アクセス制御個別方針は，情報資産の重要性や機密性などを評価したうえで，情報資産に対するアクセス権やアクセスレベルなどを定め，宣言書の形で文書化するとよい（図表4.7.1参照）．

監査人は，アクセス方針の宣言書などを入手して，業務上の要求事項と整合性がとれているかを確かめることになる．監査を受ける側は，要件定義書と宣言書を示して，アクセス制御の個別方針について説明できるようにしておく必要がある．

③ **アクセス制御の手段**

アクセス制御には，建物やコンピュータ室などの情報処理施設およびハードウェア機器やネットワーク機器などの情報処理設備への「物理的

アクセス制御」と，ネットワークやソフトウェアなどへの「論理的アクセス制御」がある．論理的アクセス制御は，情報システムやサービスの利用者を識別する利用者ID(ユーザーID)と，利用者が本人であることを確認するためのパスワードを組み合わせて行うのが一般的である．

アクセス権やアクセスレベルの設定は，当該情報資産に対して，業務上アクセスする必要性に応じて判断しなければならない(「need to know」の原則)．物理的なアクセス制御の手段については，情報セキュリティ管理基準「4.5 物理的及び環境的セキュリティ」で詳しく示されているので，これを参照されたい．

④ アクセス制御規則

アクセス制御の規則には，一定の基準を設けておく必要がある．アクセス制御の規則に基準がなければ，個々の情報システム間でアクセス制御に関して整合性がなくなり，適切なセキュリティを確保できなくなるおそれがある．アクセス制御の規則としては，常に遵守しなければならない規則と選択的または条件付規則との区別(情報セキュリティ管理基準7.1.1.11)，アクセスは「明確に許可していなければ原則的に禁止する」という前提にもとづいた規則の設定(同7.1.1.12)，初期設定される情報ラベルの変更(同7.1.1.13)，初期設定される利用者のアクセス許可の変更(同7.1.1.14)，設定前に承認を必要とする規則と承認を必要としない規則との区別(同7.1.1.15)がサブコントロールとして示されている．

適用する場合の留意点

① 組織全体のアクセス制御方針・規則と個々の情報システムやサービスのアクセス制御方針・規則との整合性

組織全体のアクセス制御方針や規則は，組織の業務を包括的に捉えたものであり，必ずしも個々の情報システムやサービスのアクセス制御方

針・規則をすべて含んでいるとは限らない．業務上の要件により，個々の情報システムやサービスのアクセス制御方針・規則が組織全体のアクセス制御方針・規則と整合しない場合には，組織全体のアクセス制御方針・規則の見直しを行うか，あるいは，整合しないことによる影響を分析のうえ，第三者に説明できような形で文書化し，責任者の承認を得ておく必要がある．

② 他システムと接続する場合のアクセス制御方針の整合性

顧客先や取引先など組織外の情報システムとネットワークで接続する場合には，接続先の情報システムのアクセス制御方針について，事前に確認し，アクセス制御のレベルを比較のうえ，整合性を図る必要がある．

（２） 利用者のアクセス管理

情報セキュリティ管理基準　７　アクセス制御

（「７　アクセス制御」の続き）

7.2　利用者のアクセス管理

目的：情報システムへの認可されていないアクセスを防止するため

- 7.2.1　複数の利用者をもつすべての情報システム及びサービスについて，それらへのアクセスを許可するための，正規の利用者登録及び登録削除の手続があること
- 7.2.2　特権の割り当て及び使用は，制限し，管理すること
- 7.2.3　パスワードの割当ては，正規の管理手続によって統制すること
- 7.2.4　データ及び情報サービスへのアクセスに対する有効な管理を維持するため，経営陣は，利用者のアクセス権を見直す正規の手順を，定期的に実施すること

情報セキュリティ管理基準の読み方

① 利用者ID登録・抹消手続の策定

利用者のアクセス管理は，アクセス制御を行ううえで重要な管理項目である．利用者のアクセス管理を行うには，まず，情報システムおよびサービスへの正規のアクセスを許可する利用者ID登録，アクセスが不要となった時の登録削除，および登録内容の変更などについて，正式な手続を策定することから始まる．利用者の登録・変更・削除に関する手続は，サブコントロールを参照されたい（図表4.7.2参照）．

監査人は，図表4.7.2に示すような手続が実施されているかについて，

図表4.7.2 利用者の登録・変更・削除手続

管　理　策	項　番
正式な利用者登録手続	7.2.1.1
一意な利用者ID付与	7.2.1.2
グループIDの制限	7.2.1.3
システム実務管理者から認可を得ているかの検査	7.2.1.4
許可されているアクセスレベルが業務目的に適しているかの検査	7.2.1.5
組織のセキュリティ基本方針と整合しているかの検査	7.2.1.6
重複する利用者IDの発行禁止	7.2.1.7
認可されていないアクセスを試みた場合の処罰の明記	7.2.1.8
アクセス権宣言書の利用者への発行	7.2.1.9
利用者への宣言書の署名要求	7.2.1.10
認可手続完了まで利用者にアクセスさせないようにすること	7.2.1.11
全登録者の記録の維持管理	7.2.1.12
職務変更，または組織から離れた利用者のアクセス権の抹消	7.2.1.13
不要な利用者IDおよびアカウントの定期的検査と削除	7.2.1.14

注）表の右にある番号は情報セキュリティ管理基準のサブコントロールの項番を表す．

4.7 アクセス制御

手続書などを入手して内容の適切性を調べるとともに，利用者ID管理台帳や利用者ID申請書などをレビューして，その遵守状況を確かめることになる．監査を受ける側は，利用者IDの登録や削除などの手続について説明できるようにしておく必要がある．また，利用者のアクセスを許可する者が利用者ID登録の作業をしないように，職務を分離しておくことにも注意する．

② **特権付与の限定**

情報システムやサービスの利用者に付与するアクセス権には，データなどの参照のみ行えるレベルから，すべてのデータの更新や削除まで行えるレベル（特権レベル）まである．特に，情報システムやサービスを管理，提供する側のシステム特権には，システム設定ファイルなどのシステムそのものにかかわる重要データの登録・変更・削除など幅広い権限が付与される．この権限が悪用されると，セキュリティ上および業務上の影響が非常に大きい．したがって，特権の付与は，正規の認可手続のもとに，利用者のアクセス権管理よりも厳しく行わなければならない．なお，オペレーティングシステムレベルの管理については，情報セキュリティ管理基準「4.7.5 オペレーティングシステムのアクセス制御」を参照されたい．

監査人は，アクセス管理のうち，特に特権の管理状況について関心をもって監査を行う．監査を受ける側は，特権が適切に管理されていることを説明できるように，特権ID管理台帳や特権ID申請書などの文書等を用意しておく必要がある．

③ **利用者のパスワード管理**

パスワードは，利用者が情報システムやサービスにアクセスした際にアクセス権を付与された本人であることを確認する手段のひとつである．パスワードは本人のみが知る情報とみなされるので，これが他人に漏洩して不正使用されると，セキュリティが確保できない．したがって，パ

スワードの設定と使用は，情報セキュリティ管理基準「4.7.3 利用者の責任」で示されているとおり，利用者の管理に依拠するところが大きい．しかし，パスワードの選択や使用について，できる限りシステム的なコントロール機能を組み込むことによって，利用者責任の負担を軽減できる．例えば，パスワードの桁数チェック，有効期限の設定，最初にアクセスする場合に必要な仮パスワードの強制変更などによって，利用者が推測されやすいパスワードを使用したり，パスワードを定期的に変更しなかったり，初期パスワードの変更を失念したりすることを防止することができる．監査人は，このようなパスワード管理機能の有無や内容も確認するので，監査を受ける側はパスワード管理機能について説明できるようにシステム機能書やセキュリティ設計書などを用意しておくとよい．

④ アクセス権の定期的チェック

　異動による業務変更や退職などによって，情報システムやサービスの利用が不要となった利用者のアクセス権は，正規の手続に従って削除，あるいは登録内容を変更しなければならない．アクセス権の削除や変更が手作業で行われている場合には，作業を失念したり，後回しにしたりして，アクセス権の削除あるいは変更が適時に行われず，不要なアクセス権が残る可能性がある．不要なアクセス権が残っていると，不正なアクセスに利用されてもすぐに発見することができないおそれがある．したがって，利用者ID管理台帳などを整備するとともに，不要な利用者IDが残っていないか，あるいは不適切なアクセス権を設定していないかどうかを，例えば3カ月に1回というように定期的にチェックする必要がある．チェックの頻度については，アクセスするデータの機密性などを考慮して決めるとよい．特にシステム特権については，頻繁にチェックすべきである．

　監査人は，アクセス権の定期的なチェックが行われているかどうか，

4.7 アクセス制御

利用者ID管理台帳などを入手して確認することになる．監査を受ける側は，利用者ID管理台帳で不要な利用者IDを削除した記録を残して，説明できるようにしておくとよい．

適用する場合の留意点

① シングルサインオン

　複数の情報システムあるいはサービスを提供する場合，それぞれに対して利用者IDとパスワードを割り当てることが理想的であるが，利用者にとっては複数の利用者IDとパスワードを覚えなければならないので使い勝手が悪い．また，パスワードを覚えられないので，メモに書いたり，単純なパスワードを設定したりすることも考えられる．そこで，複数の情報システムやサービスに共通な利用者IDとパスワードを使用して，利用者の利便性を高めることがある（シングルサインオン）．この場合には，それぞれの情報システムやサービスのセキュリティレベルを比較したうえで，最適な利用者IDとパスワードを設定するように注意する必要がある．

（3） 利用者の責任

情報セキュリティ管理基準　7　アクセス制御

（「7　アクセス制御」の続き）

7.3　利用者の責任

目的：認可されていない利用者のアクセスを防止するため

7.3.1　利用者は，パスワードの選択及び使用に際して，正しいセキュリティ慣行に従うこと

7.3.2　無人運転の装置の利用者は無人運転の装置が適切な保護対策を備えていることを確実にすること

第4章 情報セキュリティ管理基準の読み方

情報セキュリティ管理基準の読み方

① パスワードの選択と使用は利用者の責任

　パスワードは，利用者本人しか知り得ない情報を示すことによって，本人自身であるかどうかを確認する手段のひとつである．情報システムやサービスへのアクセス制御を行っていても，例えば，利用者のパスワード管理に不備があれば，パスワードが他人に漏れ，不正なアクセスが容易に行われてしまうおそれがある．本人以外の者にパスワードが使用された場合，情報システムやサービスを提供する側では，本人になりすまして不正にアクセスしていることをチェックできない．したがって，パスワードは利用者自身の責任で選択して使用するとともに，適切に管理することを十分に周知徹底する必要がある．パスワードの選択，使用

図表4.7.3 利用者のパスワードの注意事項

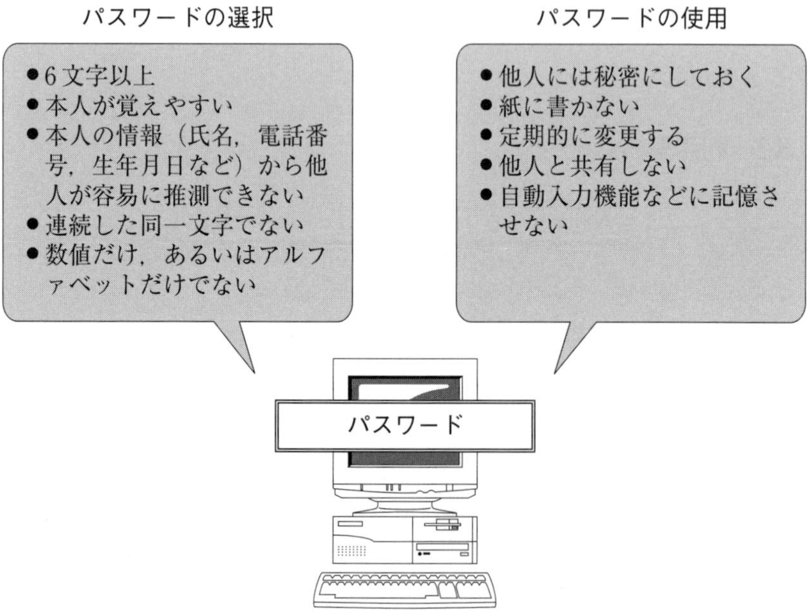

パスワードの選択
- 6文字以上
- 本人が覚えやすい
- 本人の情報（氏名，電話番号，生年月日など）から他人が容易に推測できない
- 連続した同一文字でない
- 数値だけ，あるいはアルファベットだけでない

パスワードの使用
- 他人には秘密にしておく
- 紙に書かない
- 定期的に変更する
- 他人と共有しない
- 自動入力機能などに記憶させない

パスワード

に際して，注意すべき事項を図表4.7.3に示す．

　監査人は，利用者に対するインタビューを実施して，パスワードの使用状況を確かめるとともに，パスワードファイルを分析するなどの方法によって，パスワードの選択と使用の適切性を確かめることになる．監査を受ける側は，システム機能書やセキュリティ設計書などを示して，推測されやすいパスワードが使用できないことや定期的に強制的なパスワード変更を実施していることなどを説明できるようにするとともに，利用者に対するパスワード管理の教育実施状況などを説明できる記録を残すようにしておくとよい．

② **利用者の利用端末のセキュリティ確保**

　イントラネットの広がりとともに，オフィスにファイルサーバなどを設置して，無人運転することが増えている．一般的なオフィスは，コンピュータセンタと比べて，施設の物理的なセキュリティレベルは低いので，第三者が入館(室)しやすい環境にある．ファイルサーバなどには，業務上の機密情報や重要情報などが保存されていることが多いので，これらの無人運転装置に対するセキュリティを確保する必要がある．利用者IDとパスワードによる論理的なアクセス制御だけではなく，無人運転装置を施錠した収納ラックに設置するなどの物理的な管理策を講ずるとよい．

　パソコンなどの利用端末の取扱いについても利用者の管理責任がある．例えば，パスワードを厳重に管理していても，作業中の状態でパソコンなどの端末から離れると，端末を不正に使用されるおそれがある．利用者は，スクリーンセーバーのパスワード設定，離席時の端末ログオフ，利用者IDやパスワードなどを書いたメモの貼付禁止，などに注意する必要がある．また，CD-R，MO，フロッピーディスクやバックアップ用DATなどの外部記憶媒体を机上などに放置したり，装置に挿入したままにしたりしないように注意する．

第4章 情報セキュリティ管理基準の読み方

適用する場合の留意点

① 自己責任が原則

インターネット取引や外部ネットワーク（システム）の利用に際しては，不正にパスワードを使用され，本人が損害を被った場合でも，サービス提供側はその損害に対して免責される契約内容となっている場合が多い．パスワード管理は利用者の自己責任であることに注意しなければならない．

（4） ネットワークのアクセス制御

情報セキュリティ管理基準　7　アクセス制御

(「7　アクセス制御」の続き)

7.4　ネットワークのアクセス制御

目的：ネットワークを介したサービスの保護のため

7.4.1　利用者には，ネットワークサービスへのセキュリティが確保されていない接続は，使用することが特別に認可されたサービスへの直接のアクセスだけが提供されること

7.4.2　利用者端末と利用者がアクセスすることを認可されているサービスとの間に，指定された経路以外の経路を，利用者が選択することを防止すること

7.4.3　遠隔地からの利用者のアクセスには，認証を行うこと

7.4.4　遠隔コンピュータシステムへの接続は，認証されること

7.4.5　診断ポートへのアクセスは，セキュリティを保つように制御されること

7.4.6　情報サービス，利用者及び情報システムのグループを

4.7 アクセス制御

> 　　　　　分割するために，ネットワーク内に制御の導入を考慮
> 　　　　　すること
> 　7.4.7　利用者の接続の可能性を制限する制御策は，業務用ソ
> 　　　　　フトウェアのアクセス方針及び要求事項に基づくこと
> 　7.4.8　共用ネットワーク，特に，組織の境界を越えて広がっ
> 　　　　　ているネットワークには，コンピュータの接続及び情
> 　　　　　報の流れが業務用ソフトウェアのアクセス制御方針に
> 　　　　　違反しないことを確実にするために，経路指定の制御
> 　　　　　策を組み込むこと
> 　7.4.9　ネットワークを使用する組織は，使用するサービスの
> 　　　　　セキュリティの特質について，明確な説明を受けるこ
> 　　　　　とを確実にすること

情報セキュリティ管理基準の読み方

① ネットワークおよびネットワークサービスの使用に関する個別方針の策定

　ネットワークは，情報システムやサービスを利用者に提供するためのインフラである．ネットワークにはイントラネット，インターネット，エクストラネットなどさまざまな形態があり，ますます多様になっている．例えば，有線ネットワークに加えて，無線 LAN の環境が普及し，移動型計算処理設備（ノートパソコンや PDA など）からの接続も増えることが予想される．ネットワークのアクセス制御が不十分であると，不正アクセスなどによる影響範囲がネットワークに接続されている情報システムやサービス全体にまで広がる可能性があるので，ネットワークのアクセス制御は非常に重要である．したがって，ネットワークおよびネットワークサービスの使用に関して，業務上のアクセス制御方針と整合

図表4.7.4 ネットワークのアクセス制御

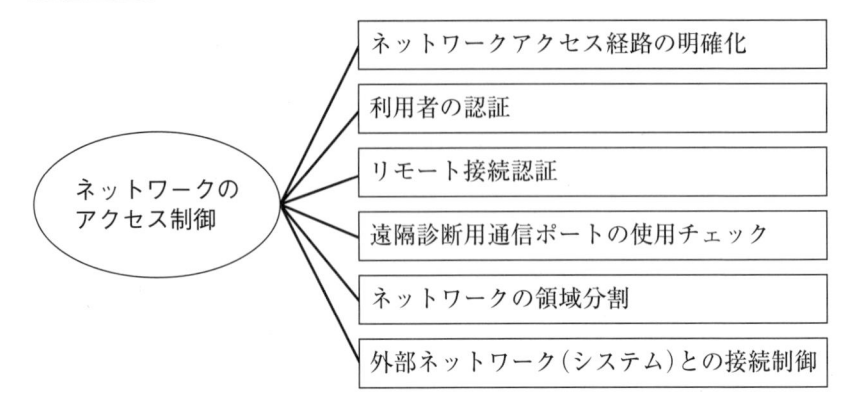

```
                    ┌─ ネットワークアクセス経路の明確化
                    │
                    ├─ 利用者の認証
                    │
  ネットワークの    ├─ リモート接続認証
  アクセス制御  ────┤
                    ├─ 遠隔診断用通信ポートの使用チェック
                    │
                    ├─ ネットワークの領域分割
                    │
                    └─ 外部ネットワーク（システム）との接続制御
```

性のある個別方針を策定するとともに，個別方針にもとづいた具体的な規則を作成する必要がある．

　特に今後，無線LANの普及を想定して，有線LANでのセキュリティ対策をチェックし，例えば情報の暗号化など，無線LANになった場合の追加的な対策も検討する必要がある．

　監査人は，ネットワーク構成図などを入手し個別方針と突き合わせて，ネットワークのアクセス制御に漏れがないか，個別方針の内容は適切かなどを確かめることになる．監査を受ける側は，こうした資料を整備しておき，個別方針について的確に説明できるようにしておくとよい．

② **ネットワークのアクセス制御**

　ネットワークのアクセス制御では，図表4.7.4に示すような事項について考慮する．具体的な管理策は，サブコントロールに示されているのでこれを参照されたい．

適用する場合の留意点

① **組織間でのネットワーク制御方針の整合性**

電子商取引をはじめ，組織間でネットワークを相互に接続する場合，想定しないパケットが送られてきて，ネットワークが麻痺するなどのおそれがある．事前に接続先のアクセス制御方針を確認して，ファイアウォールの設定を見直すなどのチェックが必要である．

（5） オペレーティングシステムのアクセス制御

情報セキュリティ管理基準　7　アクセス制御

（「7　アクセス制御」の続き）

7.5　オペレーティングシステムのアクセス制御

目的：認可されていないコンピュータアクセスを防止するため

7.5.1 特定の場所及び携帯装置への接続を認証するために，自動の端末識別を考慮すること

7.5.2 情報サービスへのアクセスは，安全なログオン手続を経て達成されること

7.5.3 すべての利用者（技術支援要員，例えば，オペレータ，ネットワーク管理者，システムプログラマ，データベース管理者）は，その活動が誰の責任によるものかを後で追跡できるように，各個人の利用ごとに一意な識別子（利用者ID）を保有すること

7.5.4 質のよいパスワードであることを確実にするために，パスワード管理システムは有効な対話的機能を提供すること

7.5.5 システムユーティリティのために認証手順を使用する

> こと
> 7.5.6 脅迫の標的となり得る利用者のために，脅迫に対する警報（duress alarm）を備えることを考慮すること
> 7.5.7 リスクの高い場所（例えば，組織のセキュリティ管理外にある公共又は外部領域）にあるか，又はリスクの高いシステムで用いられている端末が活動停止状態にある場合，一定の活動停止時間の経過後，その端末は遮断されること
> 7.5.8 リスクの高い業務用ソフトウェアに対して，接続時間の制限によって，追加のセキュリティを提供すること

情報セキュリティ管理基準の読み方

① オペレーティングシステムレベルでのアクセス制御

　ここでは，コンピュータ資源に対して認可されていないアクセスを防止するために，オペレーティングシステムレベルでアクセス制御を行うことを求めている．具体的には，端末の識別，ログオンプロセスの確立，利用者の識別と認証などがあげられる．また，ファイルやディレクトリ，プログラムなどに対しては，読取り（read），書込み（write），実行（execute）を制御する．

　監査人は，関係者へのインタビューやシステム機能書，セキュリティ設計書などを入手して，オペレーティングシステムレベルでのセキュリティ機能について確認することになる．監査を受ける側は，オペレーティングシステムレベルでのセキュリティ機能について，明確に説明できるように必要な資料を用意しておくとよい．

② 端末の識別

　情報システムやサービスの利用が許可されていることを確認する手段

4.7 アクセス制御

のひとつとして，利用する端末を識別する方法がある．すなわち，オペレーティングシステムによって，端末に内蔵された，あるいは付与された識別子をチェックし，情報システムやサービスの利用が許可された端末であるかどうかを自動識別する方法である．

③ 必要最小限の情報開示によるログオン手続

ログオン手続は，利用者が情報システムやサービスにアクセスする最初の手続であり，情報システムやサービスからログオンに必要な情報を開示しながら，手続を進める．したがって，アクセスを許可されていない利用者がアクセスを試みた場合に，アクセスのヒントになるような情報を開示すべきではない．例えば，利用者が利用者IDあるいはパスワードのどちらかの入力を間違えた場合でも，「利用者IDあるいはパスワードが違います」のように，間違えた箇所を特定せず，必要最小限の情報しか表示しないようにするとよい．ログオン手続で考慮すべき事項は，サブコントロールに示されているので，これを参照するとよい(図表4.7.5参照)．

④ 利用者の識別と認証

情報セキュリティ管理基準では，「各個人の利用ごとに一意の識別子(利用者ID)を保有すること」と示されているように，利用者を識別するために個人ごとに利用者IDを付与する．

利用者が本人であることを確認する手段の1つであるパスワードは，利用者の責任のもとに適切に設定，使用されるように，パスワード管理システムで管理する．パスワード管理システムで考慮すべき事項は，サブコントロールに示されているので，これを参照するとよい(図表4.7.6参照)．分散系システムでは，システム特権ユーザーであるrootユーザーなどを共有IDとして使用することが多く，パスワードも変更されない場合があるので，特に注意する必要がある．利用者におけるパスワード管理については，情報セキュリティ管理基準「4.7.3 利用者の

図表4.7.5 ログオン手続の主な考慮事項

分類	管理策	項番
ログオン手順	システムまたは業務用ソフトウェアの識別子を，ログオン手続が無事完了するまで表示しないこと	7.5.2.3
	コンピュータへのアクセスは認可されている利用者に限定されるという警告を表示すること	7.5.2.4
	認可されていない利用者の助けとなる表示をしないこと	7.5.2.5
	誤り条件が発生しても，システムからは，データのどの部分が正しいかまたは間違っているかを指摘しないこと	7.5.2.6
	許容されるログオンの試みの失敗回数を制限すること	7.5.2.7
	ログオン手順のために許容される最長時間および最短時間を制限し，制限から外れる場合，システムはログオンを終了すること	7.5.2.11, 7.5.2.12
	ログオンが無事できた時点で，前回ログオンが無事できた日時，および，前回のログオン以降に失敗したログオンの試みがある場合は，その詳細を表示すること	7.5.2.14, 7.5.2.15
ログオン失敗時の対処	次のログオンの試みが可能となるまでの間に意図的な時間をおくこと	7.5.2.8
	特別な認可なしに行われる次回の試みを拒否すること	7.5.2.9
	データリンク接続を切ること	7.5.2.10
	失敗した試みを記録すること	7.5.2.13

注）表の右にある番号は情報セキュリティ管理基準のサブコントロールの項番を表す．

図表4.7.6 パスワード管理システムの考慮事項

管 理 策	項 番
利用者本人のパスワードを使用させること	7.5.4.1
適切ならば,利用者に自分のパスワードの選択および変更を許可し,入力誤りを考慮した確認手順を組み入れること	7.5.4.2
質の良いパスワードを選択させるようにすること	7.5.4.3
利用者が自分のパスワードを維持管理する場合,定期的にパスワードを変更させるようにすること	7.5.4.4
利用者がパスワードを選択する場合,仮のパスワードは最初のログオン時に変更させるようにすること	7.5.4.5
以前の利用者パスワードの記録を,一定期間,維持し再使用を防止すること	7.5.4.6
パスワードは,入力時に,画面上に表示しないようにすること	7.5.4.7
パスワードのファイルは,業務用システムのデータとは別に保存すること	7.5.4.8
一方向性暗号アルゴリズムを用いて,暗号化した形でパスワードを保存すること	7.5.4.9
ソフトウェアを導入した後は,製造者が初期値(default)として設定したパスワードをすぐに変更すること	7.5.4.10

注) 表の右にある番号は情報セキュリティ管理基準のサブコントロールの項番を表す.

責任」を参照されたい.

一方,最近では利用者が所持しているICカードの利用や,利用者の指紋や網膜などの生体的な特徴の利用(バイオメトリックス)も普及しつつあるので,パスワードと組み合わせて使用することを検討してもよい.

⑤ **システムユーティリティの使用制限**

システムユーティリティは,データの変更や削除,プログラムの実行など,システムを管理・運用するうえで必須のプログラムである.このシステムユーティリティが不正に使用されないように,適切な管理のもとに使用制限や使用時の認可,使用の記録などを行わなければならない.

⑥ 接続時間の制限

　情報システムにアクセスする利用者や端末を特定しても，操作終了後に端末のログオフを忘れたり，操作途中で離席したりすることがあり得る．特に取扱いに慎重を要する情報システムやサービスでは，利用者が端末から離れたあとに不正に使用されるおそれがあるので，一定時間アクセスのない端末については，接続しているセッションを自動的に切断することが有効な管理策となる．また，外部ネットワークからアクセスするようなアプリケーションシステムでは，接続時間そのものに制限をかけることもセキュリティ上，有効である．

適用する場合の留意点

① システムオーナーの明確化

　情報システムのシステムオーナーが不明確な場合，システム特権のID管理が開発・運用のベンダーや担当者などに任せきりになり，担当者の変更などがあっても把握できない状況になる可能性がある．したがって，システムオーナーと管理すべき項目を明確にしておくことが重要となる．システムオーナーは，システム特権について，誰にどのような特権を付与しているのかなどを把握し，適切な管理を行う必要がある．

（6） 業務用ソフトウェアのアクセス制御

情報セキュリティ管理基準　7　アクセス制御

（「7　アクセス制御」の続き）

　7.6　業務用ソフトウェアのアクセス制御
　　目的：認可されていないコンピュータアクセスを防止するため
　　7.6.1　ソフトウェア及び情報への論理アクセスは，認可されている利用者に制限すること

4.7 アクセス制御

> 7.6.2 取扱いに慎重を要するシステムには，専用の隔離された情報システムを設置すること

情報セキュリティ管理基準の読み方

① **業務用ソフトウェアおよび情報へのアクセス制御**

　ここでは，業務用ソフトウェアおよび情報へのアクセスについて，許可された利用者のみアクセスが行えるような制御を行うことを求めている．情報へのアクセス制限で考慮すべき事項は，図表4.7.7に示されるようなものがあげられる．特に，業務用ソフトウェアで表示するメニューや操作マニュアルなどには，利用者がアクセスを許可されている範囲についてだけ表示あるいは記載し，システム管理者などが行う操作などは表示あるいは記載しないように注意する必要がある．

　監査人は，システム機能書やセキュリティ設計書などを入手して，業務用ソフトウェアが備えているアクセス制御機能を確かめることになる．

図表4.7.7 情報へのアクセス制限での考慮事項

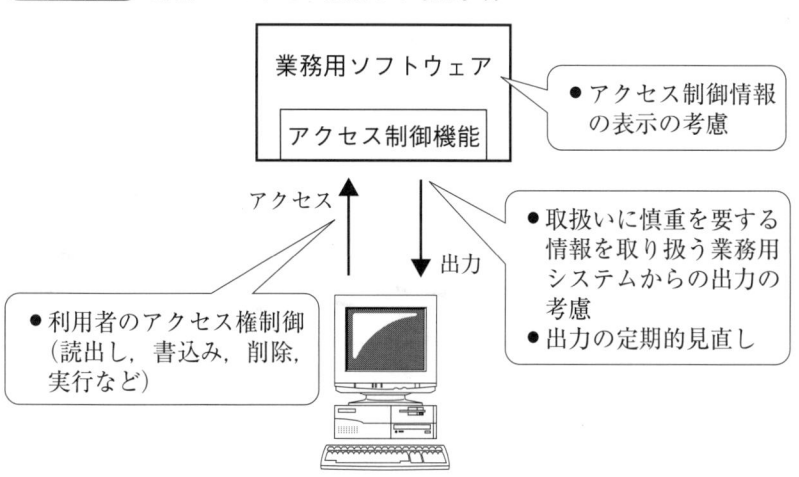

- アクセス制御情報の表示の考慮
- 取扱いに慎重を要する情報を取り扱う業務用システムからの出力の考慮
- 出力の定期的見直し
- 利用者のアクセス権制御（読出し，書込み，削除，実行など）

（業務用ソフトウェア／アクセス制御機能／アクセス／出力）

また，前述のアクセス制御個別方針との整合性もチェックする．監査を受ける側は，こうした資料を用意しておき，適確に説明できるようにしておくとよい．

② **取扱いに慎重を要する情報システムの物理的環境**

取扱いに慎重を要する情報システムへのアクセスは，リスクアセスメントの結果にもとづいて，論理的なアクセス制御だけでなく，物理的なアクセス制御を行う必要がある．例えば，取扱いに慎重を要する情報システムにアクセス可能なサーバや端末などは，入退室管理が行えるような専用ルームに設置したり，専用コンピュータで処理したりするなどを検討する．他システムとサーバやディスクなどを共有している場合には，共有する資源などを識別し，その管理者の合意を得るとともに，共有環境のアクセス制御を行うことも必要である．

適用する場合の留意点

① **コピー機，ファクシミリの設置場所に注意**

取扱いに慎重を要する情報システムには，例えば，個人情報などが記載された原票などのデータを入力するシステムがある．この場合，オペレーターが入力作業を行う場所は，他フロアと区別できる専用ルームにするとともに，入力原票などを無断で複写したり，外部に送信したりできないように，専用ルーム内にはコピー機やファクシミリなどを設置しないように注意する．

（7） システムアクセスおよびシステム使用状況の監視

情報セキュリティ管理基準　7　アクセス制御
（「7　アクセス制御」の続き）

4.7 アクセス制御

> 7.7 システムアクセス及びシステム使用状況の監視
> 目的：認可されていない活動を検出するため
> 7.7.1 例外事項，その他のセキュリティに関連した事象を記録した監査記録を作成して，将来の調査及びアクセス制御の監視を補うために，合意された期間保存すること
> 7.7.2 情報処理設備の使用状況を監視する手順を確立すること
> 7.7.3 監視の結果は，定期的に見直すこと
> 7.7.4 システムが直面する脅威とそれらの起こり方を理解するために，記録を検証すること
> 7.7.5 コンピュータの時計は正しく設定すること

情報セキュリティ管理基準の読み方

① 監査記録の取得と保存

　監査記録（アクセスログ）は，許可された利用者だけがアクセスしているか，不正なアクセスが行われていないかなどをチェックするために必要な情報である．また，セキュリティ事件・事故が発生した場合に，迅速な原因調査を行うためにも必要となる．監査記録に含める内容は，利用者ID（情報セキュリティ管理基準7.7.1.1），ログオンおよびログオフの日時（同7.7.1.2），端末のIDまたは所在地（同7.7.1.3），システムへのアクセスの成功あるいは失敗した記録（同7.7.1.4），データや他の資源へのアクセスの成功あるいは失敗した記録（同7.7.1.5）がサブコントロールとして示されている．この監査記録は，過去に遡って調査することがあるので一定期間保存しておく必要がある．保存する期間については，システムのリスクアセスメント結果にもとづいて必要な期間を設定

する．また，保存する監査記録に対する不正アクセスや改ざんを防止することにも注意する．

② システムの使用監視と報告手順

セキュリティ事件・事故の発生をすみやかに検知するためには，システムの使用を監視する必要がある．監視項目は，サブコントロールに示されているので，これを参照するとよい（図表4.7.8参照）．監視する内容およびレベルは，システムのリスクアセスメント結果にもとづいて決めるとよい．

システム監視によって不正アクセスが発見された場合には，レポーティングラインに則り報告し，不正に使用された利用者IDを使用停止に

図表4.7.8 システム監視項目

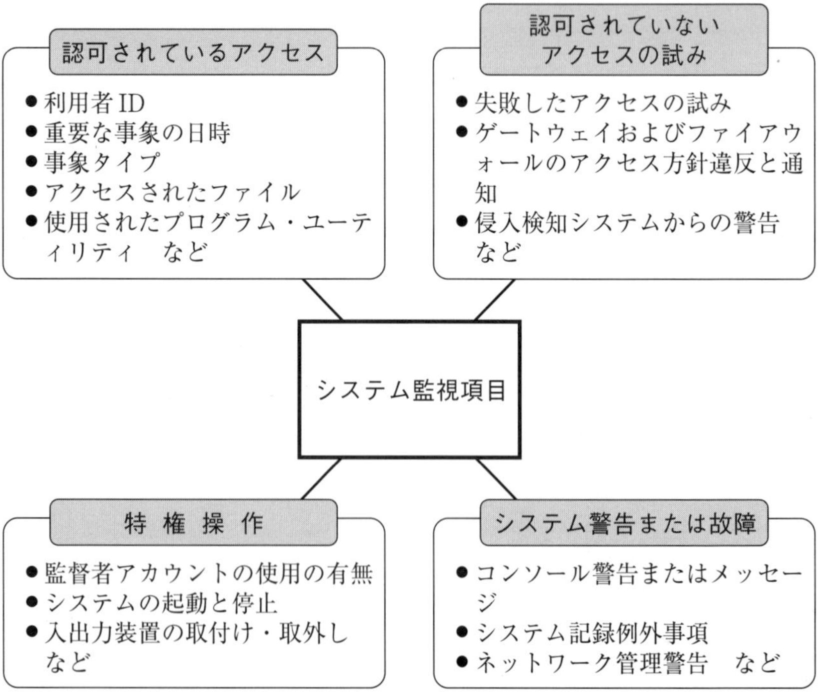

認可されているアクセス
- 利用者ID
- 重要な事象の日時
- 事象タイプ
- アクセスされたファイル
- 使用されたプログラム・ユーティリティ　など

認可されていないアクセスの試み
- 失敗したアクセスの試み
- ゲートウェイおよびファイアウォールのアクセス方針違反と通知
- 侵入検知システムからの警告　など

特権操作
- 監督者アカウントの使用の有無
- システムの起動と停止
- 入出力装置の取付け・取外し　など

システム警告または故障
- コンソール警告またはメッセージ
- システム記録例外事項
- ネットワーク管理警告　など

→ システム監視項目

するとともに，組織内であれば，その使用者を特定し，罰則も含めた対応を行う必要がある．特に，再発防止に向けた周知徹底と教育が重要である．

監査人は，監査記録を入手して，システムへのアクセス状況を把握する．また，システム管理者がアクセス状況をチェックしているかどうかについて，関係者へのインタビューや監査記録などをレビューして確かめることになる．監査を受ける側は，監査記録をチェックした結果を残すとともに，報告書などにまとめておくとよい．特に，不正アクセスなどの異常なアクセスが発見された場合は，その内容や対応などを報告書に記載するとともに，レポーティングラインに則り報告していることがポイントとなる．

③ 監査記録の内容および判定条件の見直し

監査記録は，その記録する内容や不正アクセスの判定条件について定期的に見直す必要がある．見直しの頻度は，業務や情報資産の重要性の度合い，システムの機能追加，過去に発生した不正アクセスの内容，接続しているネットワークの変更などに応じて決めるとよい．

④ コンピュータに内蔵されている時計の同期

監査記録の重要なキー項目のひとつに時刻の情報がある．監査記録の時刻はコンピュータに内蔵されている時計の時刻を使用するので，その時計の時刻が正確でなければ，アクセス経路を追跡できず，正確な分析ができなくなり，不正なアクセスを見逃すおそれがある．万国標準時などの基準となる時刻を設定するとともに，定期的に時刻のずれを調整する必要がある．

適用する場合の留意点

① 監査記録チェックのシステム化

システムの監査記録は膨大なデータ量になることが多い．監査記録の

大部分は正常にアクセスした内容なので，不正アクセスを手作業でチェックするのは効率が悪い．したがって，できる限りシステム的に自動チェックできるようにしたほうがよい．しかし，システムのチェックでエラーと判定されたアクセスが，本当に不正なアクセスかどうかを確認することは，人によるチェックに頼らざるを得ない．監査記録をチェックした結果は，残すようにするとよい．

（8） 移動型計算処理および遠隔作業

情報セキュリティ管理基準　7　アクセス制御

（「7　アクセス制御」の続き）

7.8　移動型計算処理及び遠隔作業
　目的：移動型計算処理及び遠隔作業の設備を用いるときの情報セキュリティを確実にするため

　7.8.1　ノート型コンピュータ，パームトップコンピュータ，ラップトップコンピュータ及び携帯電話のような移動型計算処理の設備を用いるとき，業務情報のセキュリティが危険にさらされないような防御を確実にするために，特別な注意を払うこと

　7.8.2　遠隔作業を行う場合，組織は，遠隔作業を行う場所に保護を施し，この作業形態のため適切に手配されていることを確実にすること

［情報セキュリティ管理基準の読み方］

① 移動型計算処理設備（モバイルコンピュータ）の管理

CPU，メモリ，ディスクなどの性能向上により，小型軽量のノートパソコンやPDAなどのモバイル機器が普及してきている．これらの機

器は，持ち運びも便利であり，業務用端末としてもその用途が広がりつつある．特にオフィス外など，情報セキュリティが十分には確保されていない場所での使用が増えている．したがって，これらの機器に保存されている情報を保護するだけではなく，機器そのものを盗難されないように物理的なセキュリティを確保することが重要となる．これらの機器の使用に関する個別方針を明確にして，個別方針書として文書化し，関係者に周知徹底を図ることがポイントとなる．考慮すべき事項は，サブコントロールに示されているのでこれを参照されたい．

　監査人は，移動型計算処理設備の使用に関する方針書を入手して，当該組織での利用状況と照らし合わせて記載項目に漏れがないか，内容は適切かどうかをチェックすることになる．監査を受ける側は，方針書などの文書によって説明できるように準備しておくとよい．

② **遠隔地勤務などの考慮**

　SOHO(Small Office/Home Office)などのオフィス外からネットワーク経由で遠隔作業することが増えてきている．インターネットに常時接続している自宅のパソコンで業務を行う場合には，コンピュータウイルスや不正アクセスなどによって，業務上の情報が漏洩するなどのおそれがある．したがって，遠隔作業に関する個別方針を定め，周知徹底する必要がある．

　監査人は，RAS(Remote Access Service)サーバのセキュリティ，遠隔作業場所の物理的なセキュリティなどを確かめることになる．また，遠隔作業で考慮すべき事項が実施されているかどうかをサブコントロールにもとづいて監査することになる(図表4.7.9参照)．監査を受ける側は，遠隔作業におけるセキュリティの確保について個別方針にもとづいて説明できるように準備しておくとよい．

第4章 情報セキュリティ管理基準の読み方

図表4.7.9 遠隔作業の管理策

管　理　策		項　番
遠隔作業場所の保護		7.8.2.1
遠隔作業の経営陣による認可と管理		7.8.2.2
遠隔作業の適切な手配		7.8.2.3
遠隔作業を管理するための個別方針，手順および標準類の策定		7.8.2.4
遠隔作業の認可基準		7.8.2.5
遠隔作業の認可	遠隔作業場所の物理的なセキュリティ	7.8.2.6
	提案された遠隔作業環境	7.8.2.7
	遠隔作業の通信に関するセキュリティ要求事項	7.8.2.8
	組織内部システムへの遠隔アクセスの必要性	7.8.2.9
	アクセスされ，通信回線を通過する情報の取扱いに慎重を要する度合い	7.8.2.10
	内部システムの取扱いに慎重を要する度合いを考慮に入れた要求事項	7.8.2.11
	住環境を共有するものからの情報または資源への認可されていないアクセスの脅威	7.8.2.12
考慮すべき管理策と取決め	適切な装置の準備	7.8.2.13
	適切な保管棚・庫の準備	7.8.2.14
	許可される作業の明確化	7.8.2.15
	作業時間の明確化	7.8.2.16
	保持してもよい情報分類の明確化	7.8.2.17
	遠隔作業者のアクセスが認可される内部システム・サービスの明確化	7.8.2.18
	安全な遠隔アクセスを図る方法の明確化	7.8.2.19
	遠隔作業を行う場所の物理的なセキュリティの確保	7.8.2.20
	家族や来訪者による装置および情報へのアクセスに関する規則および手引の明確化	7.8.2.21
	ハードウェアおよびソフトウェアの支援や保守の規定の明確化	7.8.2.22
	バックアップおよび事業継続のための手順の明確化	7.8.2.23
	監査およびセキュリティの監視	7.8.2.24
	遠隔作業をやめるときの，監督機関ならびにアクセス権限の失効および装置の返還の明確化	7.8.2.25

注）　表の右にある番号は情報セキュリティ管理基準のサブコントロールの項番を表す．

4.7 アクセス制御

適用する場合の留意点

① 個人所有の機器の持ち込み制限

　ノートパソコンやPDAなどに内蔵されているメモリやハードディスクは大容量になってきており，USB接続で容易にデータを保存することができるようになった．機密情報などが不正に外部に持ち出せないようにするために，個人所有の機器は，原則として組織内に持ち込ませないなどの規則を整備し，周知徹底する必要がある．やむを得ず，組織内に持ち込む場合は，申請書などによる手続を行うとともに，その必要性を定期的に見直すとよい．

4.8 システムの開発および保守

（1） システムのセキュリティ要求事項

> **情報セキュリティ管理基準　8　システムの開発及び保守**
>
> 8　システムの開発及び保守
> 　8.1　システムのセキュリティ要求事項
> 　　目的：情報システムへのセキュリティの組み込みを確実にするため
> 　　8.1.1　新しいシステム又は既存のシステムの改善に関する業務上の要求事項には，管理策についての要求事項を明確にしなければならない

情報セキュリティ管理基準の読み方

① システムに対するセキュリティ要求事項の明確化

　ここでは，システムの新規開発，あるいは既存システムの改善の際に，そのシステムに対するセキュリティ要求事項および管理策を明確にすることを求めている．システムに要求されるセキュリティ要件が曖昧であると，適切なセキュリティ管理策が組み込まれなくなるおそれがある．システムオーナーは，リスクアセスメント結果にもとづくセキュリティ要求事項を開発部門や外部委託先などの開発担当組織に明確に示す必要がある．

　具体的なセキュリティ要求事項としては，システムに組み込まれるべき自動化された制御（情報セキュリティ管理基準8.1.1.1），補助対策としての手動による制御の必要性（同8.1.1.2）がサブコントロールとして示されている．また，開発段階や運用段階で新たにセキュリティ要件を

4.8 システムの開発および保守

図表4.8.1 セキュリティ要求事項の明確化

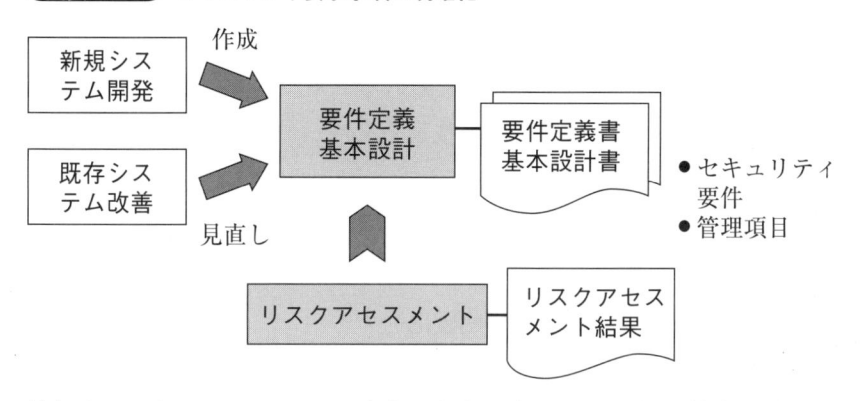

```
新規システム開発 ──作成──┐
                        ├──→ 要件定義 ──→ 要件定義書    ● セキュリティ
既存システム改善 ──見直し─┘    基本設計      基本設計書      要件
                                  ↑                       ● 管理項目
                                  │
                            リスクアセスメント ──→ リスクアセス
                                                    メント結果
```

追加することは，システムの改変がともなうので，一般に効率が悪く，追加コストもかかる．したがってセキュリティ要件は，システム開発の上流工程（要件定義工程や基本設計工程など）で十分に検討すべきである．

　監査人は，要件定義書や基本設計書などをレビューして，システム開発の上流工程でセキュリティ要求事項が検討され，組み込むべきセキュリティ機能が明確になっているかどうかを確かめることになる．また，セキュリティ管理策が，リスクアセスメント結果にもとづいて策定されているかどうかも調べる．監査を受ける側は，セキュリティ機能について検討した議事録，リスクアセスメントを実施した結果などを残すとよい．さらに，要件定義書や基本設計書にセキュリティの個別方針や管理内容などを記載し，システムオーナーが承認していることを明確にしておく．例えば，承認印などをもらうようにする方法がある．既存システムの改善では，セキュリティ要件が新規開発を検討した時点から変わっている場合もあるので，監査人はこうした要件の変更に対応できているかどうかをチェックすることになる．監査を受ける側は，要件定義書の見直しを忘れないように注意する（図表4.8.1参照）．

② **業務用ソフトウェアのセキュリティ機能の評価**

　業務用ソフトウェアのパッケージシステムを導入する場合には，パッ

ケージシステムに組み込まれているセキュリティ機能が，必要な要件を満たしているかどうかを事前に評価する必要がある．評価基準としては，情報処理製品や情報システムに求められるセキュリティ機能を評価する基準である ISO/IEC 15408（情報技術—セキュリティ技術—IT セキュリティのための評価基準）を参考にするとよい．

適用する場合の留意点

① 手動によるコントロールの明確化

　情報システムに要求されるセキュリティ要件を満たすためには，情報システムに組み込むコントロールだけでは十分とはいえず，人的な判断にもとづいて運用面でセキュリティの確保を補完することがある．要件定義書や基本設計書には，この前提となる条件を明記しておくとよい．

（2）業務用システムのセキュリティ

情報セキュリティ管理基準　8　システムの開発及び保守

（「8　システムの開発及び保守」の続き）

8.2 業務用システムのセキュリティ

目的：業務用システムにおける利用者データの消失，変更又は誤用を防止するため

8.2.1　業務用システムに入力されるデータは，正確で適切であることを確実にするために，その妥当性を確認すること

8.2.2　業務用システムからの出力データについては，保存された情報の処理がシステム環境に対して正しく，適切に行われていることを確実にするために，妥当性確認をすること

4.8 システムの開発および保守

> 8.2.3 重要性の高いメッセージ内容の完全性を確保するセキュリティ要件が存在する場合に，メッセージ認証の適用を考慮すること
> 8.2.4 業務用システムからの出力データについては，保存された情報の処理がシステム環境に対して正しく，適切に行われていることを確実にするために，妥当性確認すること

情報セキュリティ管理基準の読み方

① 業務用システムで取り扱うデータの妥当性確認

　ここでは，目的にも示されているように，業務用システムで取り扱うデータおよびパラメータの消失や不正な変更，誤用などを防止するためのセキュリティ対策を求めている．業務用システムで取り扱うデータやパラメータの入力，処理，あるいは出力に誤りがあると，結果として出力される情報は業務要件を満たさず，誤った判断や処理につながるおそれがある．業務用システムで取り扱うデータやパラメータについては，その妥当性を検査する項目がサブコントロールに示されているので，これを参照するとよい（図表4.8.2参照）．

　監査人は，システム機能書などのレビューや関係者へのインタビューによって，データやパラメータの妥当性チェックが適切に行われているかどうかを確かめることになる．その際には，アクセス制御個別方針や，図表4.8.2のサブコントロールを参照してチェックする．監査を受ける側は，こうした視点からシステム的に組み込まれた機能や人的な運用によるチェックなどについて説明できるようにしておくとよい．

② メッセージ内容の完全性確保

　電子商取引やサプライチェーンマネジメント（SCM）のシステムなど，

第4章 情報セキュリティ管理基準の読み方

図表 4.8.2 業務用システムのデータ妥当性確認

項 目	管 理 策		項 番
入力データ	業務取引処理(transaction),常備データの入力検査		8.2.1.1
		二重入力またはその他の入力検査	8.2.1.2, 8.2.1.3, 8.2.1.4, 8.2.1.5, 8.2.1.6
		重要なフィールドまたはデータファイルの内容の見直し	8.2.1.7
		入力データの許可されていない変更の点検	8.2.1.8
		妥当性確認の誤りに対応する手順	8.2.1.9
		入力データのもっともらしさを試験する手順	8.2.1.10
		データ入力過程にかかわる要員の責任の明確化	8.2.1.11
処理データ	誤処理によるリスクを最小化するための制限		8.2.2.1
		データ変更を行う追加・削除機能を持つプログラムの使用およびその位置	8.2.2.2
		プログラムの間違った順序での実行,または異常処理後のプログラム実行防止手順	8.2.2.3
		異常状態から回復する正しいプログラムの使用	8.2.2.4
	システムに組込み可能な検査		――
		取引処理更新後のデータファイルのバランス処理またはバッチ制御	8.2.2.5
		処理開始ファイル内容と前回終了時ファイル内容との整合制御	8.2.2.6
		システム生成データの妥当性確認	8.2.2.7
		ダウンロードまたはアップロードされたデータまたはソフトウェアの完全性検査	8.2.2.8
		レコードおよびファイル全体のハッシュ合計検査	8.2.2.9
		業務用プログラムの実行時刻の検査	8.2.2.10
		プログラムの実行順序の検査	8.2.2.11
		プログラムが正しい順序で実行されない場合の処理停止の検査	8.2.2.12
出力データ	出力データの妥当性確認		――
		出力データのもっともらしさの検査	8.2.3.1
		調整制御の回数	8.2.3.2
		読取装置,後続処理システムへの十分な情報供給	8.2.3.3
		出力の妥当性確認試験に対応する手順	8.2.3.4
		データ出力過程にかかわる要員の責任の明確化	8.2.3.5

注) 表の右にある番号は情報セキュリティ管理基準のサブコントロールの項番を表す。

4.8 システムの開発および保守

業務用システムを組織間で連携している場合，伝送する電子メッセージ（データ）が重要な情報であればあるほど，そのメッセージ内容の変更や改ざんをチェックする重要性が高まる．例えば，電子商取引などで利用される業務用システムでは，契約，受発注，納品，請求などのデータ交換や，電子決済（資金移動）などが行われる．これらのデータやメッセージの内容が途中で欠落したり，不正に変更されたりすると，業務へ大きな影響を及ぼすことになる．情報セキュリティ管理基準では，メッセージの完全性を確保するための管理策としてメッセージ認証をあげている．メッセージ認証は，一般にデータ圧縮技術や暗号化技術などを組み合わせて行われる．

適用する場合の留意点

① Web系システムでの入力データチェック

インターネット経由での注文システムなどにおいては，相対取引ではないので，誤入力や故意による不正データなどが入力される可能性がある．また，入力した内容を確認せずに送信してしまうことも想定され，注文の取り消しを巡ってトラブルになる可能性もある．したがって，入力データのチェックについては厳重に行うとともに，入力確認画面を表示するなど，利用者の明確な意志のもとに入力が行われたことを示せるような機能を組み込むとよい．

（3） 暗号による管理策

情報セキュリティ管理基準　8　システムの開発及び保守

（「8　システムの開発及び保守」の続き）
　8.3　暗号による管理策
　　目的：情報の機密性，真正性又は完全性を保護するため

第4章　情報セキュリティ管理基準の読み方

> 8.3.1　組織の情報を保護するための暗号による管理策の使用について，個別方針を定めること
> 8.3.2　取扱いに慎重を要する又は重要な情報の機密性を保護するために，暗号化(Encryption)すること
> 8.3.3　電子文書の真正性及び完全性を保護するために，ディジタル署名を用いること
> 8.3.4　事象又は動作が起こったか起こらなかったかについての紛争の解決が必要である場合には，否認防止サービスを用いること
> 8.3.5　一連の合意された標準類，手順及び方法に基づくかぎ管理システムを，暗号技術の利用を支援するために用いること

情報セキュリティ管理基準の読み方

① リスクアセスメント結果にもとづく暗号化

　情報が漏洩したり，改ざんされたりした場合に業務への影響が大きい組織では，情報を暗号化(Encryption)することが多い．情報セキュリティ管理基準では，リスクアセスメント結果にもとづいた暗号化による管理策を検討し，方針を明確にすることを求めている．具体的には，リスク評価および管理策の選択の過程の一部としてみること(情報セキュリティ管理基準8.3.1.1)，個別方針策定の組織全体での取り組み(同8.3.1.2)，暗号のかぎ管理(同8.3.1.3)，個別方針実施の役割および責任(同8.3.1.4)，暗号による保護レベル(同8.3.1.5)，採用すべき標準類(同8.3.1.6)がサブコントロールとして示されている．なお，暗号化の保護レベルや安全な暗号化製品の検討，あるいは，暗号使用において適用される法令や規制などに関しては，暗号の専門家や法律家の助言を

4.8 システムの開発および保守

求めるとよい．

監査人は，暗号化の状況がわかる資料のレビューや関係者へのインタビューによって，暗号化による管理などの適切性を確かめることになる．具体的には，サブコントロールに示された項目について調べることになるので，監査を受ける側はサブコントロールに沿って説明できるように必要な資料を用意しておくとよい．ただし，暗号にかかわる資料の機密性は非常に高いので，その取扱いには十分注意しなければならない．

② 情報の真正性および完全性を確保するためのディジタル署名

電子商取引での契約や決済などを行う場合には，その電子情報による取引事実を確認し，改ざんされていないことを確認する必要がある．また，取引事実の否認に対しても防止しなければならない．否認防止サービスは，故意による偽注文などにかかわる紛争時などに，その行為が行われたかどうかを立証するための証拠の一助となるものである．例えば，情報セキュリティ管理基準では，このような場合にディジタル署名を用いることを求めている．

なお，ディジタル署名に関係する法律として，「電子署名法」（「電子署名および認証業務に関する法律」，平成13年4月1日施行）が制定されている．電子署名法は，電磁的記録（電子的方式，磁気的方式，その他人の知覚によっては認識することができない方式で作られる記録）の真正な成立の推定，および特定認証業務に関する認定の制度その他必要な事項を定めたものである．

③ 暗号のかぎ管理

暗号化やディジタル署名は，暗号技術を用いて実現するため，暗号のかぎ管理が特に重要となる．かぎ管理システムで定めるべき事項は，サブコントロールに示されているので，これを参照するとよい（図表4.8.3参照）．

図表4.8.3 かぎ管理システムで定めるべき事項

管理策	項番
2種類の暗号技術を用いた運用	8.3.5.1
かぎの変更・破壊からの保護	8.3.5.2
かぎの生成・保存・記録保管装置の物理的保護	8.3.5.3
かぎの生成方法	8.3.5.4
公開かぎ証明書の生成方法と入手方法	8.3.5.5
かぎの配付方法	8.3.5.6
かぎの保存方法	8.3.5.7
かぎの変更方法または更新方法	8.3.5.8
セキュリティを損なわれたかぎの処理方法	8.3.5.9
かぎを無効にする方法	8.3.5.10
事業継続管理の一部としてのかぎの回復方法	8.3.5.11
かぎの記録保管方法	8.3.5.12
かぎの破棄方法	8.3.5.13
かぎ管理の記録と監査の方法	8.3.5.14
かぎの活性化,非活性化の期間	8.3.5.15, 8.3.5.16

注) 表の右にある番号は情報セキュリティ管理基準のサブコントロールの項番を表す.

適用する場合の留意点

① 秘密かぎの厳重な管理

　ディジタル署名などでも使用される秘密かぎは,当該本人しか持っていないかぎであることを前提としている.このかぎは通常,パソコンのハードディスクなどに保存されていることが多い.したがって,暗号化を行うにあたっては,このかぎが漏洩したり,ハードディスクが壊れたりして,かぎが使用できない場合の対処方法を十分に検討しておく必要がある.

4.8 システムの開発および保守

(4) システムファイルのセキュリティ

> **情報セキュリティ管理基準　8　システムの開発及び保守**
>
> (「8　システムの開発及び保守」の続き)
> 　8.4　システムファイルのセキュリティ
> 　　目的：ITプロジェクト及びその支援活動をセキュリティが保たれた方法で実施されることを確実にするため
> 　　8.4.1　運用システムでのソフトウェアの実行を管理すること
> 　　8.4.2　試験データを保護し，管理すること
> 　　8.4.3　プログラムソースライブラリへのアクセスに対しては，厳しい管理を維持すること

情報セキュリティ管理基準の読み方

① **システムファイルの管理**

　ここでは，システムファイルのセキュリティを確保するための管理策を示している．システムファイルには，情報システムの運用プログラム，ソースプログラム，試験データ，コンパイルなどを行った実行モジュールなどがあり，それぞれ適切に管理しなければならない．

② **運用ソフトウェアの管理**

　運用システムにかかわるソフトウェアが適切に管理されていなければ，不正なモジュールや誤ったモジュールが運用環境に反映されたりするおそれがある．この場合，情報システムやサービスの提供に直接影響を与えることになるので，重大なセキュリティ事件・事故につながるリスクが高い．したがって，運用プログラムライブラリの更新は開発部門が勝手に行わず，適切な手続に則り，正確に実施する必要がある．特に，運用プログラムの更新タイミングや，障害が発生した場合のリカバリー対

第4章 情報セキュリティ管理基準の読み方

図表4.8.4 試験データの管理項目

- 試験データへのアクセス制御
- 試験実施中のデータ管理
- 試験終了後の試験データの削除 など

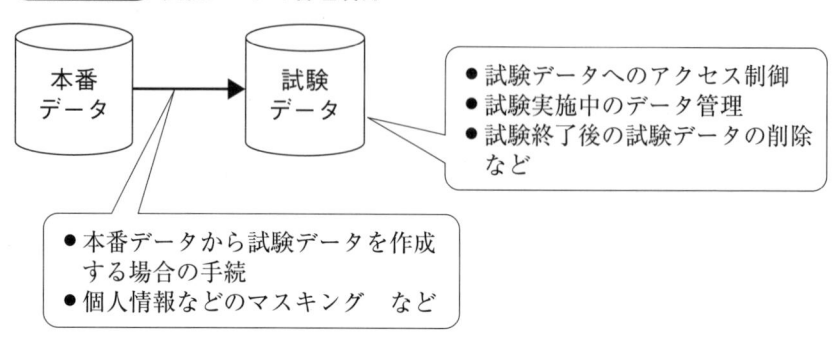

- 本番データから試験データを作成する場合の手続
- 個人情報などのマスキング など

図表4.8.5 プログラムソースライブラリへのアクセス制御

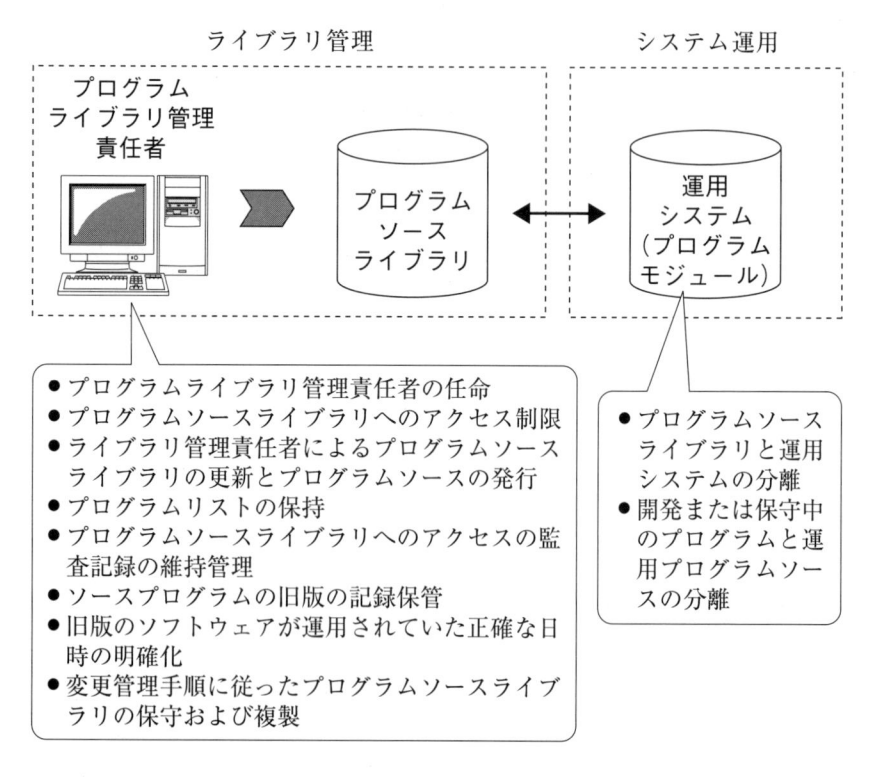

ライブラリ管理／システム運用

プログラムライブラリ管理責任者 → プログラムソースライブラリ ↔ 運用システム（プログラムモジュール）

- プログラムライブラリ管理責任者の任命
- プログラムソースライブラリへのアクセス制限
- ライブラリ管理責任者によるプログラムソースライブラリの更新とプログラムソースの発行
- プログラムリストの保持
- プログラムソースライブラリへのアクセスの監査記録の維持管理
- ソースプログラムの旧版の記録保管
- 旧版のソフトウェアが運用されていた正確な日時の明確化
- 変更管理手順に従ったプログラムソースライブラリの保守および複製

- プログラムソースライブラリと運用システムの分離
- 開発または保守中のプログラムと運用プログラムソースの分離

策などを十分に検討すべきである．

監査人は，運用システムへの移行手続が適切であるかを移行手順書や移行時の記録をレビューして確かめることになる．監査を受ける側は，移行手続や移行手順を明確にして文書化しておくとともに，管理者によるチェックが行われている証跡(移行指示書への捺印など)を残すようにするとよい．特に，運用システムに移行するプログラムなどが事前に十分テストされ，運用環境に反映できる状態であるかどうかの実施判定を行うことが重要なポイントとなる．

③　**試験データは本番データと同じレベルで管理**

開発したプログラムが要求仕様どおりに稼働することを確かめるために，システムテストや受入れテストなどでは，本番データに近い内容とデータ量でテストを行うことがある．したがって，試験データには本番データに含まれるような取扱いに慎重を要する情報が含まれることがあるので，本番データと同じレベルで管理する必要がある(図表4.8.4参照)．

④　**プログラムソースライブラリのアクセス制御**

プログラムのソースに対しては，適切な手続にもとづいて，構成管理や変更管理などを行う必要がある．プログラムソースライブラリへのアクセス制御はサブコントロールに示されているので，これを参照するとよい(図表4.8.5参照)．

適用する場合の留意点

①　**分散系システムのライブラリ管理**

ホスト系システムに比べて，分散系システムでは，ソースプログラムの管理をプログラム作成者個人に依存していることがある．例えば，ソースプログラムなどをサーバのフォルダにテキストファイルで保存するなど，ライブラリ管理が不十分になっている場合があるので注意する必

要がある．

（5） 開発および支援過程におけるセキュリティ

> **情報セキュリティ管理基準　8　システムの開発及び保守**
>
> （「8　システムの開発及び保守」の続き）
>   8.5　開発及び支援過程におけるセキュリティ
>   　目的：業務用システム及び情報のセキュリティを維持するため
>   8.5.1　情報システムの変更の実施を厳しく管理すること
>   8.5.2　オペレーティングシステムを変更した場合は，業務用システムをレビューし，試験すること
>   8.5.3　パッケージソフトウェアの変更は極力行わないようにし，絶対に必要な変更を厳しく管理すること
>   8.5.4　隠れチャネル(Covert channels)及びトロイの木馬(Trojan code)の危険性から保護するために，ソフトウェアの購入，使用及び修正を管理し，検査すること
>   8.5.5　外部委託によるソフトウェア開発をセキュリティの保たれたものとするために，管理策を用いること

情報セキュリティ管理基準の読み方

①　変更管理の明確化

　情報システムは，業務上の必要性や法制度改正などにともなって，常に見直しが行われ変更される．情報システムの変更管理が適切に行われない場合には，例えば，変更漏れがあったり，プログラムやデータが誤って破壊されたり，不正なプログラムを組み込まれたりするリスクがある．そこで情報システムの変更に関する手順を定め，セキュリティ上の問題が発生しないように管理しなければならない．業務用ソフトウェア

4.8 システムの開発および保守

図表4.8.6 変更管理の考慮事項

変更管理の分類	内　容	項　番
業務用ソフトウェアおよび運用	セキュリティおよび管理手順の完全性の考慮	8.5.1.1
	支援プログラマのアクセスの限定	8.5.1.2
	変更についての正式な合意・承認	8.5.1.3
	変更管理手順の統合	8.5.1.4
	変更記録の維持	8.5.1.5
	変更依頼の提出	8.5.1.6
	変更手順のレビュー	8.5.1.7
	修正対象の識別	8.5.1.8
	変更の承認	8.5.1.9
	利用者による変更の受入れ確認	8.5.1.10
	変更の実施	8.5.1.11
	文書の更新	8.5.1.12
	旧文書類の記録保管，処分	8.5.1.13
	ソフトウェアの版数管理	8.5.1.14
	変更要求の監査証跡の維持管理	8.5.1.15
	運用文書類および利用者手順の変更	8.5.1.16
	変更の実施時期	8.5.1.17
オペレーティングシステム	変更手順のレビュー	8.5.2.1
	レビューおよびシステム試験の予算化	8.5.2.2
	変更の通知	8.5.2.3
	事業継続計画に対する適切な変更	8.5.2.4
パッケージソフトウェア	できる限り，変更しないで使用すること	8.5.3.1
	組み込まれている管理策および完全性の処理が損なわれるリスクの考慮	8.5.3.2
	ベンダーとの同意	8.5.3.3
	ベンダーから必要な変更が得られる可能性	8.5.3.4
	ソフトウェア保守に対する影響	8.5.3.5
	原本のソフトウェア保管，明確に識別された複製に対する変更	8.5.3.6
	試　験	8.5.3.7
	文書化	8.5.3.8
	更新されたソフトウェアへの適用	8.5.3.9

注）　表の右にある番号は情報セキュリティ管理基準のサブコントロールの項番を表す．

および運用，オペレーティングシステム，パッケージソフトウェアなどの変更管理で考慮すべき事項は，サブコントロールに示されているので，これを参照するとよい(図表4.8.6参照).

監査人は，変更管理の適切性に特に関心をもっている．そこで，変更管理に関する手続書などを入手し，その内容について図表4.8.6に示す項目が定められているかレビューするとともに，手続書に従って変更されているかどうかを変更時の届出書や変更記録などを分析して確かめることになる．監査を受ける側は，こうした手続書や変更記録などを残すとともに，変更に対する確認が行われていることを示せるようにしておく必要がある．

② ソフトウェアの購入，使用および修正の検査

パッケージソフトウェアなどを購入したり，インターネットからソフトウェアをダウンロードしたりして使用する場合には，導入前に十分な受入れテストを実施して，仕様どおりに稼働するかどうかを確かめるとともに，当該ソフトウェアに隠れチャネル(Covert channels)やトロイの木馬(Trojan code)が仕組まれていないかどうか注意する．

③ ソフトウェア開発の外部委託先へのセキュリティ要求事項の提示

ソフトウェア開発を外部委託する(アウトソーシング)場合には，開発したプログラムの所有権，品質，再委託可否，監査などについて事前に合意し，具体的な内容を契約書に盛り込むことが必要である．ただし，外部委託先には業務を委託することはできても，責任までは"委託"できないので，外部委託先管理を適切に行う必要がある．

適用する場合の留意点

① フリーウェアの使用に注意

インターネット上では，さまざまなソフトウェアが公開されており，無料で使用できるソフトウェア(一般にフリーウェアと呼ばれる)もある．

4.8 システムの開発および保守

例えば，ファイルを圧縮・解凍する機能など便利なソフトウェアも多いが，中には悪意をもって作成されたソフトウェアもある．したがって，業務上で必要なソフトウェア以外は，許可なくダウンロードしないなどのルール化を行うとともに，導入前には必ず，運用環境と切り離したテスト環境で正常に稼働することを確認すべきである．

4.9 事業継続管理

(1) 事業継続管理の種々の面

情報セキュリティ管理基準　9　事業継続管理

9　事業継続管理
　9.1　事業継続管理の種々の面
　　目的：事業活動の中断に対処するとともに，重大な障害又は災害の影響から重要な業務手続を保護するため
　　9.1.1　組織全体を通じて事業継続のための活動を展開し，かつ，維持するための管理された手続が整っていること
　　9.1.2　事業継続のための活動は，業務手続の中断を引き起こし得る事象を特定することから始めること
　　9.1.3　事業継続に対する全般的取組のために，適切なリスクアセスメントに基づいた戦略計画を立てること
　　9.1.4　重要な業務手続の中断又は障害の後，事業運営を維持又は要求される時間内に復旧させるための計画を立てること
　　9.1.5　すべての計画が整合したものになることを確実にするため，また，試験及び保守の優先順位を明確にするために，一つの事業継続計画の枠組みを維持すること
　　9.1.6　事業継続計画が最新の情報を取り入れた効果的なものであることを確実にするために，定期的に試験すること
　　9.1.7　事業継続計画は，それらの有効性を継続して確保するために，定期的な見直し及び更新によって維持すること

4.9 事業継続管理

情報セキュリティ管理基準の読み方

① 事業継続に必要なプロセスの整備

事業が中断するようなセキュリティ事件・事故が発生した場合に備えて，危機管理としての事業継続管理を考えなければならない．具体的には，図表4.9.1に示されているようなプロセスを整備し，組織全体で取り組まなければならない．

② 事業継続計画の策定

策定された事業継続戦略計画にもとづき，事業継続の枠組みを明確にして，事業を継続させるための具体的な計画を策定する．事業継続計画の枠組みは，サブコントロールに示されているので，これを参照するとよい（図表4.9.2参照）．策定された事業継続計画が形式的なものになってしまうと，実際に事業が中断するような事態になった場合に有効に機能しなくなる可能性があるので注意する．

監査人は，図表4.9.1に示すプロセスに従って，事業継続計画を策定しているかどうか確かめることになる．監査を受ける側は，こうしたプロセスにもとづいて事業継続計画を策定していることを説明できるように，例えば，リスクアセスメント結果や経営者が出席した会議の議事録など，関連する文書などを残しておくとよい．

図表4.9.1 事業継続管理に必要なプロセス

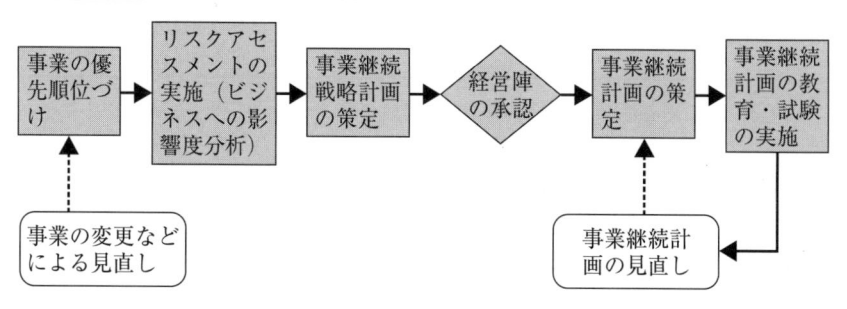

事業の優先順位づけ → リスクアセスメントの実施（ビジネスへの影響度分析） → 事業継続戦略計画の策定 → 経営陣の承認 → 事業継続計画の策定 → 事業継続計画の教育・試験の実施

事業の変更などによる見直し → 事業の優先順位づけ

事業継続計画の見直し → 事業継続計画の策定

事業継続計画の教育・試験の実施 → 事業継続計画の見直し

199

図表4.9.2 事業継続計画の枠組み

項　目	管　理　策	項　番
事業継続計画の作成過程における考慮	すべての責任および緊急時手続の識別と合意	9.1.4.1
	緊急時手続の実施	9.1.4.2
	外部事業への依存性および該当契約事項の評価	9.1.4.3
	合意された手順および過程の文書化	9.1.4.4
	合意された緊急時手続および過程の教育	9.1.4.5
	計画の試験および更新	9.1.4.6
	要求される事業目的	9.1.4.7
	サービスおよび資源の代替手段の手配	9.1.4.8
事業継続計画の枠組み	実行開始条件の明確化	9.1.5.1
	新しい要求事項に対する緊急時手続の修正	9.1.5.2
	計画実施条件	9.1.5.3
	緊急時手続	9.1.5.4, 9.1.5.5
	代替手段の手順	9.1.5.6
	再開手順	9.1.5.7
	維持計画予定表	9.1.5.8
	認識および教育活動	9.1.5.9
	個人の責任	9.1.5.10, 9.1.5.11, 9.1.5.12

注）　表の右にある番号は情報セキュリティ管理基準のサブコントロールの項番を表す．

③　事業継続計画の試験と定期的な見直し

　事業継続計画が有効に機能するかどうかは，事業継続計画に定められた事項を試験することによって検証する．試験の具体的な内容に

ついては，机上試験(情報セキュリティ管理基準9.1.6.5)，模擬試験(同9.1.6.6)，技術的回復試験(同9.1.6.7)，代替施設での回復試験(同9.1.6.8)，供給者施設およびサービスの試験(同9.1.6.9)，全体的な模擬回復試験(同9.1.6.10)がサブコントロールとして示されている．代替手段としてオフサイトでの対応を計画している場合には，セキュリティが確保されているかどうかもチェックする必要がある．

また，策定された事業継続計画は，事業を取り巻く環境変化，ビジネスモデルの変更や情報技術環境の変化にともなって有効に機能しなくなる可能性がある．そこで，責任者を割り当てて，最低でも年1回は，事業継続計画を見直すことが大切である．

監査人は，経営陣が承認している事業継続計画の教育や試験が実施され，見直しが行われているかを事業継続方針書や事業継続計画書，試験実施記録などのレビューによって確認することになる．監査を受ける側は，事業継続計画のタイムチャートや試験実施項目などを作成しておき，試験内容がわかるものを保存して説明できるようにするとよい．

適用する場合の留意点

① 緊急時対応計画との関係

事業継続管理には，事業を中断させないための予防的な管理と，中断からの回復管理があることに注意する．緊急時対応計画(コンティンジェンシープラン)は事業が中断した場合の復旧計画であり，事業継続計画の方がより広い範囲を対象としている．

② 事業継続計画の整合性

事業活動が中断するような事態から業務を復旧させる場合，復旧にかかわる関係者は同一組織内だけに止まらず，顧客先や取引先，外部委託先など広範囲に及ぶこととなる．したがって，顧客先や外部委託先などの事業継続計画を確認して，それぞれの事業継続計画間で整合性をとる

第4章 情報セキュリティ管理基準の読み方

必要がある．顧客先や外部委託先などと調整をした議事録などを残すとよい．また，業務にかかわる事業継続計画の部分と，その業務を支援する情報システムにかかわる事業継続計画の部分について，整合性があるかどうかもチェックする．

③ 復旧に要する許容停止時間の短縮化

情報システムの 24 時間 365 日稼働やグローバル化などによって，情報システムの復旧に許容される時間は短くなりつつある．特に，インターネット専業の銀行や証券会社，あるいは電子商取引など情報システムを前提とするサービスでは，情報システムが停止すると主要な業務が止まり，情報システムを復旧する以外には事業を継続できない．復旧までの対応をどうするのかなどを明確にしておくとともに，代替手段で実施した場合の結果が情報システムに反映可能な範囲内であるかどうかを事前に検討しておくことも必要である．

4.10 適合性

(1) 法的要求事項への適合

> 情報セキュリティ管理基準　10　適合性
>
> 10　適合性
>   10.1　法的要求事項への適合
>   　目的：刑法及び民法，その他の法令，規制又は契約上の義務，並びにセキュリティ上の要求事項に対する違反を避けるため
>   　　10.1.1　各情報システムについて，すべての関連する法令，規制及び契約上の要求事項を，明確に定め，文書化すること
>   　　10.1.2　知的所有権がある物件を使用する場合及び所有権があるソフトウェアを使用する場合は，法的制限事項に適合するように，適切な手続を実行すること
>   　　10.1.3　組織の重要な記録は，消失，破壊及び改ざんから保護されること
>   　　10.1.4　関連する法令に従って個人情報を保護するために，管理策を用いること
>   　　10.1.5　情報処理施設の使用には管理者の認可を要するものとし，そのような施設の誤用を防ぐための管理策を用いること
>   　　10.1.6　暗号による管理策の規制においては，国の法律への適合を確実なものにするために，法的な助言を求めること
>   　　10.1.7　人又は組織に対する措置を支援するには，十分な証拠をもつこと

情報セキュリティ管理基準の読み方

① 法的要求事項の文書化

業務遂行に際しては，当該業務に関連するさまざまな法的要求事項に従わなければならない．当然のことながら，業務を支える情報システムも，関連する法令，規制，契約などを遵守する必要がある（図表4.10.1参照）．ここでは，情報システムに関連する法令，規制および契約上の義務を明確にして文書化することを求めている．情報セキュリティにかかわる法律には，例えば，刑法，不正アクセス禁止法，電子署名法，不正競争防止法，著作権法，個人情報保護法などがある．関連する法令などの一覧表を作成するとともに，法令などの改正や新規制定に関する情報を収集し，関係者に周知する体制を整えることが必要である．また，法務関連部署によるチェックを受けたり，弁護士などの法律専門家に相談したりするとよい．なお，情報セキュリティ管理基準では，"情報システム"に関して述べているが，"サービス"についても合わせて検討するとよい．

所有権のあるソフトウェアを使用する場合には，知的所有権に関する手続を整備するとともに，使用許諾契約内容の理解と適切な使用が必要

図表4.10.1 情報システムへの法的要求事項

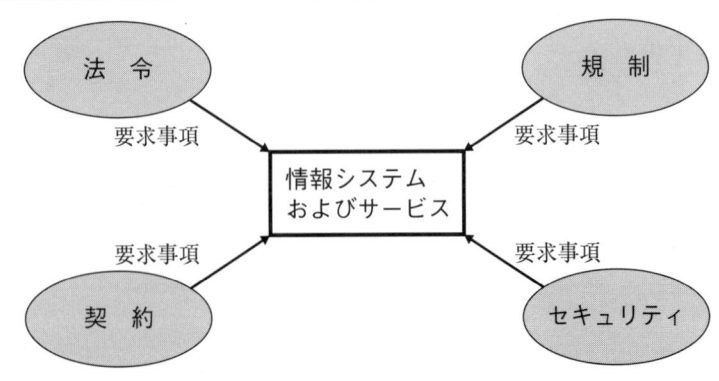

```
    法令              規制
      \  要求事項   要求事項  /
       → 情報システム ←
         およびサービス
      /  要求事項   要求事項  \
    契約            セキュリティ
```

である.また,業務を遂行するうえで関係する特許情報を常に収集し,特許庁のホームページをチェックするなど,注意を払うことが重要である.そのために,特許関係を扱う組織,あるいは専任者を置き,情報を一元化しておくとよい.

　監査人は,情報システムに関連する法令などについて,関係者にインタビューするとともに,関連文書をレビューして,その遵守性を確かめることになる.監査を受ける側は,関連する法令などを調査した記録や一覧を作成するとともに,周知徹底した記録や関連法令などの定期的な見直しの記録などを残して説明できるようにするとよい.

② **重要な記録の保護**

　組織の事業活動が適切に行われたことを示すものに記録がある.特に法的に要求されるような重要な記録は,紛失,滅失,破壊,改ざんなどから保護しなければならない.重要な記録の管理については,サブコントロールを参照するとよい(図表4.10.2参照).最近では電子的に記録を保存することが多くなっているので,電子記録媒体の保管と見読性の確保には注意する必要がある.例えば,電子帳簿保存法の真実性や見読性を確保するための管理策などを参考にするとよい.

図表4.10.2　重要な記録の管理

管　理　策	項　番
記録の種類,保持期間,記録媒体の種類	10.1.3.1
暗号かぎ管理	10.1.3.2,　10.1.3.3
記録媒体の保管および取扱い	10.1.3.4,　10.1.3.5
媒体および書式の読取り可能性の確保	10.1.3.6
データ保管システムの選択	10.1.3.7
保管および取扱いシステム	10.1.3.8,　10.1.3.9,　10.1.3.10, 10.1.3.11,　10.1.3.12,　10.1.3.13

　注)　表の右にある番号は情報セキュリティ管理基準のサブコントロールの項番を表す.

③ 個人情報の管理

　個人を特定する氏名，性別，生年月日，住所，電話番号などや，特定個人にかかわる取引内容などは，その取扱いに慎重を要する情報である．これらの個人情報は，2003年5月に成立した個人情報保護法や，個人情報保護に関するガイドラインにもとづいて，適切に取り扱い，保護しなければならない．個人情報保護に関する規格としては，JIS Q 15001（個人情報保護に関するコンプライアンス・プログラムの要求事項）が1999年3月に制定されているのでこれを参考にするとよい．コンプライアンス・プログラムの要求事項には，「個人情報保護方針，計画，実施および運用，監査，代表者による見直し」がある．JIS Q 15001では，コンプライアンス・プログラムの実施状況を定期的に監査することを要求している．

図表4.10.3　個人情報の管理

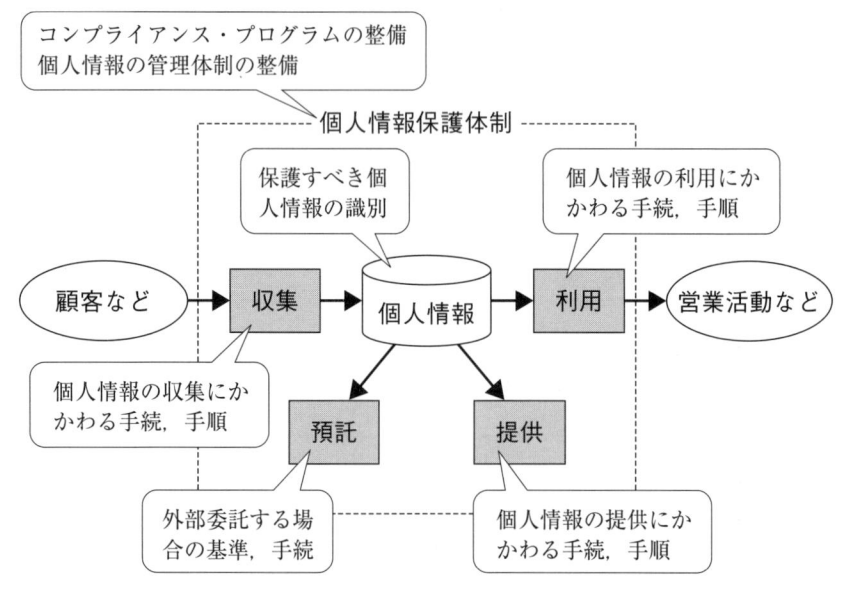

```
コンプライアンス・プログラムの整備
個人情報の管理体制の整備
                    ┌──── 個人情報保護体制 ────┐
           保護すべき個              個人情報の利用にか
           人情報の識別              かわる手続，手順
                    ↓                    ↓
顧客など → 収集 → 個人情報 → 利用 → 営業活動など
         ↓         ↓  ↓
個人情報の収集にか  預託 提供
かわる手続，手順    ↓    ↓
          外部委託する場  個人情報の提供にか
          合の基準，手続  かわる手続，手順
```

出典）島田裕次，榎木千昭，山本直樹，五井孝，内山公雄：『ISMS認証基準と適合性評価の解説』，日科技連出版社，2002年，p.149を一部修整した．

4.10 適 合 性

監査人は，コンプライアンス・プログラムの整備状況，体制の整備状況，運用状況について確かめることになる（図表4.10.3参照）．監査を受ける側は，個人情報保護に関する方針や規程などにもとづいて，個人情報を適切に管理していることを説明できるようにするとよい．

④ 情報処理施設および設備の管理

情報処理施設や設備を業務以外の目的で使用することによってセキュリティ事件・事故が生じた場合，不正に使用した当事者の責任だけではなく，不正に使用された側も管理責任を問われる可能性がある．したがって，情報処理施設や設備の使用について管理する必要がある．特に，取扱いに慎重を要する情報システムがある施設や設備の使用については，監視することも必要となる．例えば，使用前の承認やテレビカメラで監視したり，ビデオカメラに録画したりする方法があげられる．監視は，プライバシーの侵害になる可能性もあるので，その合法性について事前に十分検討する必要がある．情報処理施設や設備の不正使用に関する法律には，例えば，不正アクセス行為の禁止などに関する法律や，刑法における電磁的記録不正作出および毀棄罪などがある．

⑤ 国によって異なる暗号の使用

暗号機能を組み込んだハードウェアやソフトウェアの輸出は，各国の法律で規制されている場合がある．日本でも，暗号技術の輸出には許可が必要となっているので注意が必要である．

⑥ 証拠の保全

セキュリティ事件・事故によって訴訟などになった場合には，証拠の提示が必要となる．提示する証拠は，証拠の容認性，証拠の質および完全性，プロセス管理の証拠などについて，関係法令の面からも考慮しなければならない．つまり，証拠にかかわる原本性を確保し，証拠の質および完全性を維持することが重要となる．コンピュータ媒体上に保存された情報については，可用性を確保するとともに，不正な改ざんや削除

などから保護し，適切な管理を行う必要がある．これらについては，弁護士などの専門家に相談し，助言を求めるとよい．

|適|用|す|る|場|合|の|留|意|点|

① コンプライアンス・マニュアルの整備

　情報システムやサービスの提供，あるいは利用にあたっては，法令や規制などの何を遵守しなければならないのか，何をしてはいけないのかを具体的に明示し，周知徹底することが重要である．また，ルールに違反した場合には，どのような罰則が適用されるのかも周知しておかなければならない．監査人は，適用される法令などを遵守しているかをインタビューなどで確認することになる．監査を受ける側は，全社的なコンプライアンス・マニュアルを作成し，役職員をはじめ，関係者全員に周知し，勉強会などで徹底を図るとよい．また，それぞれの情報システムやサービスにおいて個別に遵守すべき法令などがある場合には，それぞれコンプライアンス・マニュアルを作成してもよい．この場合，全社的なコンプライアンス・マニュアルとの整合性に注意する．

（2） セキュリティ基本方針および技術適合のレビュー

情報セキュリティ管理基準　10　適合性

（「10　適合性」の続き）

　10.2　セキュリティ基本方針及び技術適合のレビュー

　　目的：組織のセキュリティ基本方針及び標準類へのシステムの適合を確実にするため

　　10.2.1　管理者は，自分の責任範囲におけるすべてのセキュリティ手続が正しく実行されることを確実にすること

　　10.2.2　情報システムは，セキュリティ実行標準と適合してい

ることを定期的に検査すること

情報セキュリティ管理基準の読み方

① マネジメントシステムとしてのPDCAサイクル

　情報セキュリティを確保し，維持するためには，計画にもとづく実行だけではなく，実施状況や準拠度合いをチェックし，問題点があれば見直しを行い，改善することが重要となる．このようなサイクルをマネジメントサイクルという．ここでは，実施されているセキュリティ手続がセキュリティ基本方針や規程などに適合しているかをレビューすること，すなわち，マネジメントサイクルにおけるCheck（点検）を行うことを

図表4.10.4 情報セキュリティマネジメントシステム

計画
　セキュリティ基本方針，目標，対象，プロセスおよび手順の確立

実行
　セキュリティ基本方針，目標，プロセスおよび手順の導入と運用
（セキュリティ手続の実行）

処置
　セキュリティ手続の是正および予防措置

点検
　セキュリティ手続の準拠性および妥当性の評価と見直し

- 日常的な点検
- 内部監査
- マネジメントレビュー
　など

（Plan → Do → Check → Act → マネジメントシステム）

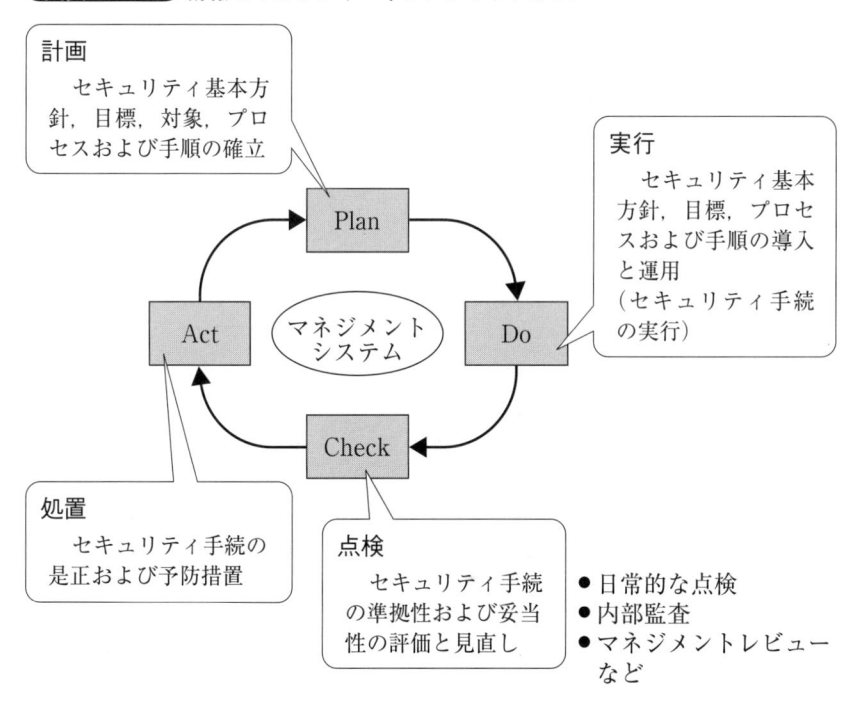

求めている(図表4.10.4参照).なお,「ISMS適合性評価制度」は,このマネジメントシステムについて評価し,認証する制度である.

② **技術的適合検査の実施**

ここでは,情報システムがセキュリティ実行標準と技術的に適合しているか検査することも求めている.例えば,Webサーバなどに疑似的な侵入を試みて,その脆弱性を検査する(ペネトレーションテスト).これらの検査にあたっては,サブコントロールに示されているように,システム監査技術者あるいはネットワーク技術者などの資格を有する専門家が実施したり,専門家の監督のもとで実施したりするとよい.

適用する場合の留意点

① **準拠性監査と妥当性監査**

セキュリティ手続が組織のセキュリティ基本方針や規程などに準拠しているか,あるいは手続やシステム設定が適切かどうかなどについては,監査を実施することによって評価する(準拠性監査).監査の計画,実施および報告については,第3章で解説しているので参照されたい.また,セキュリティ基本方針や規程などが妥当であるかどうかの監査(妥当性監査),およびセキュリティ基本方針などの見直しについては,情報セキュリティ管理基準「4.1.1 情報セキュリティ基本方針」を参照するとよい.

(3) **システム監査の考慮事項**

情報セキュリティ管理基準　10　適合性

(「10　適合性」の続き)
　10.3　システム監査の考慮事項
　　目的:システム監査手続の有効性を最大限にすること,及びシ

4.10 適合性

> ステム監査手続への／からの干渉を最小限にするため
> 　10.3.1　監査要求事項，及び，運用システムの検査を含む監査活動は，業務手続の中断のリスクを最小限に抑えるように，慎重に計画を立て，合意されること
> 　10.3.2　システム監査ツール，すなわち，ソフトウェア又はデータファイルへのアクセスは，誤用又は悪用を防止するために，保護されること

情報セキュリティ管理基準の読み方

①　計画的なシステム監査の実施

　ここでは，システム監査の実施によって，情報システムやサービスに悪影響を与えないように配慮することを求めている．監査を実施する場合には，特別な場合を除き，業務への影響を十分に検討のうえ，監査計画を策定し，事前に関係者の合意を得ることが重要である．システム監

図表4.10.5　システム監査実施時の考慮事項

管　理　策	項　番
監査目的および監査項目に関する経営陣の同意	10.3.1.1
検査範囲の合意，管理	10.3.1.2
検査用アクセス権の限定	10.3.1.3，10.3.1.4
複製ファイルの監査完了時点での消去	10.3.1.5
情報資源の識別と利用	10.3.1.6
特別または追加処理の要求事項の識別，合意	10.3.1.7
アクセス監視と記録	10.3.1.8
手順，要求事項および責任の文書化	10.3.1.9

　注）　表の右にある番号は情報セキュリティ管理基準のサブコントロールの項番を表す．

査実施時の考慮事項は，サブコントロールに示されているので，これを参照するとよい(図表 4.10.5 参照).

② **システム監査ツールの保護**

監査人が監査証拠を入手する方法のひとつにシステム監査ツールの利用がある．システム監査ツールは重要なデータへアクセスすることが可能なので，誤用によってデータを破壊したり，不正使用によって情報が漏洩したりするなどのおそれがある．システム監査ツールへのアクセスやその操作マニュアルの閲覧などは関係者のみできるように，適切に管理しなければならない．特に監査実施中は，関係者以外のものが監査関連の資料や機器などにアクセスできないような環境を用意するとよい．また，適切なレベルでの保護策が講じられていない限り，システム監査ツールは，開発や運用のシステムから分離しておくことに注意する．

適用する場合の留意点

① **監査調書の整備**

システム監査で実施した内容は，監査調書として記録される．監査調書には，監査人が入手したものや，監査人が自ら作成したものなどがある．監査報告書は監査調書にもとづいて作成されるので，監査調書に記録漏れがあったり，間違った記録があったりすると，監査報告書の正確性が損なわれる可能性がある．したがって，監査人は，監査調書を正確に作成するとともに，適切に管理しておかなければならない．

第5章

情報セキュリティ監査の導入と実務対応

　情報セキュリティ監査は，導入目的を明確にしたうえで導入することが大切である．導入目的が明確になっていなければ，組織の事業活動に役立つ情報セキュリティ監査を実施することは難しい．

　本章では，企業や政府・自治体などの組織において，情報セキュリティ監査を導入する場合には，どのような実務対応が必要になるのかを実務家の視点から説明する．また，情報セキュリティ監査を外部に委託する場合の注意についても解説する．

5.1 情報セキュリティ監査の導入手順

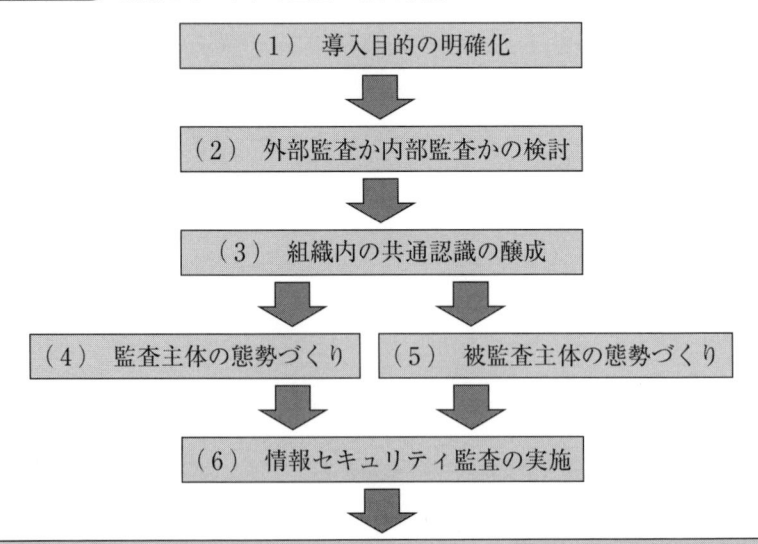

情報セキュリティ監査の導入手順は，例えば，図表5.1.1に示すような手順で行うとよい．組織の状況などを考慮して，組織に適した手順に手直ししていただきたい．

(1) 導入目的の明確化

① 導入目的の明確化の重要性

情報セキュリティ監査を導入する際には，事前に情報セキュリティ監査の導入目的を明確にしておかなければならない．経済産業省『情報セキュリティ監査研究会報告書』(2003年3月26日)では，情報セキュリティ監査の目的を外部目的と内部目的に区分しているが，組織にとって，なぜ情報セキュリティ監査が必要なのかということを十分に議論しなけ

図表5.1.1 情報セキュリティ監査の導入手順

```
(1) 導入目的の明確化
      ↓
(2) 外部監査か内部監査かの検討
      ↓
(3) 組織内の共通認識の醸成
      ↓                    ↓
(4) 監査主体の態勢づくり   (5) 被監査主体の態勢づくり
      ↓
(6) 情報セキュリティ監査の実施
      ↓
(7) 情報セキュリティ監査による事業活動への貢献/社会的責任の遂行
```

ればならない．なぜならば，情報セキュリティ監査の導入目的によって，その後の対応が異なるからである．

情報セキュリティ監査は，会計監査人監査，監査役監査，監督官庁による監査のように法令で定められたものではなく任意監査なので，監査の導入目的を明確にしておかなければ組織にとって有意義なものにすることが難しい．

② 導入目的の分類と特徴

情報セキュリティ監査は導入目的によって次のような特徴がある．

a．外部目的

情報セキュリティの確保が社会的に重要である組織の場合には，外部に向けて情報セキュリティの確保状況を公表するために実施することになる．例えば，政府・自治体などでは，住民基本台帳ネットワークをはじめ多くの公的な情報資産を有しているので，外部目的で導入することが多くなる．また，金融機関や通信・電力などのライフラインを扱う公益企業，顧客情報などの個人情報などを扱う企業なども外部目的で情報セキュリティ監査を導入することが考えられる．

b．内部目的

営業秘密や研究開発情報など事業活動を進めるうえで重要な情報資産を有している組織では，組織の事業活動の維持・拡大のために情報資産のセキュリティを確保する必要がある．こうした組織では，当該情報資産の外部流出によって，事業活動が大きく阻害されないようにすることが求められる．つまり，情報セキュリティ監査を組織自体のために実施することになる．これが内部目的の情報セキュリティ監査である．

③ 関連する諸制度との関係の明確化

組織では，情報セキュリティに関連してさまざまな制度が導入されているので，導入目的の検討に際しては，これらの諸制度との関係について明確にしておかなければならない．それぞれの制度がどのような目的

第5章 情報セキュリティ監査の導入と実務対応

図表5.1.2 情報セキュリティに関する諸制度・基準

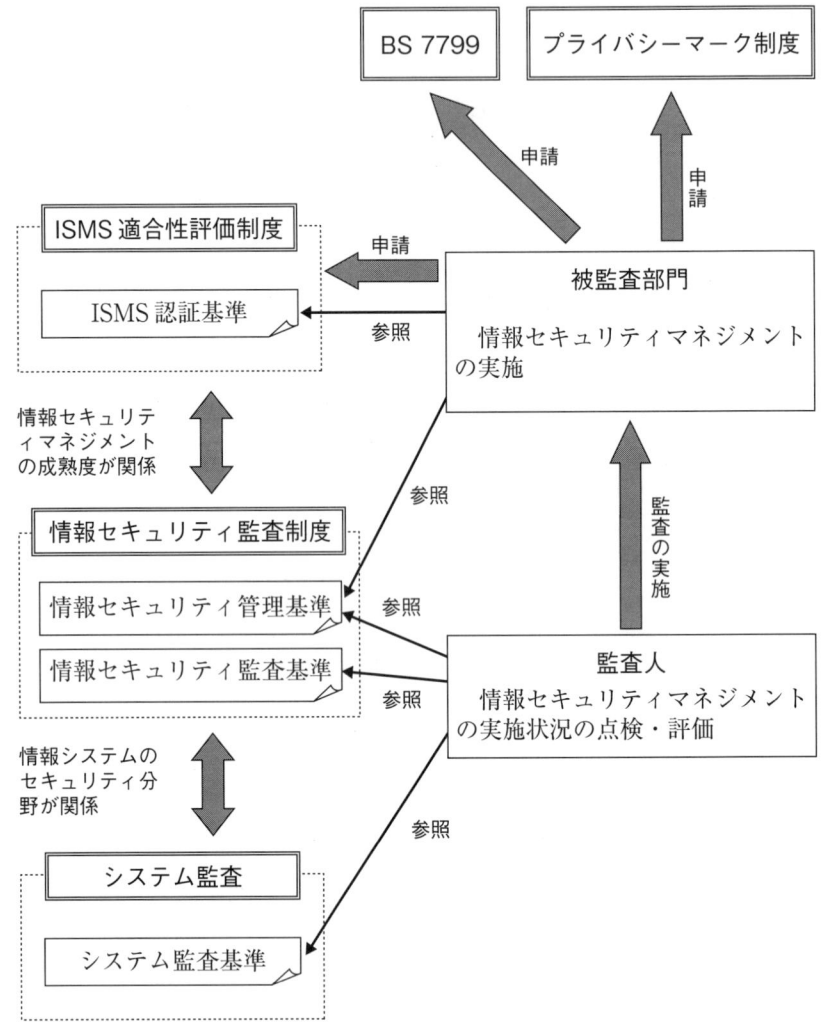

```
                              BS 7799        プライバシーマーク制度
                                ↑                    ↑
                                │申請                │申請
     ISMS適合性評価制度            │                    │
                            ←申請─  被監査部門
     ISMS認証基準        ←参照    情報セキュリティマネジメント
                                  の実施
         ↕
     情報セキュリティ                                  ↑
     マネジメント                                    │監査の
     の成熟度が関係                                  │実施
                                                   │
     情報セキュリティ監査制度
                            ←参照
     情報セキュリティ管理基準
                                    監査人
     情報セキュリティ監査基準  ←参照  情報セキュリティマネジメント
                                    の実施状況の点検・評価
         ↕
     情報システムの
     セキュリティ分
     野が関係            ←参照

     システム監査

     システム監査基準
```

出典) 島田裕次:「情報セキュリティ監査の実務対応」,『月間監査研究』, 日本内部監査協会, 2003年6月号, p.38を一部修整.

216

をもっているのか,それとの関係で組織において情報セキュリティ監査をどのように位置づけるのかを明確にしておかなければ,組織の事業遂行の効率性を担保しつつ,組織に情報セキュリティ監査を定着させて情報セキュリティの維持・向上につなげることは難しい(図表5.1.2参照).

(2) 外部監査か内部監査かの検討

情報セキュリティ監査を外部監査で実施するのか,内部監査で実施するのかは,情報セキュリティ監査の導入目的によって異なる.外部目的で情報セキュリティ監査を導入しようとする組織では,外部に対して情報セキュリティを適切に確保していることをアピールしようとするので,情報セキュリティ監査の内容の客観性に重点をおくことになる.したがって,外部監査で実施したほうが,監査の客観性や信頼性の確保という意味で有効である.

一方,内部目的で監査を実施する場合には,情報セキュリティの視点からの業務改善を目指すことになるので,内部の事情に精通した内部監査部門による情報セキュリティ監査を選択することになる(図表5.1.3参照).

図表5.1.3 目的からみた監査の使い分け

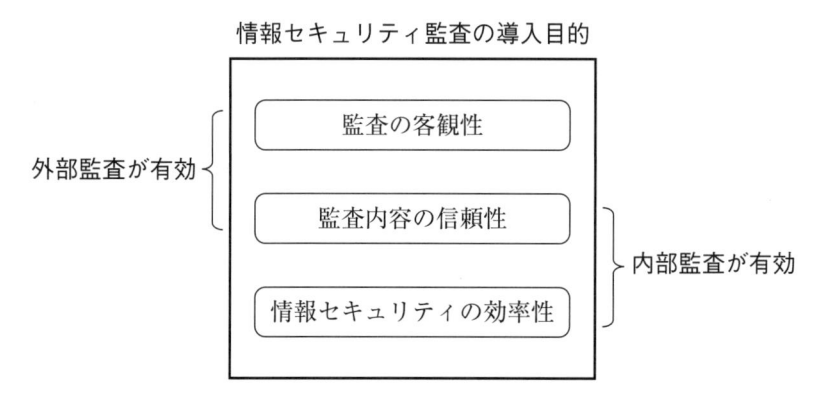

情報セキュリティ監査の導入目的

外部監査が有効 { 監査の客観性
監査内容の信頼性 } 内部監査が有効
情報セキュリティの効率性

このように，情報セキュリティ監査をどのように実施していくのかについては，情報セキュリティ監査の導入目的によって大きく左右される．

（3） 組織内の共通認識の醸成

情報セキュリティ監査を継続的に実施し，組織の情報セキュリティ水準を向上していくためには，組織内での理解が不可欠である．組織では，システム監査，会計監査，業務監査などの内部監査のほかに会計監査人監査，監督官庁の監査などさまざまな監査や調査が行われている．また，ISOの認証を取得する企業では，ISOの審査やISOのマネジメントシステムとしての監査も実施される．

したがって，組織内で「また新しい監査を行うのか」という声があがるおそれがある．こうした不満に対して適切に対応していくことも，情報セキュリティ監査を成功させる要件の1つである．

（4） 監査主体の態勢づくり

情報セキュリティ監査を実施していくためには，監査の実施主体の態勢づくりが不可欠である．態勢づくりは，外部監査で実施する場合と内部監査で実施する場合とでは，その内容が異なる．

具体的には，それぞれ次のような準備が必要になる．

① 外部監査の場合

外部監査で実施する場合には，まず外部監査の委託体制を整備しなければならない．例えば，外部監査人への委託（発注）手続，外部監査人との各種連絡，外部監査人と組織の各部門との監査日程調整，監査報告会の開催，外部監査人の評価などを行う担当部署を設ける必要がある．担当部署は，総務部門や情報システム部門よりも，客観性や独立性という視点から内部監査部門が担当する方法が望ましい．

なお，外部監査で情報セキュリティ監査を実施する場合であっても，

情報セキュリティ監査の委託方針（委託目的，期間，規模，範囲など）を明確にしておかなければならない．なぜならば，情報セキュリティ監査の対象範囲は非常に広く，監査にかけられる費用にも制約があるので，「公共性の高い情報や情報システムを監査対象として，外部に及ぼす影響が低い情報システムは対象外とする」などの方針を決めておく必要があるからである．また，外部監査人の選定に際しては，経済産業省『情報セキュリティ監査企業台帳』を活用するとよい．詳しくは，次のURLを参照されたい．

http://www.meti.go.jp/policy/netsecurity/is-kansa/

② **内部監査の場合**

内部監査で情報セキュリティ監査を実施する場合には，内部監査部門が中心となって監査実施体制を整備することになる．システム監査技術者，CISA（公認情報システム監査人），情報セキュリティの専門家などを社内から集めて，情報セキュリティ監査人として育成する．

（5） 被監査主体の態勢づくり

① **組織の情報セキュリティ管理基準の作成**

情報セキュリティ監査制度では，経済産業省が作成した情報セキュリティ管理基準にもとづいて，必要な項目を追加したり，該当しない項目を削除したりして組織の環境にあった内容にして活用することを前提としている．組織における管理基準の策定については，『個別管理基準（監査項目）策定ガイドライン』に提示されている．情報セキュリティ監査の実施態勢を整備するためには，こうした個別管理基準を策定する必要がある．個別管理基準については，情報セキュリティ管理基準との相違点について，その合理的な説明ができるようにしておかなければならない．したがって，個別管理基準の策定過程で検討した内容を記録・保管しておくとよい．

第5章 情報セキュリティ監査の導入と実務対応

なお,すでに情報セキュリティポリシーを策定し,具体的なセキュリティに関する規程などを定めている組織では,情報セキュリティ管理基準の記載項目を参照して,管理項目の漏れがないかどうかを確かめればよい.

② 被監査主体の態勢づくりの重要性

情報セキュリティ監査を成功させるためには,監査を実施する側(監査主体)だけではなく,監査を受ける組織全体として,情報セキュリティ監査に取り組む態勢づくりが不可欠である.なぜならば,情報セキュリティ監査は,組織の情報セキュリティの維持・向上を直接実施するものではなく,情報セキュリティに関する業務改善を促進・支援する役割

図表5.1.4 監査主体および被監査主体と監査効果の関係

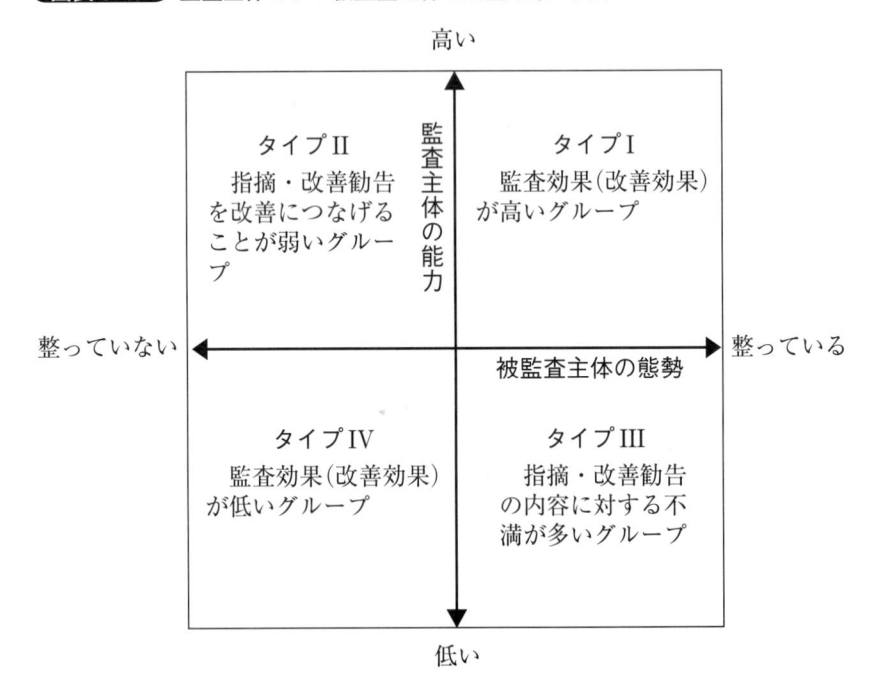

縦軸:監査主体の能力(高い/低い)
横軸:被監査主体の態勢(整っていない/整っている)

- タイプI(右上):監査効果(改善効果)が高いグループ
- タイプII(左上):指摘・改善勧告を改善につなげることが弱いグループ
- タイプIII(右下):指摘・改善勧告の内容に対する不満が多いグループ
- タイプIV(左下):監査効果(改善効果)が低いグループ

出典) 島田裕次:「情報セキュリティ監査の実務対応」,『月間監査研究』,日本内部監査協会,2003年6月号,p.40を一部修整.

を果たしているからである．したがって，監査を受ける側の情報セキュリティ意識が十分でなければ，組織の情報セキュリティレベルは向上しない．

情報セキュリティ監査は，監査の実施主体(監査主体)と監査を受ける側(被監査主体)の両者があって，はじめて成立するものであり，情報セキュリティ改善につなげていくためには，被監査主体を含めた議論が不可欠である．

被監査主体の態勢と監査主体の能力との関係は，経験的に図表5.1.4に示すような関係になっているが，この中のタイプⅠになるように取り組むことが大切である．

③ 被監査主体(被監査部門)での具体的な準備

情報セキュリティ監査は，簡単にいえば，監査主体(監査人)が「情報セキュリティが適切に確保されていること」を証明するプロセスである．したがって，監査人の証明行為(監査活動)を円滑に進められれば，情報セキュリティ監査のコストや被監査主体の負担も低減される．

情報セキュリティを成功させ，情報セキュリティの確保という社会的責任を果たしていくためには，被監査主体に対する監査の教育も重要である．例えば，監査を受ける際の対応方法(文書などの証拠にもとづく説明)，日頃から準備しておくべき事項(記録の作成・保管)などを周知・教育しておく方法がある．

(6) 情報セキュリティ監査の実施

情報セキュリティ監査は，情報セキュリティ監査基準にもとづいて実施する．情報セキュリティ監査における判断基準は，経済産業省の『情報セキュリティ管理基準』にもとづいて組織が策定した組織の個別管理基準になる．情報セキュリティ監査は，当該組織の個別管理基準に準拠して実施することになる．

したがって，情報セキュリティ監査では，当該組織の個別管理基準の内容の適切性について，事前に評価してから情報セキュリティ監査で使用しなければならない．適切性の評価は，具体的には，経済産業省の『情報セキュリティ管理基準』と当該組織の個別管理基準を比較して，追加・変更・削除した内容が合理的な理由によるものかどうかを確かめることになる．

ところで，情報セキュリティ管理基準は監査判断の尺度であるといっても，情報セキュリティ管理基準に管理策の詳細な内容や具体的な水準まで示されているわけではない．そこで，監査人には，情報セキュリティの管理レベルはどの程度であるべきかを判断できる能力が求められる．

（7） 情報セキュリティ監査による事業活動への貢献／社会的責任の遂行

情報セキュリティ監査の結果は，外部目的であれば，その結果をタイムリーに外部に公表する必要がある．しかし，詳細な監査結果までを公表してしまっては，情報セキュリティを確保するうえで問題になってしまう．監査結果の公表については，情報セキュリティ監査基準の報告基準ガイドラインで示された情報セキュリティ監査報告書の雛形を監査主体の合意を得たうえで使用する方法などが考えられる．

情報セキュリティが確保されないと，当該組織だけではなく，社会・経済に大きな影響を及ぼすことがある．例えば，大手銀行の統合に際して発生したシステムトラブルは，社会的に大きな影響を及ぼすことになった．また，個人情報の漏洩によって，顧客に迷惑をかけた企業も少なくない．組織は，情報セキュリティを確保し，システム障害や情報の漏洩などによって顧客や取引先に迷惑をかけないようにする責任をもっている．これが，組織の情報セキュリティに関する社会的責任である．

5.2 情報セキュリティ監査の実務対応

(1) 民間企業における実務対応のポイント

民間企業が情報セキュリティ監査を導入する場合には，図表5.2.1に示すような視点から対応する必要がある．具体的には，次のように対応するとよい．

図表5.2.1 民間企業における実務対応のポイント

```
                ビジネスにおける情報セキュリティの重要性の検討
                            ↓
    ┌─────────────────┐
    │ ①ビジネス活動における位置づけ │
    └─────────────────┘
   ↑                              ↘ 外部目的か，内部目的かの検討
ビジネスへの
貢献状況の                        ┌──────────┐
評価                              │ ②目的の明確化 │
                                  └──────────┘
┌──────────┐                              ↓ ISMSやBS
│ ⑥外部委託の管理 │      情報セキュリティ       7799などへの
└──────────┘         監査の実施            取組みとの位置
   ↑                                        づけ整理
契約管理                          ┌──────────────┐
(委託事項                         │ ③他の制度との    │
の明確化)                         │   位置づけの明確化 │
                                  └──────────────┘
┌──────────────┐                              ↓
│ ⑤監査実施体制の整備 │
└──────────────┘
   ↑                          ┌──────────────┐
内部監査の実                   │ ④外部監査人の活用  │
施体制または外                 │   方針の策定       │
部監査人の委託                 └──────────────┘
体制を整備
                    外部目的の場合に，どのよう
                    に外部監査人を活用するかの明
                    確化（監査対象・範囲など）
```

① ビジネス活動における位置づけ

　企業が情報セキュリティ監査の導入を検討する場合には，前述のように事業活動(ビジネス活動)との関係を十分に検討する必要がある．つまり，情報セキュリティ水準の向上がビジネス活動の向上に結びついていなければならない．例えば，情報セキュリティレベルの向上によって，競争優位を獲得(顧客の獲得，市場占有率の向上など)できるとか，顧客満足度を高めることができるといったことである．

② 目的の明確化

　企業における情報セキュリティ監査の実務対応については，情報セキュリティ監査の実施目的を明確にすることが重要である．情報セキュリティ監査に関係する制度は前掲の図表5.1.2に示したようにさまざまであり，これらの関係を明確にしたうえで，企業としてなぜ情報セキュリティ監査を実施しなければならないのか，内部監査や他の外部監査との関係をどうするのか，ISMS適合性評価制度(ISMS認証基準)やBS 7799，プライバシーマーク制度などのマネジメントシステムとの関係をどうするのかを明確にすることが，もっとも重要なポイントである．

　情報セキュリティ監査の実施目的を検討する場合には，まず企業における情報の重要性について検討しておかなければならない．情報はビジネス活動を支える中心となるものである．また，これらの情報は会議や通知などの公式なコミュニケーション手段，非公式な打合せや雑談・懇談などの非公式なコミュニケーション手段を通じて伝達される．情報を上手に活用する企業では，企業活動が円滑に進むが，情報活用の下手な企業では企業活動が非効率で成果が上がらない．

　なお，内部監査(システム監査)においては，情報セキュリティに関係するものも監査対象となる．したがって，情報セキュリティ監査を導入する場合には，内部監査の目的を踏まえたうえで情報セキュリティ監査の目的を明確化する必要がある．

5.2 情報セキュリティ監査の実務対応

③ 他の制度との位置づけの明確化

　ISMS適合性評価制度やプライバシーマーク制度などの諸制度との位置づけを明確にする必要がある．例えば，ISMS認証取得については，経済産業省『情報セキュリティ監査研究会報告書』において，情報セキュリティマネジメントシステムのレベルが高くなれば，ISMSの認証を取得できるような組織になると考えている．したがって，ISMSの認証を取得し，それを維持していくことを前提にして，情報セキュリティ監査をどのように位置づけていくかを考えればよい．企業の情報セキュリティマネジメントシステムがISMS認証基準と情報セキュリティ管理基準に適合したものであれば，必ずしも複数のマネジメントシステムを構築する必要はない．また，対外的に企業の情報セキュリティレベルをアピールする場合に，ISMS認証取得を強調すれば経営にとってプラスになるのか，さらに情報セキュリティ監査を別に実施しその結果を公表したほうがプラスになるのかを考えればよい．

　顧客の個人情報を大量に取り扱う企業の場合には，ISMSの認証を取得するのか，プライバシーマークを取得するのか，あるいは両方とも取得するのかを検討することになる．また，認証の取得にはコストや手間がかかるので，企業のビジネス目的を踏まえて認証を取得するかどうかを経営判断することになる．

④ 外部監査人の活用方針の策定

　情報セキュリティ監査の目的によって，外部監査で実施するか，内部監査で実施するかが決まる．情報セキュリティ監査を実施することによって自社の情報セキュリティの適切性を外部に対してアピールすることを目的としている場合には，外部監査で実施するとよいが，企業のセキュリティレベルを向上させて業務改善などにつなげることを目的としている場合には，社内事情に精通した内部監査部門が実施すると有効である．

外部監査人を活用する場合には，情報セキュリティ監査の対象となる情報資産(情報，情報システム，情報処理設備など)を明確にするとともに監査対象部署や監査期間などについても明確にしなければならない．

⑤　**監査実施体制の整備**

情報セキュリティ監査の目的を明確にした後，監査の実施体制を整備することになる．監査部や監査室といった内部監査部門があるのか，システム監査の実施体制があるのかによって，情報セキュリティ監査の実施体制が決まる．

情報セキュリティ監査を外部目的で実施する場合には，情報セキュリティ監査企業台帳に登録された企業などに委託することになるので，その委託管理や調整を行う担当部署を定めることになる．

⑥　**外部委託の管理**

情報セキュリティ監査を外部委託する場合には，電子政府情報セキュリティ監査基準モデルを参考にするとよい．なぜならば，政府では，情報セキュリティ監査を外部監査で実施することを前提としているので，外部監査を委託する場合の委託先選定・契約などの手続についても記述されているからである．

（2）　政府・自治体における実務対応のポイント

政府・自治体が情報セキュリティ監査を実施する場合には，図表5.2.2に示すような視点から対応する必要がある．具体的には，次のように対応するとよい．

①　**実施目的の明確化と意識づけ**

政府・自治体は，公的機関であり情報セキュリティを確保することが不可欠である．例えば，外交・防衛・警察などの重要な機密情報を扱うとともに，各種の許認可業務，さまざまな住民サービスを行っている．さらに，住民基本台帳ネットワークといった大規模なネットワークシス

5.2 情報セキュリティ監査の実務対応

図表5.2.2 政府・自治体における実務対応のポイント

```
                  情報セキュリティ監査の意
                  義の明確化と職員の意識づけ
                                                    情報セキュ
                  ┌──────────────┐                  リティ監査お
   外部監査人    ①実施目的の明確化               よび情報セキ
   および監査成    と意識づけ                       ュリティ担当
   果の事後評価  └──────────────┘                  部署の整備

                                                  ┌──────────────┐
   ┌──────────────┐                              ②監査担当部署
   ⑥外部委託の管理                                  の体制整備
   └──────────────┘    ┌──────────┐              └──────────────┘
                        情報セキュリティ
   契約管理              監査の実施                   外部監査人
   (委託事項            └──────────┘                 の評価・選定
   の明確化)
                                                  ┌──────────────┐
   ┌──────────────┐                              ③外部監査人の選定
   ⑤情報セキュリティ                              └──────────────┘
   監査の実施
   └──────────────┘
   外部監査人    ┌──────────────────────┐
   による情報セ  ④電子政府情報セキュリティ
   キュリティ監    管理基準モデルの活用
   査の実施      └──────────────────────┘

                  自組織に応じた情報セキュリ
                  ティ管理基準の策定
```

テムを運営している.電子政府・電子自治体の推進とともに情報資産を取り巻くリスクも増大している.

政府・自治体における情報セキュリティ監査の実施目的は,さまざまな情報資産を適切に保護するためのマネジメントシステムが構築・維持されていることを第三者に点検・評価してもらうことを目的にしている.企業の場合にはさまざまなビジネスを展開しているので,その導入目的を明確にすることが重要になるが,政府や自治体の場合には導入目的そのものについては明確だといえよう.

また,情報セキュリティ監査実施の頻度および時期についても,方針

を明確にしておく必要がある．実施頻度については，政府・自治体の電子化の進展状況や，取り扱っている情報の重要度によって異なる．電子化が進展している政府や自治体では，情報システムの障害や不正アクセスなどのリスクが大きいので，実施頻度を多くすることも必要になる．また，高度な機密情報を取り扱っている政府や自治体では，情報漏洩などが業務遂行に及ぼす影響が大きいので，実施回数を多くする対応が考えられる．いずれにしても，情報資産に対するリスク評価を実施したうえで，情報セキュリティ監査の実施頻度や時期について方針を決めなければならない．

② 監査担当部署の体制整備

政府・自治体においても，どの部署が情報セキュリティ監査を担当するのかを明確にしておかなければならない．情報セキュリティ監査の実施は，当該組織のIT推進・運用体制とも関係が深いので，監査の客観性，独立性を確保しつつ担当部署を決定するとよい．特に政府・自治体の場合には，外部に対するアピールという意義も大きいので，情報セキュリティ監査を委託する部署と，情報セキュリティ監査を受ける部署とを外観上分離させることも大切である．

さらに，情報セキュリティ監査担当部署の人材育成も必要になる．情報セキュリティ監査のすべてを外部監査人に任せていたのでは，効果的かつ効率的な監査を実施できないからである．また，監査担当部署は，外部監査人との日程調整，往査部署や監査対象範囲などの調整といった業務を担当する．

③ 外部監査人の選定

情報セキュリティ監査を外部に委託する際には，外部監査人を適切に選定することが重要である．外部監査人の得意分野やスキルはまちまちであり，委託費用も大小さまざまである．外部監査人の具体的な選定ポイントについては，5.4節に詳述する．

5.2 情報セキュリティ監査の実務対応

④ 電子政府情報セキュリティ管理基準モデル(庁内ネットワークシステム)の活用

政府・自治体が情報セキュリティ監査を実施する場合には，電子政府情報セキュリティ管理基準モデル(庁内ネットワークシステム)を活用するとよい．しかし，ネットワーク環境やその他の情報システム環境は政府・自治体によって異なっているので，それぞれの環境に応じた見直しが必要である．見直しに際しては，モデルとなっている庁内ネットワークシステムの構成図と，自組織のネットワーク構成図を比較して，リスクの洗い出しおよび評価を行うなどの対応が必要になる(図表5.2.3参照)．

電子政府情報セキュリティ管理基準モデル(庁内ネットワークシステム)は，情報セキュリティ管理基準をベースに，個別管理基準(監査項目)策定ガイドラインの策定手順に従って策定したものである．このモ

図表5.2.3 情報環境の比較と管理基準の策定

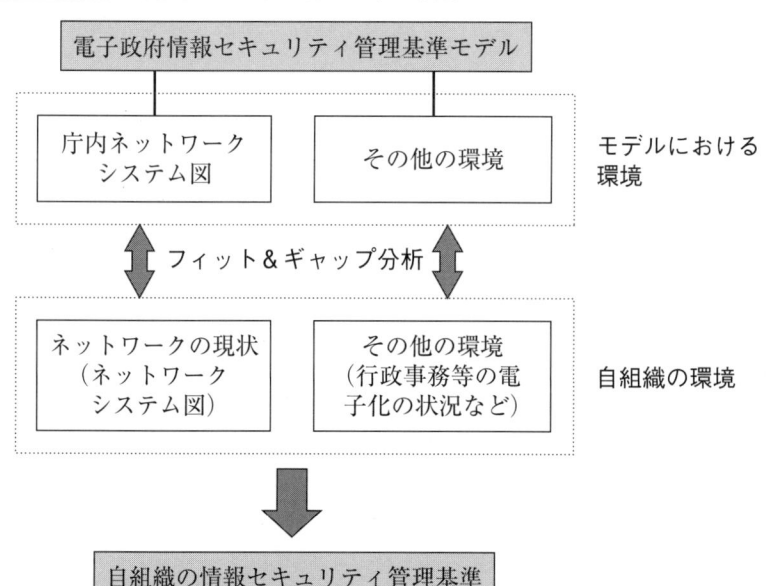

```
        電子政府情報セキュリティ管理基準モデル
    ┌─────────────────────────────────┐
    │  庁内ネットワーク      その他の環境   │   モデルにおける
    │  システム図                          │   環境
    └─────────────────────────────────┘
           ⇅    フィット&ギャップ分析   ⇅
    ┌─────────────────────────────────┐
    │  ネットワークの現状    その他の環境   │
    │  (ネットワーク         (行政事務等の電 │   自組織の環境
    │  システム図)          子化の状況など) │
    └─────────────────────────────────┘
                      ⇩
            自組織の情報セキュリティ管理基準
```

229

デルでは，公開サーバ部分については，対象外となっている．しかし，現実には公開サーバを利用した行政サービス（情報提供を含む）を行っていることが少なくないので，こうしたサービスを対象とした情報セキュリティ監査を実施する必要がある．

電子政府情報セキュリティ管理基準モデル（庁内ネットワークシステム）では，チェック欄で，必須項目（必ず遵守すべき項目），推奨項目（可能であれば実行すべき項目），不要項目（実行する必要のない項目）を示しているので，組織でどの程度の水準までの情報セキュリティ管理を行うのかを検討しなければならない．また，技術についても，技術的検証項目の追加が必要な項目と，必要でない項目を示しているので，これを参照しながら実務的な対応を行う必要がある．

⑤　**情報セキュリティ監査の実施**

情報セキュリティ監査基準と電子政府情報セキュリティ監査基準モデルとの相違点は，監査基準，実施基準ガイドライン，報告基準ガイドラインという3部構成ではなく，一本化されている点である．また，外部委託を前提にまとめていることも特徴である．

⑥　**外部委託の管理**

情報セキュリティ監査を外部委託した場合の責任は，だれにあるのだろうか．監査を外部に委託していることから，外部監査人が情報セキュリティ監査についてすべての責任をもつと考えがちである．しかし，情報セキュリティ監査を実施するかどうかは，政府・自治体で判断することであり，どのような方針で情報セキュリティ監査を委託するか，委託どおりに監査が実施されているかについては，発注者である政府・自治体に責任がある．また，情報セキュリティ監査で指摘された事項について，改善を行うことについても政府・自治体にその責任がある点に注意しなければならない（図表5.2.4参照）．

小規模な自治体などでは，情報セキュリティ監査の担当部署の体制が

図表5.2.4 情報セキュリティ監査の発注者責任と改善責任

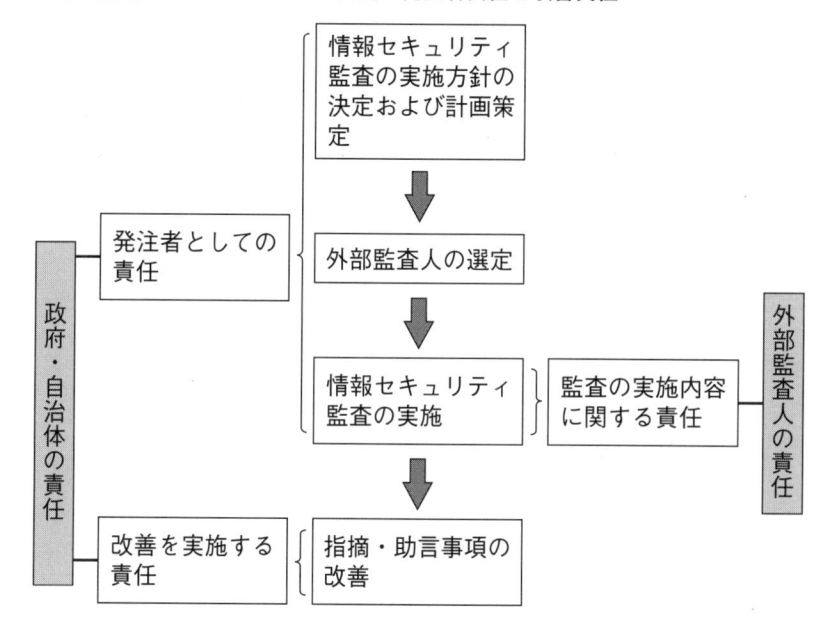

必ずしも十分だとはいえないので，ややもすると外部監査人に情報セキュリティ監査についてすべて任せきりになる可能性がある．こうした自治体では，発注者責任と指摘された事項の改善責任は，自治体などにあることをはっきりと認識する必要がある．

5.3 電子政府情報セキュリティ管理基準モデルの読み方

（1） 電子政府情報セキュリティ管理基準モデルの構成

電子政府情報セキュリティ管理基準モデル（庁内ネットワークシステム）は，電子政府を前提とした情報セキュリティ管理基準のモデルを示したものである．あくまでモデルであるので，これを参照しつつ組織の

状況に応じた管理基準をそれぞれの組織で作成しなければならない．

電子政府情報セキュリティ管理基準モデル(庁内ネットワークシステム)の構成は，情報セキュリティ管理基準とほぼ同様なので(図表5.3.1参照)，ここでは内容の説明を省略する．情報セキュリティ管理基準のサブコントロールとの相違点については，サブコントロール(修正後)欄をみればわかるようになっている．

(2) 電子政府情報セキュリティ管理基準モデルの読み方

電子政府情報セキュリティ管理基準モデルの項目(コントロールおよびサブコントロール)の読み方については，第4章で説明したとおりである．管理基準と異なる点は，必須項目(必ず遵守すべき項目)，推奨項目(可能であれば実行すべき項目)，不要項目(実行する必要のない項目)をチェック欄で示していることである．したがって，必須なのか，推奨なのか，不要なのかどうかを，電子化の状況および情報の重要性などを評価して，そのまま適用してよいかどうかを判断しなければならない．また，技術的な検証が必要かどうかについてもモデルのなかで示しているので，各組織の状況を踏まえて判断するとよい．

情報セキュリティ管理基準と電子政府情報セキュリティ管理基準モデルの項目との主な相違点は，次のとおりである．

a．用語の修正

経営者，経営陣を CIO などに修正している．

b．項目の一部除外

電子商取引，電子認証(一部)，公開アクセス系，データセンター，ハウジングの利用，モバイルコンピューティング(一部)，リモートに関する項目を対象外としている．

c．項目の追加

個人情報保護，原本性保証に関する項目を追加している．

5.3 電子政府情報セキュリティ管理基準モデルの読み方

図表5.3.1 情報セキュリティ管理基準と電子政府情報セキュリティ管理基準モデルの比較

項目数

項目	管理基準		電子政府モデル	
	コントロール	サブコントロール	コントロール	サブコントロール
1. セキュリティ基本方針	2	22	2	20 0 2
2. 組織のセキュリティ	11	85	11	87 5 3
3. 資産の分類及び管理	3	24	3	21 2 5
4. 人的セキュリティ	10	45	10	36 0 9
5. 物理的及び環境的セキュリティ	13	109	13	93 3 19
6. 通信及び運用管理	24	202	24	132 3 73
7. アクセス制御	33	212	33	150 4 66
8. システムの開発及び保守	18	144	18	129 0 15
9. 事業継続管理	7	49	7	47 0 2
10. 適合性	11	62	11	60 2 4
合計	132	954	132	775 19 198

注1) 電子政府モデル欄の中段は追加された項目数，下段は庁内ネットワークでは不要な項目数(外数)．

注2) コントロールだけでサブコントロールが示されていないものは，サブコントロールには加算していない．

5.4 外部監査人選定のポイント

(1) 外部監査人の選定の重要性

　外部監査人の選定の良し悪しは，情報セキュリティ監査の成否を大きく左右する．では，情報セキュリティ監査の成否とは，どういうことなのだろうか．外部目的で実施する情報セキュリティ監査の成功とは，第三者に対して組織の情報セキュリティレベルが確保されていることをアピールすることである．さらに，政府や自治体でいえば，それが国民や住民の満足度向上につながり，事業活動が円滑に進むことである．また，企業では，情報セキュリティが確保されていることが，ビジネス上の競争優位につながり，売上や利益の増加につながることである．

　一方，内部目的で実施する情報セキュリティ監査では，組織の情報セキュリティレベルを向上させることによって，情報システムの安定稼働や秘密情報の漏洩・流出の防止を図り，事業活動の発展につながることである．例えば，企業の場合では，情報システムのトラブルによる営業活動の停止，製品の製造原価情報や研究開発情報の外部流出によって営業活動や新製品の開発競争において他社に負けたりすることを防ぐことである．

(2) 多様な外部監査人

　情報セキュリティ監査を実施する法人や個人は，監査法人，情報セキュリティベンダー，システムベンダー，情報セキュリティ専門企業，システム監査企業などさまざまである．例えば，会計監査人監査(公認会計士監査)の場合には，公認会計士という資格を有する者しか監査が実施できないが，情報セキュリティ監査の場合には，情報セキュリティ監査士のように明確な資格制度があるわけではない．

5.4 外部監査人選定のポイント

　情報セキュリティ監査人を選定するための制度としては，情報セキュリティ監査企業台帳がある．情報セキュリティ監査企業台帳は，情報セキュリティ監査を行う監査主体を登録したものである．しかし，登録企業は，監査法人や情報セキュリティベンダーなどさまざまであり，それぞれ得意分野がある（図表5.4.1参照）．外部監査人を選定する場合には，情報セキュリティ監査企業が得意としている分野を十分に把握しておく

図表5.4.1　外部監査人の主な得意分野

企業の種類	主な得意分野
監査法人	監査手順や手法についての経験・スキルが豊富である．大手監査法人の場合には，情報セキュリティ，システム監査，会計監査，リスクマネジメントなど総合的な体制が整備されている．また，海外の監査法人と提携しており，最新かつグローバルな情報を豊富にもっている．
情報セキュリティベンダー	ファイアウォール，暗号ソフトなどの情報セキュリティ製品を提供している企業であり，当該製品分野についての専門性が高い．
システムベンダー	システム開発を中心としてシステムに必要なセキュリティ機能の構築についての経験・知識が豊富である．業務プロセスとの関係で，情報セキュリティ対策を構築する経験が豊富である．
情報セキュリティ専門企業	情報セキュリティポリシーの構築支援，情報セキュリティ対策の構築・運用などの経験・スキルが豊富である．ネットワークセキュリティが得意な企業，情報セキュリティマネジメントが得意な企業など，情報セキュリティ分野のなかでも得意分野が異なる．
システム監査企業	情報システムの企画・開発・運用という情報システム全般について，総合的に監査する経験・スキルが豊富である．システム監査技術者やCISAの有資格者も多い．情報システムのマネジメントが得意な企業，システム開発の監査が得意な企業，情報セキュリティが得意な企業など専門分野がさまざまである．

必要がある.

(3) 外部監査人の選定ポイント

外部監査人を選定する場合には，前述の情報セキュリティ監査企業の得意分野を考慮したうえで，具体的には，図表5.4.2に示すような事項について，評価する必要がある．また，外部監査人の選定に際しては，必ず複数の情報セキュリティ監査企業を比較・検討することが大切である．

情報セキュリティ監査企業台帳では，図表5.4.3に示す事項が経済産業省に申告されるので，これらの内容を参考にするとよい．

監査は，情報セキュリティ監査に限らず監査人の個人的な経験やスキルに左右されることが少なくない．また，通常，監査チームを編成して情報セキュリティ監査を実施することになると思われるが，こうした場合には，監査人の得意分野が特定分野に偏っていないかどうかをチェックすることも大切である．

(4) 委託事項の明確化

外部監査人が決定したら，情報セキュリティ監査で委託する内容を整理し，契約書に明記したうえで契約を締結しなければならない．情報セ

図表5.4.2 外部監査人の選定ポイント

選定ポイント	具体的にチェックすべき事項
信　　用	企業概要，経営状況，主要取引先，信用調査など
経　　験	過去の監査実績(監査法人および個人としての実績)など
ス キ ル	システム監査技術者などの資格，監査ツールなど
体　　制	監査チームの体制，法人内での支援体制など
費　　用	監査委託費用，委託側(政府・自治体側)の作業負荷など

5.4 外部監査人選定のポイント

図表5.4.3 情報セキュリティ監査企業台帳における主な申告内容

事 項	内 容
情報セキュリティ監査企業概要	● 企業名，代表者氏名，所在地，電話番号 ● 設立年月日，資本金，最近3年間の売上高，業種 ● 情報セキュリティ監査を行う部門の連絡先 ● 従業員数(情報セキュリティ監査を行う部門の従業員数) ● ホームページURL ● 所属団体
情報セキュリティ監査の概要	情報セキュリティ監査実施の実績 ● 情報セキュリティ監査開始年，実施回数(企業内，企業外) ● 主な監査内容(実施年月日，対象企業，実施者名，監査テーマ) ● 前年度の情報セキュリティ監査内容 対象企業名，資本金及び実施月日，監査概要(監査対象・テーマ，実施者名)，監査形態(保証型，助言型，両方) 情報セキュリティ監査従事者の概要 ● 従事者氏名 ● 情報セキュリティ監査開始年，回数 ● 監査関連資格の取得状況 情報セキュリティ監査の得意とする分野 得意とする業種など その他 情報セキュリティ監査の特色など

キュリティ監査は，情報セキュリティ管理基準を読めばわかるように，非常に広範な事項について実施される．また，被監査主体の組織の規模も大小さまざまである．そこで，情報セキュリティ管理基準に規定されているすべての項目について監査するのか，監査は全組織を対象とする

のかを明確にする必要がある.

　例えば,助言型の監査では,情報セキュリティマネジメントにおいて自組織が脆弱だと考えている分野を中心に情報セキュリティ監査の実施を委託し,当該部分について情報セキュリティマネジメントを改善するという方法を採ることができる.また,全国数十カ所に事業所を展開している組織では,まず,本社部門や情報システム部門を中心に情報セキュリティ監査を実施するという方法を採ることも可能である.

　情報セキュリティ監査は,被監査主体となる組織のすべての情報資産,部署またはコントロールについて監査を実施することを前提としているのではなく,一部分について情報セキュリティ監査を実施するケースも想定している.こうした一部を対象とした情報セキュリティ監査を外部委託する場合には,監査対象とする情報資産,部署またはコントロールについて,契約上明確にしておかなければならない.

　なお,契約書には,外部監査人の責任や権限について明確にしておくことを忘れてはならない.監査を実施する権限が認められていなければ,情報セキュリティ監査を適切かつ円滑に進めることができないからである.例えば,外部監査人の権限および責任を明確にしておかなければ,ペネトレーションテスト(ネットワークへの侵入テスト)を実施する場合に,被監査部門の協力を得にくいといった状況が発生するおそれがある.

(5) 外部監査の委託管理

　情報セキュリティ監査の実施は,外部監査人に委託すればそれで終わりということではない.外部監査人が組織内の各部署に往査する場合には,日程や実施手順などについて,被監査部門との調整が必要になることが少なくない.また,監査日程が長期にわたる場合には,外部監査人が契約どおりに情報セキュリティ監査を実施しているか把握することも必要になる.さらに,監査報告をどのように実施するかについても,外

5.4 外部監査人選定のポイント

部監査人をはじめ社内の関係部門と調整して，情報セキュリティマネジメントの向上につながるような監査報告の方法を考えることも大切である．

参 考 文 献

1) 堀江正之：「「情報セキュリティ監査基準」の基本的枠組み」，『月刊監査研究』，日本内部監査協会，2003年6月号，pp.27-30.
2) ISACF, IT Governance Institute：*COBIT, 3rd Edition*, 2000.
3) IT Governance Institute：*Board Briefing on IT Governance*, 2001.
4) 日本規格協会編：『58 マネジメントシステム(ISO品質／その他)』，日本規格協会，2002年.
5) 情報処理振興事業協会：『「情報セキュリティマネジメントの実態調査」報告書』，情報処理振興事業協会，2003年.
6) 経済産業省：『情報セキュリティ監査研究会報告書』，2003年3月26日.
7) 経済産業省：『情報セキュリティ管理基準Ver1.0』，2003年3月26日.
8) 経済産業省：『個別管理基準(監査項目)策定ガイドラインVer1.0』，2003年3月26日.
9) 経済産業省：『電子政府情報セキュリティ管理基準モデル(庁内ネットワークシステム)Ver1.0』，2003年3月26日.
10) 経済産業省：『情報セキュリティ監査基準Ver1.0』，2003年3月26日.
11) 経済産業省：『情報セキュリティ監査基準 実施基準ガイドラインVer1.0』，2003年3月26日.
12) 経済産業省：『情報セキュリティ監査基準 報告基準ガイドラインVer1.0』，2003年3月26日.
13) 経済産業省：『電子政府情報セキュリティ監査基準モデルVer1.0』，2003年3月26日.
14) 経済産業省：『システム監査基準』，1996年改訂.
15) 日本工業調査会 審議：『JIS X 5080：2002 情報技術―情報セキュリティマネジメントの実践のための規範』，日本規格協会，2002年.
16) 日本情報処理開発協会：『わが国におけるシステム監査の現状』，日本情報処理開発協会，2003年.
17) 日本情報処理開発協会：『情報セキュリティマネジメントシステム適

参考文献

合性評価制度—ISMS認証基準(Ver.2.0)』,2003年4月21日.
18) 日本セキュリティ・マネジメント学会編:『セキュリティハンドブックⅠ』,日科技連出版社,1998年.
19) 日本セキュリティ・マネジメント学会編:『セキュリティハンドブックⅡ』,日科技連出版社,1998年.
20) 日本セキュリティ・マネジメント学会編:『セキュリティハンドブックⅢ』,日科技連出版社,1998年.
21) 通商産業省機械情報産業局監修:『改訂版システム監査基準解説書』,日本情報処理開発協会,1996年.
22) ROSS Anderson著,トップスタジオ訳:『情報セキュリティ技術大全』,日経BP社,2002年.
23) 島田裕次,榎木千昭,山本直樹,五井孝,内山公雄:『ISMS認証基準と適合性評価の解説』,日科技連出版社,2002年.
24) 島田裕次,榎木千昭,満塩尚史:『ネットビジネスのセキュリティ』,日科技連出版社,2000年.
25) 島田裕次(稿):「ITガバナンスと情報セキュリティ」,『情報技術と企業経営』,学文社,2003年,pp.205-225.
26) 島田裕次:「情報セキュリティ監査の実務対応」,『月刊監査研究』,日本内部監査協会,2003年6月号,pp.37-41.
27) 山崎琢矢:「情報セキュリティ監査を巡る基本政策」,『月刊監査研究』,日本内部監査協会,2003年6月号,pp.22-26.

索　引

■英　字■

ASP　83
BS 7799-2　11
CISA　16, 39, 84
COBIT　33, 35
CRM　34
ISACA　33
ISO/IEC 17799　11
JIS Q 15001　206
JIS X 5080　2, 11, 17, 27
PDA　119, 178
PDCA　53
SCM　34
SEC　46
SLA　92, 131
SOHO　179

■あ　行■

ISMS主任審査員　16
ISMS適合性評価制度　27, 210, 225
ISMS認証取得　28
ISMSの審査員　39
ITガバナンス　33
　――協会　33
悪意のあるソフトウェア　135
アクセス権　156, 160
アクセスコントロール　85, 154
アクセス制御　154
　――規則　156
　――個別方針　155
アクセスレベル　156
アクセスログ　175

アルバイト　78
暗号　187, 207
　――化　143
安全性　32
一般基準　22, 42
ウイルスチェック　9
Web系システム　131, 140, 187
受け渡し場所　115
運営委員会　81
運用環境　129
運用基準書　126
運用ソフトウェア　191
運用手順　124
遠隔作業　179
オペレーティングシステムのアクセス制
　御　167

■か　行■

外観上の独立性　45
改善指導　73
改善提言　72
開発環境　129
外部委託　90
外部監査　217
外部監査人　225
　――の選定　228, 234
回復（復旧）対策　108
外部目的　215
かぎ管理システム　189
隠れチャネル　196
過失　4
可用性　3
仮パスワード　160

243

索　引

簡潔性　68
監査依頼者　40
監査業務　61
監査記録　175
監査計画　55
監査権　74, 92
監査実施体制　226
監査主体　39
　　――の態勢　218
監査証拠　51, 54, 58, 68, 212
監査対象　37
監査体制　61
監査担当部署　228
監査チーム　62
監査調書　54, 59, 212
監査手順　40
監査手続　56
監査人　39
　　――の独立性　46
監査の視点　38
監査範囲　38
監査報告書　24, 27, 65
　　――の開示　65
　　――の記載事項　68
　　――の雛型　24
監査法人　234
監査目的　37, 55
完全性　3, 60
管理策　17
技術的適合検査　210
機密性　3
客観性　67
教育　106
業務用システム　185
業務用ソフトウェア　173, 183
　　――のアクセス制御　172
許容停止時間　202

緊急時対応計画　201
クリアスクリーン　121
クリアデスク　121
経営者の関与　81
経営陣の承認　76
経済性　57, 60
契約　88
検出事項　72
限定付肯定意見　70
公開情報の管理　152
肯定意見　70
口頭的証拠　59
高度情報通信ネットワーク社会推進戦略
　本部　10
公認システム監査人　16, 39
公認情報システム監査人　39, 84
合目的性　57
効率性　32
コーポレートガバナンス　33
故障　4
個人情報の管理　206
個人所有の機器　181
個人情報保護に関するコンプライアン
　ス・プログラムの要求事項　206
誤動作　109
個別管理基準（監査項目）策定ガイドライ
　ン　19
コンティンジェンシープラン　201
コントロール　17, 33, 92
コンピュータウイルス　110, 135
コンピュータ媒体　149
コンプライアンス・プログラム　207
コンプライアンス・マニュアル　208

■さ 行■

サービスレベル合意書　92
災害　5

採用　102
　——マニュアル　104
作業記録　139
サブコントロール　17
事業継続計画　199
試験データ　193
自己責任　164
資産　94
システム受入基準　133
システムオーナー　172, 183
システム監査　32, 211
　——企業　234
　——技術者　16, 39, 84
　——基準　23, 32, 35
　——ツール　212
システム監査人　39
　——の実施状況　12
システムの使用監視　176
システムファイル　191
システムベンダー　234
システムユーティリティ　171
実現可能性　57
実施基準　22
実証性テスト　56
従業員への周知　77
十分性　60
住民基本台帳ネットワーク　11, 226
重要資産の目録　94
守秘義務　51
準拠性監査　210
準拠性テスト　56
障害記録　141
証拠の保全　207
情報　98
　——の取扱手順　145
　——の分類　97
　——やソフトウェアの交換　148

情報資産　9, 86, 94, 98
情報システム安全対策基準　23
情報システムコントロール協会　33
情報システムのセキュリティガイドライン　2
情報処理装置　119
情報セキュリティ　2
情報セキュリティアドミニストレータ　16, 39
情報セキュリティ監査　11
　——企業台帳　15, 83, 236
　——規程　44
　——の実施　221
　——の導入手順　214
　——のフレームワーク　25
情報セキュリティ監査基準　15, 22, 35
　——実施基準ガイドライン　23
　——報告基準ガイドライン　24
情報セキュリティ監査研究会　11
　——報告書　214, 225
情報セキュリティ監査制度　12, 14, 28
情報セキュリティ監査人　16, 39, 44
　——の育成　49
　——の権限と責任　45
　——の責任　72
　——の専門知識および技能　48
情報セキュリティ管理基準　14, 17
情報セキュリティ管理規程　44
情報セキュリティ管理者　6
情報セキュリティ管理部門　6
情報セキュリティ基盤　80
情報セキュリティ基本方針　76, 101
情報セキュリティ事件・事故　4
情報セキュリティ専門企業　234
情報セキュリティ対策　10, 93

245

索引

情報セキュリティに関する規定　5
情報セキュリティベンダー　234
情報セキュリティポリシー　76
情報セキュリティマネジメント　78,
　91, 97, 238
　――システム　209
情報通信ネットワーク安全・信頼性基準
　23
職業倫理　47
助言　28, 58
助言意見　67, 72
助言型監査　22, 23, 55
助言報告書　26
シングルサインオン　161
真実性　60
真正性　189
人的セキュリティ　101
侵入者検知システム　115
信頼性　32
正式な契約　88
誠実性　47
成熟度モデル　24
精神上の独立性　46
正当な注意　51
セキュリティが保たれた領域　111
セキュリティ基本方針　208
セキュリティ境界　112
セキュリティ事件・事故　107, 128
セキュリティの分類　96
セキュリティ分野　17
セキュリティホール　137
セキュリティ目的　17
セキュリティ要求事項　91, 182
接続時間の制限　172
専門家の助言　82
早期復旧　108
操作手順書　126

装置のセキュリティ　117
組織の文化　104

■た　行■

第三者によるアクセス　85
妥当性監査　210
他の専門職　63
端末の識別　168
知的所有権　204
注意義務　51
懲戒手続　110
ディジタル署名　189, 190
データセンター　116
適時性　68
電子オフィスシステム　151
電子商取引　34, 149
電子署名法　190
電子政府情報セキュリティ管理基準モデ
　ル　19, 26, 231
電子メール　150
導入目的　214
時計の同期　177
特権付与　159
トロイの木馬　135, 196

■な　行■

内部監査　217
内部統制　33
内部目的　215
入退管理　113
ネット通販　78
ネットワークのアクセス制御　165
ネットワークの管理　141
ネットワークワーム　135
ノートパソコン　119, 137, 178

246

■は 行■

パート　78
派遣社員　78
パスワード　162
　──管理　159
パターンファイル　137
バックアップ　138
発見対策　108
パフォーマンス　132
PDCAのサイクル　209
被監査主体の態勢　219
必要不可欠性　60
否定意見　70
否認防止サービス　189
秘密かぎ　190
品質管理　52
ファイルサーバ　163
複写機　121
不正　5
物理的アクセス制御　155
物理的証拠　59
プライバシーマーク制度　225
フリーウェア　196
プログラムソースライブラリ　193
分散系システム　193
文書証拠　59
文書保存ルール　123
分析的証拠　59
米国証券取引委員会　46
ペネトレーションテスト　210，238
変更管理　126，194
報告基準　22

法的要求事項　204
法務担当部門　90
ポータブルコンピュータ　119
保証　28，58
保証意見　67，70
保証型監査　22，23，55
保証報告書　26
本番環境　129

■ま 行■

マネジメント　92
無線LAN　143
明瞭性　67
持ち出し制限　121
モバイルコンピュータ　178

■や 行■

郵便物　121
予防対策　108

■ら 行■

ライブラリ管理　193
RASサーバ　179
リスクアセスメント　116，183，188
リソース　132
立証性　60
利用者　105
　──ID　158
　──の識別と認証　169
レポーティングライン　128，177
ログオン手続　169
ロジック爆弾　135
論理的アクセス制御　156

著者紹介

島田裕次（しまだゆうじ）（執筆担当：第2章，第4章4.1～4.5節，第5章）
1956年生まれ．1979年，早稲田大学政治経済学部卒業．
現在，東京ガス㈱監査部主席（業務監査，情報システム監査を担当）．1999年から日本大学商学部非常勤講師（コンピュータ会計）を兼務．情報処理技術者試験委員，日本セキュリティ・マネジメント学会理事．米国公認情報システム監査人（CISA），経済産業省システム監査技術者，公認内部監査人（CIA）．
著　書　『セキュリティハンドブックⅠ～Ⅲ』（編著），『ネットビジネスのセキュリティ』（共著），『ISMS認証基準と適合性評価の解説』（共著），日科技連出版社．

本田　実（ほんだみのる）（執筆担当：第1章，第3章）
1948年生まれ．1971年，東京理科大学理学部卒業．
現在，三井情報開発㈱総合研究所コンサルティング部主席コンサルタント．2000年から名古屋商科大学大学院非常勤講師（Information System Strategy）を兼務．経済産業省「情報セキュリティ監査研究会」委員，情報処理技術者試験委員，システム監査学会理事，日本システム監査人協会理事．ITコーディネータ．ITCインストラクター．経済産業省システム監査技術者．
著　書　『実例に学ぶプロジェクトマネジメント』（共著），共立出版．

五井　孝（ごいたかし）（執筆担当：第4章4.6～4.10節）
1960年生まれ．1984年，東京理科大学理学部卒業．
現在，㈱大和総研　監査・検査部次長（主に社内外のシステム監査，情報セキュリティ監査業務に従事）．情報処理技術者試験委員．日本セキュリティ・マネジメント学会理事，情報システムコントロール協会（ISACA）東京支部元理事（1998-2003）．米国公認情報システム監査人（CISA），経済産業省システム監査技術者，ISMS主任審査員．
著　書　『ISMS認証基準と適合性評価の解説』（共著），日科技連出版社．

情報セキュリティ監査制度の解説と実務対応
ITガバナンスの構築に役立つ監査制度の要点

2003年10月26日　第1刷発行
2005年 2月 4日　第3刷発行

　　　　著　者　島　田　裕　次
　　　　　　　　本　田　　　実
　　　　　　　　五　井　　　孝
　　　　発行人　小　山　　　薫
　　　　発行所　株式会社日科技連出版社
　　　　〒151-0051　東京都渋谷区千駄ケ谷5-4-2
　　　　　　電　話　出版 03-5379-1244
　　　　　　　　　　営業 03-5379-1238〜9
　　　　　　振替口座　東　京　00170-1-7309
　　　　　　　　印刷・製本　三　秀　舎

検印省略

Printed in Japan

©Yuji Shimada, Minoru Honda, Takashi Goi 2003
ISBN4-8171-6151-5
URL　http :// www. juse-p. co. jp/

情報セキュリティ関連書

■ネットビジネスのセキュリティ −セキュリティポリシーの上手な作り方−

島田裕次, 榎木千昭, 満塩尚史［共著］ ISBN 4-8171-6077-2

　本書は, 情報セキュリティポリシーの策定方法を解説した書である. 単に解説するにとどまらず, BS 7799 にもとづいた情報セキュリティポリシーのモデルを提案している.

　本書を読めば, 情報セキュリティポリシーとはどのようなものか？ 策定にあたって何をしなければならないのか？ といった問題を解決できる. また, 本書で提案するセキュリティポリシーのモデルを活用すれば, 短期間で策定することも可能である.

●本書に掲載されているセキュリティポリシー

情報セキュリティ基本方針書（セキュリティポリシー）／情報セキュリティ規程／ネットビジネス管理規程／電子情報管理規程／顧客情報管理規程／機器・設備管理規程／社内ネットワーク管理規程／外部ネットワーク利用規程／業務継続規程／外部委託管理規程

■知っておきたい電子署名・認証のしくみ −電子署名法でビジネスが変わる−

KPMG ビジネスアシュアランス㈱, 飯田耕一郎, JQA 電子署名・認証調査センター ［共著］ ISBN 4-8171-6084-5

　本書は, 電子署名・認証が, IT 社会に潜む 4 つの脅威（情報漏洩・盗聴, 改ざん, なりすまし, 否認）に対してどのように役立つかを解説し, 「電子署名法」によって, 法的にどのような効果が期待できるかを解説した書である. また, 電子署名法で定められた「特定認証業務」について, 認定機関である JQA 電子署名・認証調査センターが解説する. さらに, 電子署名・認証の仕組みやそのインフラとなる PKI（公開鍵暗号基盤）についてもふれられている.

　本書は, 電子署名がビジネス上, どのように役立つのか？ 技術的な背景はどのようになっているのか？ 電子署名法にはどのような法的効果があるのか？ という疑問に答える.

〈セキュリティハンドブック全三巻〉

■セキュリティハンドブックⅠ −情報化とリスクマネジメント−
ISBN 4-8171-6059-4

■セキュリティハンドブックⅡ −情報セキュリティとシステム監査−
ISBN 4-8171-6060-8

■セキュリティハンドブックⅢ −情報資産の保護と情報倫理−
ISBN 4-8171-6061-6

日本セキュリティ・マネジメント学会［編］

　本書は, 日本セキュリティ・マネジメント学会が, セキュリティ問題についてまとめた書である. 執筆者は, いずれもその道のプロフェッショナルである.

　本書は, セキュリティに関わることを全般に取り上げており, セキュリティマネジメントの全体像を把握するのに役立つ. したがって, セキュリティ問題に取り組む際に本書を参照すれば, 部分最適ではなく, 全体最適となるようにセキュリティ問題に取り組むことができる.

●最新の価格や在庫等のお問合せは, 弊社営業部（電話 03-5379-1239）までお願します.
●弊社では, 最新の出版情報をホームページ（http://www.juse-p.co.jp）に掲載しております. また, 電子メールによる新刊案内サービスも行っております. 詳細は, 弊社営業部までお問い合わせください.